北京三百六十行

齐如山作品精选集

齐如山 著

吉林人民出版社

图书在版编目(CIP)数据

北京三百六十行：齐如山作品精选集 / 齐如山著.
-- 长春：吉林人民出版社，2020.12

ISBN 978-7-206-17886-3

Ⅰ.①北… Ⅱ.①齐… Ⅲ.①职业—介绍—北京②北京—地方史 Ⅳ.①D669.2 ② K291

中国版本图书馆 CIP 数据核字(2020)第 259606 号

出 品 人：常　宏
选题策划：吴文阁　翁立涛　四季中天
责任编辑：张　娜
助理编辑：刘　涵　丁　昊
封面设计：观止堂_未　氓

北京三百六十行：齐如山作品精选集
BEIJING SANBAI LIUSHI HANG：QI RUSHAN ZUOPIN JINGXUAN JI

著　　者：齐如山
出版发行：吉林人民出版社（长春市人民大街 7548 号　邮政编码：130022）
咨询电话：0431-85378007
印　　刷：天津雅泽印刷有限公司
开　　本：650mm × 960mm　1/16
印　　张：24.5　字　　数：285 千字
标准书号：ISBN 978-7-206-17886-3
版　　次：2021 年 3 月第 1 版　印　　次：2021 年 3 月第 1 次印刷
定　　价：59.80 元

出版说明

齐如山，戏曲理论家，一生致力于国剧研究，与京剧大师梅兰芳长达20余年的合作，成就了一段梨园传奇。齐如山也是20世纪中国民俗学领域的一位文化大家、近代社会掌故的宗匠，写下了不少独具风格的“风土志”，他对社会生活中的文化习俗、风土人情、吃穿用行等诸多方面皆有研究，他曾说：“我做了十来年买卖，与各界的人都接触得很多，真可以说是三教九流、五行八作，农工商贾，各种技艺人员都认识了不少”。齐如山勤敏好问，广询博访，以鲜活的语言记录下了丰富的人情世故、土俗民风，文笔平实自然，亲切有趣，自成一家。

梁实秋先生曾说：“齐先生心胸开朗，了无执著，所以他能享受生活，把生活当做艺术来享受，所以他风神潇洒，望之如闲云野鹤。他并不是穷奢极侈地去享受耳目声色之娱，他是随遇而安地欣赏社会人生之形形色色。他有闲情逸致去研讨‘三百六十行’，他不吝与贩夫走卒为伍，他肯尝试各样各种的地方的小吃……齐先生生活丰富，至老也不寂寞。看看他的家庭，看看他的生活方式，我们不能不钦佩他的风度。老成凋谢，哲人其萎，怀想风范，不禁唏嘘！”

鉴于此，我们编选了本书，编选说明如下：

一、本书由《北京三百六十行》《北平杂记》《中国馔馐谭》

三部分组成。

二、保留原作中符合当时语境的表述，只对错别字、常识性错误进行改动。

三、参照2012年6月实施的《出版物上数字用法》国家标准，在“得体”“局部体例一致”“同类别同形式”等原则下，对原书中涉及年龄、年月日等数字用法，不做改动（引文、表格和括号内特别注明的除外）。中华人民共和国成立后的年、月、日统一采用公元纪年法表示。

“齐如山像是穿着长袍坐在四合院里，槐花香弥漫着，他一口京腔娓娓讲述着这个令他挚念如斯的城市的种种。”我们出版本书，希望读者朋友能够从他的作品中得到有益的启示和借鉴。

编　者

目 录

contents

第一编　北京三百六十行

第二编 北平杂记

第三编 中国馔馐谭

第一编　北京三百六十行

序

北京的实业界，向来号称有三百六十行。余最初听到这句话，以为不过是约略言之，不必实有此数也。后阅宋朝人的笔记，才知道这句话实始自南宋之杭州，因记载杭州有三百六十行的文字颇多，如田汝成《西湖游览志余》中，亦有“三百六十行，各有市语”是也。是此语一直由宋朝传到现在的北京，还是这样说法。这句话虽然人人口中都有的，但是问他三百六十行都是什么，许多人都答不上来。几十年以来我曾问过许多实业界的人，也都说是行道实不少，但是果有若干，实在没有切实的数目，于是我就立意要把这件事情来详细地调查调查。费了许多工夫，始得其大概。但当时未曾用笔记下来，这实在很可惜。按南宋的这句话是兼工商两界言之，其实北京的行道只算工艺就比这个数字还多。这有两种原因：一者彼时杭州虽然也是都城，但年代较短，且管的省份也少，而北京连元朝的大都算上，已有六七百年之久，且管的省份很多，又经皇帝提倡，所以江苏、浙江的玉工、裱工、雕刻工，云南、湖北的铜工，广东、湖南的绣工，山东的料器，四川、广西的锡器，陕、甘的地毯，蒙古的皮革等等，通通的吸收了来仿做；二者一切事业总要随着时代变迁，这也是一定的道理，尤其是百余年来，因交通方便的关系，各种工业变迁得更快，可以加添的新工艺也很多。有这两种原因，所以现在北京手艺就又比南宋的杭州多得多了。但是有一件，添了虽然不少，而失传的也很多。不但宋人笔记中所记的工艺，后来有不知道是怎么回事的，就是北京的工艺，现在失传的也已经不少了。如明朝书籍图画的刻工，康乾时代书版的刻工，以及百十年前的针工、火茸、牛角灯等等的工人，已经都不容易找到了。因为这种情形，所以我在避难的其间，闲着没事，追忆从前所得的情形，把它大略写了出来。有几位友人对我说，这些事情没什么价值，值不得一写，我说："不然，诸君的话都是旧思想。从前有许多人号称念书的，意思是什么也不会，只会念书，下等的只念小题折字，他以为此外的书都不必念。高等的只搂着他认定的几本旧书，有理学家连《说文》《尔雅》都看不上，经学家对于诗词视为小技，诗词家又看不起戏曲、小说。这样理想的先生们，自然是要把各种工艺更是看成粪土不值了，其实这是不对的。不用说钢铁等等工艺有关国运，就是木工、建筑等等也是人生所必不可少的事情，以至其他所有的工艺品，又有谁能离开呢？把人人所必需的东西却看得一文不值，知识阶级的人无人去管，所以各种工艺都是日见退化，不用说进化发达，就是保存旧有的已经很不容易了。比方西洋的印花布等等，最初也是由雕刻印刷而成，以后经学者及实业界的努力，变成了现在美丽不可思议的情形。其实在那个时候，我们雕刻的技术比他们的精细得多，不信一看明版书的图画就知道了。明朝的木版画最精的几乎可以与现在的邮票媲美，这技术，知识阶级的人不理，听其自生自灭，岂不可惜？不但这一件工艺，像这样的情形恐怕还很多，可是西洋各国对于各种工艺都极为重视，不但学者帮助，且有许多种都是专立学校提倡，领导人来研究。所以各种工艺不但日见发达进步，且时有新的发明，于是国日富而日强。回过头来看一看我们中国，以往千百年国家的情势如何，这当然都是不提倡工艺实业的关系。有人说，现在一切事物都机器制造，专靠手工是于事无济的。我以为这话自然有相当的理由，但是所有的机器制造，其中都离不开手工，若是一点手艺也没有，专靠机器也是不成的。盖手工与机器并行，万不能有机器就把一切手工都废了的。不但有机器废不了手工，有许多的实业因为有了机器，手工更得加细的研究。所以现在虽然机器非常发达，而各种手工仍为各国极端地重视。”我说完这一段话之后，几位友人说：“这样说来，你这本书是极有价值的了。”我说：“这也不然，因为我没有这种学问，于工艺更是外行，于各行工艺的规矩要素，一点也没有写在里边，这还能说有什么价值么？不过大略述说述说各行的情形，使国人注意就是了。”

民国三十年十二月三日　　齐如山识

卷一　工艺部上

木工类

凡用木料做物器的人都叫做木工，或曰木匠。这行又分的种类很多，因为虽然是木工，可是这行不知那行的事。比方木厂中的木匠，固然也会做个粗的桌凳，但是精致的他绝对做不上来，就是粗糙的也比桌椅铺工人费工。各种木工都是如此，所以都是各分各行，彼此不能侵越。兹大略分举如下：

木厂（绘图师）

这行人也有学过木匠的，也有未曾学过的，可是都称为木匠行，或曰开木厂子的。大多数都不做工，乃专门研究估工、包工。前清的官工都归这行包做。无论大小工程，一切土木砖石等工，都归其估工估价、设计包办。他虽然没有学问，但有师傅的传授，所以无论多大工程也能估计的出来，也能画图、出样，实有工程师的本领。现在大工程皆由工程师预先画图，从前没有工程师的时代，所有工程之图都归这行人制绘，所以这算是木工的头一行。

木　匠

这行是专管建筑的木工。一切梁柱椽檐、门窗隔扇等等他都能做，但是隔扇上的雕花牙子等件还须归牙子作（读阴平声）。因为他虽也能做，但用的工夫较多，不及过行合算（北京由这一行转交那一行代做，行话曰“过行”。下同）。北京平常所谓木匠者，都是这行，因下边所列各行虽也是木工，但大多数都另有专门名词。

柜箱匠

专做橱、柜、箱、匣等器，大多数卖给聘姑娘买嫁妆者。这行人做新箱柜之手艺固然不错，但对于收拾旧物有特别的本领，往往一只破箱经他收拾整理之后，比新的还好看。

桌椅匠

专做桌椅板凳，有时亦代做立橱、立柜等器，因此与抽屉桌系一种工作也。这行人亦能收拾旧器，一经整理往往与新者无异。

硬木器匠

专做硬木器具。凡桌、椅、箱、柜等等，皆能制造，与平常桌椅匠大不相同。彼只可以制造软木器具，此则专造硬木器，而软木者亦能造。其特别的本领，不但能整理旧器如新，且能做新者如旧。惜因国内多乱，生意不多，所以这行人日见其少了。

洋木器匠

专造一切洋式的木器。此行从前没有，光绪庚子前始有之，庚子后方发达。旧式桌椅木匠虽也将就能造，但绝对不会熨帖。近几十年来由旧式木匠带造此者亦很多，但算是改行，因为软椅、台球案等等确系另一种手艺也。但旧式木器的规矩稍微讲究，如平常木器已不许随便用钉子，硬木器则几乎连楔子都不许用，而洋式木器则用钉子之处颇多。

牙子作

专造各种隔扇木器上所用之花边牙子。总之，木器中雕刻物件都归这一行，糙细都有，但与小器作完全不同。

模子作

专做点心铺、蒸锅铺等等所用以印制点心之模子。此虽颇简单，但非有真正师傅传授不可，不但花样须美观，且深浅大小极费斟酌。因花样虽不同，而印出点心之分量则须一致，否则点心不易售卖，而此模子也无人购买了。

镟床子匠

凡圆柱形之木质物而有粗细种种花样者，均归这行镟成。其镟法：一床两端有轴，将木棍嵌于中间，用皮条牵引使之旋转，另以一刨子形式之刀，刮之便妥。从前此行用项并不甚多，只有架隔上之小栏杆用之，此外便是捣蒜槌、棒槌等等。盖嫌其不甚雅也。近来在洋式木器盛行，这行的买卖发达多了，如桌椅之腿及楼梯栏杆等等，几乎都是镟活了。

小器作

专做一切小型器具，如瓶座、炉座、盆架等等是其所长，且极能出新颖的样式。照物配座，无不新颖雅致，此确系吾国的特别工艺。各国人士无不赞美者，确由工艺进而为美术矣。这种手艺大致是由苏杭一带传来。在前清康乾时代，艺术极为发达，但这种物器大多数都是奢侈品。近来因时局不靖，人民购买力小，故生意日见萧索了。

圈椅匠

专用新的柳木，趁其潮湿制造圆靠背之椅。因其靠背之木是半圆形的，所以名曰“圈椅”。这是一种特殊的手艺，只靠一把大斧，其锯凿都算辅属品，不但不需墨线，遇有手艺高超之人，连尺都不用，所做之椅样式亦颇朴雅。从前买卖家及戏台上等处都用此椅，后因硬木之方背椅（所谓“太师椅”者）盛行，平常木椅也都模仿之，于是此器衰微矣。现时恒见者只有小板凳一种，还是这种手艺，但也都是乡间做好运来售卖的了，然乡间则仍是用圈椅较多。

大车匠

专制造旧式大车。近来因洋式车盛行，又因这种车极易毁坏道路，石子路上禁止通行。这行生意已大不及从前，所以现在有许多家做手推两轮小车的了。

轿车匠

专制造旧式轿车。手艺自比大车匠较高，不但轮子较为精密，其车棚之格子眼等亦极见本领。近因四轮马车、汽车盛行，此行几乎绝迹了。按吾国造车的技术，自古就很有价值，如《考工记》对于轮子尤为重视，如今因不求进步已归淘汰，真是可惜。

小车匠

专制造二把手小车。从前粮栈中送粮食，由通州运北京之各种货物，以及山东人之推水等等，皆用此车。现因石子路不许走，已渐归淘汰，所常见的只有推水之车。然因自来水盛行，用这种车送水的也不多了。车不适用，造车的工人自然日见其少。

马车匠

专造洋式之马车。这种工人大多数都是由旧式木匠转变而来，但最初亦须特另学习。在清末的时代这种工艺很发达，近来因汽车盛行，此行亦归淘汰矣。

人力车匠

专造人力车。这种手艺前清光绪二十六年后始有之，最初亦系由旧式木匠改变而来，如今仍极发达。因乡间公路造成的很多，所以人力车的用途亦日见其广了。

鞍子匠

专造马鞍、辕鞍、大鞍车之鞍等等，有时亦带驴、骡之驮鞍。此亦系专门手艺，惜各种鞍子现亦都用洋式，此种人工渐已消灭了，然山里乡间尚多。

驮鞍匠

专造牲口驮物之木鞍。此亦系特别专门手艺。但做马鞍之人往往带做。

轿子匠

从前轿的用处多，所以制造轿的工人也是一大行，除制造抬轿、驮轿之外，兼制造宫人所乘之后挡车，因此与轿子同一构造也。自马车、汽车盛行后，此行已大见衰微了。本来用人抬人殊欠人道，则归为淘汰也很应该。其实这行人未尝不可用此法来创他种营业也。

杠房工人

丧事所用之罩杠本极简单，但平常木匠也不能做，虽只几根木棍，但若不经内行人之手，则抬杠夫肩膀便受不了，所以也非有真正传授不可。

执事匠

执事一项如旗、锣、伞、扇等等，固与木匠无关，但木工之活也占极大部分，且亦系专门手艺，如执掌权衡、金瓜、钺斧、朝天镫等等，看着仿佛很平常，若外行木匠则万不能做，做出来也不会像样。但这行也渐归淘汰了。

船　工

这行是特别的木匠，是人人知道的。北京这行人从前也很发达，因齐化门、东便门一带运粮船很多，上海的御用船也不少，在前清末年有火车以后，已日见衰微了。近来上海所造之自划小船又日见其多，倘有人设法再将东便门外运河提倡兴盛起来，则用船之处正多，此行便可有再兴隆之一日。

寿木工人

寿木行为北京极大的行道。这种手艺似乎是木匠都应该会做，但是也不然，一件大的木料能出材料若干，用标边木料做成寿木怎样能省工美观等等，这些情形均有特殊计划，万非平常木匠所能胜任，所以也是特别一行。近来受过教育之人，多数都不讲厚葬，社会人心亦渐明白，所以这行生意也不及从前了。

箍桶匠

箍桶这行手艺，各国皆有之。吾国有此虽不知始自何年，但以鼓桯证之，当已有两千余年之历史，但不及东西洋发达耳。其不发达的原因，大致是受油篓的影响。桶之一物，乃运输流质货物最好的物器，因其不十分怕摔碰也，故西洋往远处运酒、醋皆用此。吾国则只本地运水用之，距离稍远则用油篓。因需要稍差，所以对于它研究也就较松懈了。

罗圈匠（又名笼屉匠）

这行也是我国特别的工艺，所造圆笼、帽盒、笼屉、罗圈等等，皆为社会所必需。它所用之薄木板皆来自京北、京南，但都是在内城做。除做上边所列各物外兼做小儿所用之摇车，所以这种铺子的匾额都写作摇车铺。按这行若经有知识人之提倡，则必有极发达之一日，因所做之器皆轻而结实，不但在家中存放方便，于装运货物时亦极便利也。

旗鞋底匠

从前旗门妇女鞋之木底种类很多，最大之底有见方六七寸者，其做法亦非平常木匠所能，所以这也是一大行。民国后穿木底者渐少，如今已不见，所以这行已完全消灭了。

缠足鞋底匠

做旗鞋底之工人有时亦带做此种，但系贫穷妇女所用极粗糙之底。若大家妇女所用之底，因其极为细致，故另有专门工人。从前珠市口以南及花市一带，这种作坊颇多，近则完全消灭了。

鞋楦工人

楦靴鞋之木楦虽不及外国讲究，然亦非平常木匠所能做，所以也另有专行。这种生意多是门口挂一小木牌，书曰“鞋楦作坊”。从前生意也颇发达，近来因添做洋皮鞋之楦，生意又加多了。

剃头挑匠

剃头师所用之挑，后边坐柜完全为平常木匠的活，前边之圆桶又大半是罗圈铺的活，因工作复杂，于是又成了一种专门技术。这种工作当然始自清初，所以前柜有一旗杆是为挂奉旨小黄牌之用。剪发之后，剃头师比从前人数已少，于是此行亦日见萧条了。

小炉匠挑工人

这种挑子看外面似乎柜箱店便应该带做，但因有风箱、屉格等等的关系，亦非外行木匠所能担任，所以也另有专行。这种作坊从前在珠市口南及花市一带。

梆子木鱼工人

粗糙的梆子多数是由乡间做好运来，因乡间人工、食物、材料都较便宜也。糙的木鱼亦多由南方运来，然较精致的木鱼、梆子则都是北京所制，亦有专行，因外行木匠做出来的声音不响亮也。从前念经的人多，需此物亦多，近来生意已大不如前矣。

把子作

专与戏界做打仗之假兵器，亦系一大行，且有特别技术。因所用材料无非是藤、竹、木，故列于此。

大锯匠

专用大锯解大块的木板，虽是极简单的工作，却系另有专行，即名曰“大锯匠”。各生料板厂、桅厂等等离不开这种工人，因解大片的三分板、五分板而锯缝极细，不糟蹋木料，也算有相当的技术也。

铁工类

铁工的种类也很多，固然焊洋铁壶的人不会钉马掌，就是制造锯、锉等等的工人，于做刀剪也算外行，因为他尽管也可以做得上来，但是费工多，而所做之物器并不地道。兹大略分述如下。

枪炮工人

做后膛枪炮的工人，只神机营等官厂有之，而做鸟枪、线枪以至外边州县及民间婚丧祭祀所用之炮等等，也都是平常作坊所做。按此行已有数百年之历史，但现在则很衰微了。

铸钟厂

各种铁锅、铁盆等等，都是由山西铸成运来，而钟、磬、香炉等等，因为有庙名、人名、年月等关系，所以都是在本地铸造。这种工厂最大的铸活就是钟等，所以名曰“铸钟厂”。其实凡铜、铁物皆可铸也。从前崇文门外有数家，生意颇好，后铸钟者少，日见萧疏。近几十年因有铸洋炉等等的工作，所以生意又好起来了。

刀剪工人

专造各种刀剪等一切零星的铁器，至锛、凿、斧、锯、镊子、钳子、刀、剑等类也都能做，但其中又各有专门。因都是铁工，故不再另列。这种作坊多数在打磨厂一带，生意与数百年前没大分别，惟压亮之手艺因受西洋的影响，似比从前进步了。

针　工

制造妇女所用之针，乃北京一大行，且系特别技术。从前廊房头条一带这种作坊极多，自洋针一到，自然就归淘汰了。然成衣匠所用无眼之绷针等，仍归此行制造，故现仍有数家。

钉子作

专制铁钉、铜钉，有大鱼眼、小鱼眼、捏头、枣核、鞋钉等等名目。也是极大的行道。平常铁铺决不做此，但自洋钉子来后，此行几乎完全消灭，偶有做者也是很少数的了。

马掌铺

钉马掌的地方大多数是自己打马掌，这种手艺表面是很平常，但是其他的铁匠多半不会，而这行人也不做别的活，所以这也是一种特别的手艺。

拔丝作

专制造铜铁丝。将铜铁打成条，再由钢板眼中往外拔，一次比一次细。从前北京之大行作坊都在打磨厂。后由西洋来之货物较自做者好而贱，于是此行已完全归为淘汰矣，然尚有一二处做者。

焊洋铁壶工人

专做铁壶、铁盆、铁罐等器。从前此行甚微，只焊铁锁皮、铜器等等而已，因无论中外铁匠，绝对不管焊活也。自马口铁、倭铅铁输入中国后，用以做成各种器皿，这种手艺始行发达，近来满街都是焊洋铁壶之人矣。

嵌银丝作

名为嵌银丝，其实在铁物上嵌丝多系铜丝。这种手艺风行已久，所嵌之花式均颇雅致，从前讲究的马鞍、马镫等等多系嵌丝，实一极好发明也。按，“嵌”本应作“锓”，张衡《东京赋》：“金锓镂锡”，马融《广成颂》：“金锓玉镶”皆系此意。

铁丝灯笼作

专做铁丝灯笼。从前各商家住户每年总有几个铁丝灯笼，糊白纸红字号或某宅，以便夜间照以行路。大宅门中之大门、二门都要挂上一个大圆铁丝灯笼，差不多也可以算是规矩。因为用项这样大，所以这种生意也非常发达，后来玻璃灯笼一兴，此物当然受淘汰了。从前只有这种铺子名叫“灯笼铺”，其余如现在廊房头条之灯铺，则名曰“扇画店”或曰“灯铺”。

铜工类

关于铜质的工作很有几种，也都是彼此不相侵越的。兹略述如下：

铸钱工人

前清宝源、宝泉两局，共用这种工人各数百名，翻砂、做模、磨亮等等，各有相当的技术，除铸正式钱外，兼铸各种花样厌胜之钱，所以兼有雕刻的技术。如今则完全没有了。

红铜作

专制造红铜壶、锅、盆、桶各种物器。其制造法：铸成一块厚铜板，专用铁锤生砸成各种物器，耐用经久，亦系特别的技术。倘用机器制造更较省事且美观矣。

铜器作

专做各种铜质器皿。这种作坊多在打磨厂一带，可以说大多数的物件都能做。

水烟袋作

水烟袋一物因有特别性质，有许多工人不能做，所以另算一行。按此物北京做者并不出名，最好的多是由汉口运来。

铜纽扣作

从前衣服上所用之纽扣种类很多，有金、银、烧蓝、翡翠、宝石、象牙、虬角等等，乃系阔人所用；玉骨等等，乃阔人穿孝时所用；又有红牛骨扣，乃小姑娘所用。以上都不得算是普通。最普通的是铜纽扣，种类也颇多，大致可分三种：一为光圆纽扣，铜质，薄而中空，此种最为普通。二为凿铜扣（凿读造，阳平声），乃圆扣而凿有各种花纹者，但多系长衣、马褂等衣服用之。三为板扣，亦凿有各种花纹，或铸成各种文字花纹，只在马褂、坎肩上用之。以上这三种，几乎是人人必需之品，销路极宽。所以这种作坊都是专门手艺，且非常发达。后由外洋运来各种花纹玻璃及金类等等纽扣，人人喜用，于是此行完全消灭矣。

响铜作

用铜添加药料铸成乐器，声音格外的响亮，不加药料者不响，所以这种特名之为响铜，另为一行。至于平常的铜工是绝对不会做的，这也是我国最好的发明，西洋到现在还没有这种技术。类似卖针线的小贩所摇的铜铃声音之响亮，西洋固然做不来；就是平常铙钹，西洋也都在吾国来买。近有自造者，但美观而不响。从前乡间到年节下，因设法禁人赌钱，所以多敲大钹、大鼓，北京各商号因不许赌博，也都有一堂锣鼓乐器，以便同人解闷。因此种种关系，所以响铜乐器用项颇大，这种生意自然也就极为发达，近来也日见衰微了。

假古铜器作坊

专仿造古代钟、鼎、瓶、洗等等铜器。这也是一种特别技术，万非平常铜工所能做。有买主进门，他先问要何种器具，何朝何代，什么年号，你只要能说出来，他便造得出来。按这行人早已有之，如宋明仿造的三代秦汉物器等等，在社会中都是时时可以见到的。有许多人说以假乱真实在可恨，我以为因为历朝仿造的关系，把古代的物器形式保存了不少，虽然不是真的，但形式、花样与真的相去也不远，虽不能供考古家之参考，而使穷念书的人能借此看到古代物器的形式也是好的。否则专靠真正古物，则平常人一辈子也不容易看到了，按此与现在影印宋版书无异。

铜厂工人

这种厂子从前多设在崇文门外河泊厂一带，专收买无用之废铜入炉熔化，铸成新板售卖。不但收买现成废铜，如各铜器作坊之扫地土，因其中总有锉磨下之铜屑，故彼亦买回入炉熔化，提出净铜。各首饰楼之土亦归彼买回熔炼，将金银提出，实是一种特别手艺也。

皮革工类

关于皮革的工艺也有若干种，兹略分述如下：

熟革厂（亦曰熟皮厂）

专熟各种皮革，如骑马之皮韂、皮桌面、皮护书等等之革，皆归这种工人，熟好再售与其他各种作坊承做。自有洋革厂之后，这种手艺已渐归淘汰了。

洋皮厂

专用新法熟革，此种二十余年前始行发达。其发达之原因，最初系白俄之熟革工师在苏联不能立足，乃在哈尔滨、张家口等处联合华人开设革厂。后因中国时局太乱，交通不便，不易运输，如张家口之革不易运到北京，于是这种工师又来北京组厂，亦有华人在张家口等处学好来京设厂者。这种工艺始见于北京，近已很发达了。

斜皮局

专制各种细薄之革，如从前鞋皮脸、鞋帮上挖云子以及各种皮件上之包边、镶沿等等，所用之皮都是此种，所以行道很大，工人很多。如今已渐渐不及从前了。从前斜皮局都在前门内，后乃移至四眼井前府胡同一带。

香羊皮作坊

这种皮子最初出自宁夏一带，后其手艺传到北京，虽然制造的不及宁夏一带精美，但价值较贱，生意也很发达，做各种荷包、皮袋等物颇为美观。亦间有用以做坎肩、马褂背心者，做套裤的尤多，因冬天骑马，穿此不透风，而极能御寒也。如今生意已远不及从前了。

皮箱铺

专用牛羊皮制造各种箱匣、帽盒等物。按皮箱多系由南方盛绸缎运来，但北京造的也不少，因携带出门不怕摔碰，销路很宽，所以从前亦系大行。近数十年受外国箱子的影响，亦渐归消灭了。

洋皮箱铺

外国的皮箱、皮包、铁箱、铁匣运销中国已经一百多年了，畅销也有五六十年了，可是在北京设厂制造，二三十年以来始有之，现在已很风行。其来源有两处：一系由上海分来，一系由哈尔滨、张家口等处移来。皮箱、铁箱都做，生意则蒸蒸日上。

皮套作

拉大车所用之皮套乃生牛皮做成，熟皮工人不会做，而打麻绳套之工人亦不能做，所以也是特别一行。这种虽然怕潮湿，但若夏天不用，只春冬季用之，一付套可以用几十年。有大车之家必要预备几付，销量很大，所以从前这种作坊也很多。从前多在崇文门外一带，如今也稍差了。

熟皮局

专熟各种细毛皮袄。这也是极大的行道，大小约有数百家，大致多在珠市口大街东部一带。近来的生意仍然不错。

缝皮匠

由各地运来之各种皮张，大多数都是整个原兽形之皮，在北京熟好，再行缝缀成衣。做这种的人名曰“缝皮匠”，也是一大行。缝海龙、貂鼠、狐坎、狐脊等等的工作，虽然贵重，还算是容易。到了缝万羊貂、爪仁貂、翎眼、灰鼠、爪仁等等的这些工作，缝好之后，看后面是千块万块凑合而成，看正面是平滑如镜，就如同一块皮子一样，真是神乎其技，是由技艺而进为美术矣。这种技术若再能推广在别处应用，真不知其效果能有多大！惜无学者研究而提倡之也。

卧机绦板作

专制造织卧机绦之板。板亦曰“牌子”，用驴皮制成圆片，中有数孔，每孔穿线，随织随转，借以织成花样。按卧机绦子者，乃极厚之带子，用为腿带，很风行了几十年。据本行人云，此物已有数百年之历史，到光绪初年始盛行，到二十二三年又衰落，近几十年来用棉线织之。腰带名曰“腰里硬”。至丝线所织者，则只不过些须零星用项了。

此外尚有如影戏人、水胶、皮等等，亦专靠皮革工作之手艺，因太零星，乃列入后边各该类中。

以上数类，因其一类之中又分若干种，故特列于前，以便醒目。其实如鞋工等等亦各分类，因大家共成一件东西，不另列矣。

器具类

社会中所用的器具：

牛角灯作

从前没有玻璃灯笼的时候，这种灯最为普通，不但娶亲喜轿前头一排就是几十对，而大家主之厅屋内所悬有穗之灯也都是这种。所以这种铺子很发达，多在廊房胡同一带，工人也很多。后来玻璃灯风行，此物渐归淘汰了。

纱灯作

从前纱灯铺乃极大的行道，官宦人家都有一对大宫衔灯，各商号都有一对字号灯。大致人家大门、仪门所挂者为铁丝灯，屋中为牛角灯，而廊檐所挂者皆纱灯。又有手提、手端另用小灯，所以用项颇多。自有电灯之后，此行亦稍见衰落了。

小纸灯作

用苇子劈开，编成小圆灯笼，外糊以纸，这也是北京的一大行。因为从前街上无灯，而又各处都是屎尿，异常之脏，夜间行走非有灯不可。所以在饭馆中吃完饭，饭馆中必人赠一灯；逛窑子出门时，亦人赠一灯，皆不要钱。就是在杂货店中买一枚，连蜡也不过两个大个钱足矣。因为价值太便宜，所以夜间行路必买一枚，销路自然极大。又因价贱，而外行人不能做，盖不懂其中窍要，做出来费工而价高，不能售出也。

雨伞铺

纸雨伞都是由南边运来，布雨伞都是北京所做。官场或行远路都是用布伞，所以销路很宽。从前这种铺子都在打磨厂一带，兼做雨衣、雨鞋等物。数十年来因各种洋伞来的太多，所以这行也受了影响了。

眼镜铺

这也是一种特别的行道。镜片磨工很见手艺，稍一不平不匀，于眼目便有很大的伤损。在无机器的时代，总算很难，自洋眼镜风行后，此行已渐归消灭了。

羽扇铺

由东三省、蒙古等处运来各种雕翎制做羽扇。从前不必说，在清朝此物也风行了一百余年，所以行道也很大。自光绪中叶已经不时兴，这行也就渐归消灭了。按此分为糙细两种，以上乃是细的一种；其较糙者乃乡间老太太所用，又作扇子，又作旱伞，但此多归大掸子铺制做，已见后。

蒲扇作

北京用芭蕉扇的多，用蒲扇的较少，且好的蒲扇都是由外边运来，北京所做者不过极粗之品，且为数无多。业此者多在京西、京南一带，因彼处产蒲子也。

木梳作

用枣木或杨木制造梳头之木梳。此物由南方来的很多，北京做的亦不少，因为人人必需之品也。现因外国用化学方法或树胶等制造的很好，运来的很多，又因剪发之故，这行大受影响了。

篦子作

刮头发的篦子，从前因为男女人人留有长发，不刮则定要发痒，所以用处极大。近来人人剪发，自然就不需要了，所以这行受了极大的影响。按我国工艺数十年来大多数都受了舶来品的影响，惟此物不然。

牙刷作

此物广东做的很出名，北京做的也不错。近亦稍受洋货的影响，生意已不及从前了。

舌刮子作

牙刷子一物各处都用，舌刮子则北京用的最多。从前几乎是每人都要用，所以销路特大。近来也有外国来的了，好在为数尚不多，该行人果能努力，尚可抵制。但北京每日清晨刮舌甚为剧烈，恐怕于卫生有损耳。

耳挖耳扫作

这两种物件体质虽小，因系人人必备之品，所以销项很大。从前作坊多在天桥以北一带，近来因禁止人挖耳，所以销路也稍差了。然做者尚不少，一因国人有这种习惯，虽禁亦难免自掏；二因受不到洋货的影响也。

筷子作

这种作坊多在天坛北一带，广渠门内也不少，专做竹木各种糙、细筷子。既为人人所必需，且又容易遗失，所以销项极大。近来虽亦有外国货来销售，但尚未受到很大影响。因为这种作坊的出品多偏于糙货，样式不美而便宜，所以许多人家都还乐用。至于金银、象牙、虬角、牛骨等质的筷子，因是讲美观的奢侈品，反倒受了洋货的影响了，盖洋货比以上这些种好看而价廉也。

旱烟袋铺

烟袋杆钻眼乃是一种特别的手艺。平常的烟杆还容易做，大家主妇人所用之杆，动辄三四尺长，其细不及小指，此名为“线杆”，钻眼很难。最讲究的还要“一钻活”，意思是由这一头一钻钻到那一头。因为由两头钻起虽较容易，但中间接头处难免稍有错碴，这种错碴容易聚住烟油子，所以讲究“一钻活”。烟锅脖之长短、弯之死活也有极大的分别。近因烟卷盛行，此器已没有人讲求了。

蝇拂铺

自东晋摇麈清谈以来，蝇拂一物在社会中永远是很流行的。虽然只是驱苍蝇，但颇为人所重视，所以这种作坊生意永远不错，并且还带做马踢胸、长枪缨子等等的物品。近来因马尾太贵，销项也差了。

镜子铺

从前用铜镜，而今做铜镜的工人已经不见了。百余年来，玻璃镜始风行，这种铺子自然也就随着发达了，但是大多数都是玻璃店带做，工作本极简单，最要紧的就是铺水银。近几十年来又有现成的镜子由外国运来，这行生意又差多了。

大烟枪作

制造烟枪也是特别的作坊，从前销项极大，所以作坊也很多，如今已少多了。

烟斗作

做烟枪的作坊往往带售烟斗，然亦有专门发行之处。大致北京做的较少，外来的较多，现在销路也不及从前了。

烟灯作

烟灯一物，广州、太古、胶州等处做的都很出名，运北京销售的很多，而北京本地做的也不少。按以上关于吸鸦片烟的三物，本没什么特别的技能，但最初各行因为没有看见过，都不能制造。彼时制此者都是外来人，所以成了专行。后来如烟灯作、铜器作亦能做矣。好在这三件东西不久就要消灭了。

火镰作

用皮革做成方形小荷包，边上安一钢铁之刃，此即名曰“火镰荷包”，中装火茸、火石，用火时，即以火茸少许按于火石上，以火镰刃敲之，即出火星，将火茸引燃，再将取灯引燃，则火可随便用了。此物虽然不能说人人必需，但吸烟人则皆有之，而亦为居家必有之物，所以销项很大。从前打磨厂中这种铺子极多，近数十年来因有洋火，此物渐归淘汰了。在余幼年时，尚各处皆是，今则山僻处尚有，交通稍方便的地方不复知此为何物了。

刷子作

用猪鬃制造各种刷子，种类很多，用项也极大，所以这行工人也很多。从前多在前门外东珠市口南，地方即名曰“刷子市”，现在因受洋刷的影响，生意亦大不及从前了。

棕刷作

用木棕勒成裱糊匠所用之大小护刷，因社会需要，销路很大，也是一大行，多在天桥以北一带。卖猪鬃刷子之铺往往亦带售此，但做者则另有专行。近有许多洋货运来，此行亦大受影响了。

拴　作

用猪鬃做成刷子，再用漆漆好，即名曰“拴”，乃油漆匠所用，颜料铺皆带卖此。做此之作坊则在天桥以北及打磨厂一带。当初也算是一个小小的发明，惜永远不知进步耳。

口袋行

此专指粮店、碾磨房装面之厚布口袋而言。麻包进土，此物不进土，所以装面必须用此，亦系一大行。这种作坊多在花市及天桥一带。按此物由外来，现成货亦不少，但多系来布片在北京现缝。

麻包工人

麻包乃南洋各国的出品，北京决不能做，但麻包铺也用手艺工人，对于挑选、缝补、整理诸事，也有相当的技术，非外行人所能比拟，所以也另算一行。

驼绒口袋行

这种口袋乃用骆驼绒绳所织，比平常布袋结实得多，装煤、灰等硬物非此不可。这种绒绳多来自京西北一带，亦有织成口袋运来的，但北京织的也不少。

洋面口袋局

这种生意从前没有，三四十年来始有。设局代人做成口袋并印刷字号者，其小一点的局子，则兼收旧袋，将招牌、花样用药水洗净，再充新的售卖。近来生意也颇发达，比如一次定做十万、二十万条，它也敢应。

假皮箱作

假皮箱之做法，以薄木板为胎，内糊以布，外糊以棉纸，稍用油一擦，与真皮无异，其箱之边角处，缝皮之线绳、针脚也与真的没什么分别。按买卖论，这是作伪；以手艺论，则实在是一种好的技术、好的发明。可惜永是墨守旧法，不知研究进步耳。

反回来一看，外国之纸造的假皮箱，销路有多宽。

线毯包子局

用粗棉线织成毯子，再缝成箱形之包，用以装衣服，走远路不怕磨，常旅行之人颇乐用之，所以销路颇宽。数十年来，铁路交通，不乘大车，又有洋皮箱盛行，此物的销路亦大不如前了。

瓷器厂

北京从前无烧瓷器之所，有之，皆在城外。三十余年来始有烧炉之组织，然亦只能在烧成之瓷器上添烧书画、行款而已。因此瓷器铺中多由南来白胎之器，于送礼赠人时现定花样、字款，与人方便，以广招徕，法甚善也。

白炉铺

专用不灰木制造火炉，以其色白，故名曰“白炉”，亦系很大的行道。因为讲究人家恐有煤气，决不在屋中添煤，每户一个炉子之外，必要另有富余几个，在院中添好煤燃红后，搬到屋中，换出燃乏之炉再添，而这种火炉轻，且易搬，所以都爱用它。数十年来因洋炉盛行，此亦渐归淘汰矣。

炉　行

北京泥瓦匠中有许多会搪火炉，但亦另有专行。泥瓦匠只管厨房火炉，专行则大小皆管，且做出现成炉子来出卖。在这种作坊门口，恒陈列若干花盆、木架等等炉子，以广招徕。再大一些的作坊，则带售搪炉子所用之缸瓦面。

锡器作

我国数百年来颇讲锡器，盛食物之器因怕铜之毒，更非锡器不可。如各种冬天放热水、夏天放冰之器（名曰“水敦儿”）一品锅等大多数都是锡质，就是铜的也要有锡里。尤其嫁妆中之蜡扦、油灯等物，更非锡器不可。所以锡器作乃是很大的一行。近来因各种洋式的物器风行，这行生意远不及从前了。

汉白玉作

专用汉白玉制造桌面、花盆、鱼缸等器，与平常石工截然两事。数十年来已经不为人所欢迎，近受外国人造大理石的影响，生意更不及从前了。

油篓局

用山荆条编成各式篓形，糊以棉纸，涂以血料，专用以盛流质，如油、酒、醋等等的东西。体轻有弹力，不怕碰，运往远路尤为相宜。此是我国最好的发明，惜只知守旧而不求进步耳！这种局子都在崇文门外，因前清大酒店皆在此处，就近容易销售也。

荆条筐铺

专用山荆木条做成各种筐、篮等器，如煤灰行、干鲜果行等所用之抬筐。煤球铺所用之煤筐等等皆是，亦系一大行。所用之荆条皆由京北山里运来，也有编成器具运来的，但如煤筐等则都是北京所制。

柳条筐铺

用新柳条去皮，编成各种筐、篮。近来的柳条箱子销路尤宽。这种行道虽很大，但工人并不甚多，因为所有物器大多数都是由京南、固安、武清县一带编成运来，北京不过随时添补或做少数定货而已。

竹器铺

用竹篾、竹丝编成各种筐、篮、筛子等物，此为北京一大行。不但筐、篮为家家离不开，即筛子一种亦为药铺、米铺、粮店、磨房、碾房所必用，所以销路极宽。

藤竹器铺

用藤、竹制造桌、架、床、椅等器。从前此行并不发达，因为彼时各货都是由江、浙、河南等处运来。自前清光绪庚子后，地方提倡实业，如工艺局等处特设藤竹器科，从中学出来的工人很多，各人创设铺号，于是渐渐发达起来。

席箔铺

用苇子制造搭天棚及盖物、铺炕之席子、盛物之席篓及囤粮之席圈等物。以上数种销路虽大，但大多数都是京南水乡一带运来，在北京制造的是很少的数目。然如建筑盖房顶之箔、院中之花障等，生意亦不在少处。近几十年，维新人家多在屋中照屋织一整个之地席，是则非本地制造不可，于是这行又多一种生意。

蒲包工人

蒲包一物，北京商号几乎都离不开它，而城内各“海”、城外各河及丰台一带产蒲也很多，所以制造此物之工人也不少。好的乃用蒲叶下截制成，最次的包茶叶之包系用蒲叶上截所编。编时最见手艺，因从前每一个蒲包价值不到大个钱一枚，盖此不难其好，乃难其快而贱也。如外行人一编，则价值便合得太多了。

鸡毛掸子作

专用鸡翎制造各种掸子，兼做糙的翎扇。因系家家必需之品，所以也是一大行。

扫帚作

用高粱穗穰制造各种扫帚、炊帚。这种作坊都在各城门关厢，因高粱穰皆产自左近，制成再运至城内较省运费也。按此亦小小的发明，惜经若干年而毫无进步，若能研求进步，则定可在外洋畅销也。但以目下论，物质虽糙而价极便宜，故尚未受到舶来物之影响。

笊篱作

柳条笊篱大多数都是由京南乡间做好运来，而木把之大笊篱，北京也做一部分，尤其是铁丝笊篱则都是北京所做。从前拧铁丝灯笼的人改为这行的不少。

锅刷作

用马莲根做成各种刷子（与前边之炊帚不同）。按西洋亦用此做刷，且运到吾国销的很多，若这行人能改良进步，则不但可以抵制洋货，且可以运销外洋，因中国人工太便宜也。

礤床饭勺作

礤各种瓜馅所用之礤板，名曰礤床子，中间有眼之板，虽系铜质或铁质，但铜铁匠都不管做，另有一行。不过这行都带做木瓜勺及木勺等等物器，这种作坊多在天桥以北一带。

锅盖作

用木板做成锅盖。此本任何木匠皆可做，但另系专行，且永与上边所列礤床、锅刷等合做。

箭杆锅盖作

用高粱最尖端之一节，以线绳钉成圆片，作为锅盖之用，此本系妇女的工作，然亦有作坊。

箭杆匣子作

用高粱细秸秆，以线绳钉成大小匣子，盛物颇便，卖纸花者用的尤多。

罗铺工人

筛面所用之罗，亦一大行。不但各磨房、碾房等铺都得用，就是住家主也离不开，所以销路很宽。罗圈铺也带张罗，但只能张圆的；若碾磨房所用之方罗，它不能，故另有一行。近数十年来，因为磨工多会自己张，而洋铜丝罗底又盛行，所以这行亦渐衰微了。

织网作

得鱼之网多由乡间运来，而从前北京做者亦不少，并兼织小儿得蜻蜓之网（蜻蜓，北方呼为麻楞）。近几十年来，此行已很少见了。

天秤局工人

做天秤的都带做秤尺、戥子等项，乃是特别的手艺，按戥秤的方法本由算学中发明出来，如今则全是代代相传的技术，于算学则一些也不知道了。这种局子多在前门外戥子市、珠宝市一带。

算盘匠

珠算盘的用项本极大，所以这行工人也很多。虽然小器作也能做，但是工本较大，因专行人熟能生巧也。极好的算盘，有一部分由南方运来，其较糙者则皆系北京所造。

油漆盒作

此专指年节送礼之八盒而言，用木胎涂石面做成，再为油绘。此亦系一种特别行道，不难其美观，乃难其省工而贱。因从前送礼大半都是连盒送，盒之价不能大而又必须好看，所以也算是一种小小的发明。按此余于《故都琐述》中已详言之。

银碗作

用缸砂烧成浅而敞口之小碗，专为化银所用，乃各炉房、银号、首饰楼等等所必需之物。烧此者多在城外，自社会不用现银以后，此物用的也少多了，然金店、首饰楼还离不开它。

土珠行

专在大街之冲要地方寻觅土珠，此亦特别一行。说见《故都琐述》，不再赘。

化银匠

专与各炉房银号倾化银子，遇有五十两、一百两的老元宝，其中含有金质者，亦能提取出来。也算一种特别技术。

砂锅砂铫行

这种行道专卖砂勺、砂铫、斋堂鼓子等器。按这些物器都是由京西各处运来。北京决不能制造。但因砂铫等盖是死住的，且有嘴而无孔，故打眼、开盖等等也带有些微的手艺。

弓箭作

从前除官家所设弓箭厂外，私人所设的作坊也不少，不但旗门中人人需用，即武场考试用的也很多，所以销项颇大。这也是很好的发明，如弓中间往里微弯，两头往后翘，于射力可加增几倍，所以西洋人也很恭维。近来亦渐归消灭了。

鞍韂匠

做木鞍者为木匠，做皮韂者为皮匠，但成果整份鞍子者，则另有专门工匠。近因洋鞍子风行，此行人员少多了。

鞭子铺

此行虽名鞭子铺，兼带做车上所用绳套、扯绳、嚼环等等物品。总之，凡车上应用的物件它都预备，不过有许多种须另过行就是了。

绳套作

专打拉大车所用之各种套绳，前边鞭子铺中虽车上各件都管做，但打套的另有专行，且须有宽阔地方，故业此者多在房少人稀之处，如崇文门外亦有之。

卷二　工艺部下

纺织服饰类

凡关系毛棉等等的工作皆列于此：

棉花铺工人

此专指弹棉花行而言。专收由乡间运来榨好之棉花（去籽），弹熟后出卖。偶亦收乡间运来已弹之棉花，再弹一次，因乡间所弹皆较生而不适用也。这种买卖多在前门、珠市口及东直门一带，因西南路所来之棉花，皆聚于珠市口，而平谷县所来之棉花，则皆进东直门也。

旧棉花作

专收用过之旧棉花，再榨弹后出售。此行由日本学来，在光绪末季，始有一二家，皆在崇文门外茶市胡同。最初只能弹，不能漂白，近已有能漂者矣。

合股线作

凡丝棉、毛线单股者，名曰“线披”或作“坯”。以两根合股后，方名曰“线”。此行专与各线铺合股。初用手工，近二十余年来已有机器矣。

织布厂工人

从前北京织布者甚少，只右安门内一带有之。前清末季，织者始多，近则布厂林立矣。

印花布作

此专指蓝布白花者而言，其印法是将豆面涂于白布上，成各种花样，入蓝缸染成，再将豆面敲去，有豆面之处未经染色，故现白布。当年亦颇风行，自西洋印花布运来，此种自然得受淘汰，然褥面等物尚时时可以见到。

裁　缝

裁缝亦曰“成衣”，此专指做平常衣服者而言，为数很多。最大的成衣铺，有几十人或百余人，专给各绸缎布铺及新货屋子（专卖新衣服者）做手工。小者则人数不多，专给住户、铺户等个人做衣服。

僧道成衣

此系特别一行，专做僧道衣服及神幡幔帐等事，平常成衣绝对不能做也。从前这也是很大的一行，人数很多。几十年来僧道人数日少，且人民知识渐高，在庙中献幡幔者数年不一见，于是这行人也就日见其少了。

洋裁缝

专做西式衣服，自光绪年间始有之，近则家数、人数都很多了。

车围铺工人

专做轿车之里外围并车上所用之坐褥，兼做平常所用之坐褥、靠枕。这种工作平常之裁缝亦不能担任，所以另是一行。

标布局

专制造各色标布。其做法是将布加大浆糊染成各色，轧亮，坚而平，专供缠足妇女做鞋之用。因妇女之鞋平常布匹皆不合用也。盖平常布软而松，容易撒脚（足易放大也），妇女绝对不肯用，非这种不可。近来此布已不多见了。

帽铺工人

此专指制造暖帽，如呢帽、皮帽者而言，且兼做便帽、领衣等等，人数颇多。

凉帽工人

专制造凉帽、纬帽这两种。来自南方的很多，北京做者亦不少，就是由南方来现成之帽，也必须在北京成货。按暖帽、凉帽虽皆归一帽铺合售，但工人则不能互相通融，因手工截然两事也。

花翎作

花翎、蓝翎虽然都归帽铺售卖，但另有专门工人制造。

帽缨作

帽缨亦有专门工人制造，因缨子的制法也常常的改换，有“一串珠”“龙抱柱”等等的名目，所以平常做丝绳之人不能做此。

朝珠作

朝珠的原料虽然都是现成的，但穿珠子则另是一行。穿好之后，发交荷包铺出售。

帽盒作

专做布帽盒及朝珠、翎子等等的盒子，虽然都是帽铺、荷包铺带卖，但是另有专行。其做法则系用原纸袼褙为胎，外蒙以布，亦颇结实。

毡帽铺工人

毡帽铺都兼卖毡鞋。这些物品虽多来自北口，但有许多工作须在北京整理，所以这种工人数目也很多。在光绪初年以前，男子戴敞沿宽边毡帽（形似前清之官帽）者极多，所以生意很发达。后来不时兴，生意渐衰落，虽尚有戴小毡帽头之人，但为数少多了。按此亦系一种特别手艺，倘能改良进步，定能改制他项物品。

靴鞋铺工人

鞋铺中分的行道最多，此专指裁袼褙、粘鞋面者而言。这可以算是鞋铺里的基本工人，除剪鞋帮、粘鞋面外，还要研究人之心理，出新鲜样式。如果不能常常创造新鲜样子，亦不能在本行竞存也。

缉皮脸行

从前靴子前后及口都有一行皮条，鞋也都是双脸，前后都有皮条。做靴鞋时，由上边剪粘的工人粘好，再交这行人钉皮条，名曰“缉皮脸”。这行人不但不会裁鞋，且不会做鞋，只会缉皮脸，故另是一行，人数也不少。

上鞋铺

此行不会做鞋帮、鞋底，专管将做好之鞋帮、鞋底上在一处。人数极多，又分两种：一种专与鞋铺上鞋，设局子在各关厢者，为房、食皆较便宜也；一种在各胡同中，或有小门面，专与住户上鞋。按“上”平常皆书作“尚”。

纳鞋底作

这行人不会做鞋、上鞋，专做鞋底。底亦分若干种：一曰“千层底”，乃用若干层袼褙，每层皆用新白布裹边者；一曰“布底”，乃用新布裁成者；一曰“毛布底”，乃用碎旧布垫成者；一曰“纸底”，乃用新纸裁成者，此种亦曰“皮底”，因最底层一须用皮也。以上各种填垫妥后，皆须用绳纳之。

山底鞋行

用碎布填成，以线麻绳实纳之，即名曰“山底”。意思是可以在山中碎石上行走也。极结实、耐久，但太硬，而劳动界多乐穿之。因纳平常鞋底之人不会纳此，所以特系一行。

锁云行

前清时代，大云鞋、夫子履等风行的年代极久，这些种鞋上都有云头，云头之边必须用丝线连锁坚牢，方能耐久。因工作很多，所以也特是一行。按这种手艺女工很多，但皆归专行经理。

此外尚有在鞋帮纳花等事，则皆是女工，不成为专行矣。

画鞋面作

专画缠足妇女所穿尖鞋之鞋面。人家有素鞋面送去，他管画；自己也预备布，画好出卖。亦系一大行，与平常画工截然两事。从前这种作坊多在崇文门外花市四条一带，但琉璃厂南柳巷路东，有一家字号曰“仰度斋”，最出名。

袼褙作

用旧破布打成袼褙，送往鞋铺、帽铺、绒线铺及在胡同推车、担挑卖线之小商等等售卖，亦系一大行。大的靴帽铺有自己打的，但也有许多家买现成的。此行虽极简单，但也是小小的一个发明做鞋底、鞋帮的办法，总算是替代了皮革，且比皮革穿的时间也短不了多少，而价格则便宜多矣。按西洋之旧碎布多作为造纸的原料，吾国无此机器，幸有这种利用法，否则尽行废弃矣。可惜不知进步，不能改良并扩充其用法也。

袜子作

布袜子一物乃人人必需之品，所以销项很大。卖此者约分两种，一系在街摆长摊，售卖者大半系自己家人所做；一系在新货屋子，售卖者则多系作坊中的出品。自然，作坊中有时也撒与女工代做，因纳袜底皆系女工，但须自己剪裁。现在因洋袜盛行，此物销项不及从前万分之一了。

袜子工厂

此专指织洋袜子者而言。在清末只有手织品，近用机器者极多，工厂亦很多，亦挽回利权之一种事业也。

腿带作

专织男女应用各种宽窄丝棉线腿带，花样很多，亦系一种特别手艺。因数十年来绑腿的人少，于是此行已渐归消灭了。按绑腿于血脉周流甚有妨害，则此行消灭尚无可惜。

绦子作

绦子亦名“栏杆”，为妇女镶沿衣服所用。从前亦系一大行，虽然由广东、四川等省来的很多，而北京制造的也不少，不过川广来的较好就是了。四川来者曰“川绦”，广东来者曰“广绦”，招牌则书“川广栏杆”。数年下来，因洋“栏杆”来的很多，种类花样也特别，于是中国绦子绝迹矣。

金银线作

平金绣花以及女红另用之金线、银线，最初也是很好的发明。惜数百年永守旧法，毫不知改良进步，自外洋金银线运来，此行已大受打击。然尚仍有做者，因西洋来者皆系假金，中国自造多系真金，能够年久不变颜色，所以尚有人乐用。

卧机绦子作

以有孔之圆皮板（说见卷一“卧机绦子板”条）管经线，以嵌铅之木刀砍纬线（取其重也），所织成之绦厚而坚。在光绪初年很风行了几十年，多数人之腿带皆系用此。后乃衰落，然“腰里硬”之腰带及马扯勒、笼头等，尚皆用之，不过阔主用丝线，平常用棉线耳。按此亦一小小的发明，惜不知改良进步，致使其消灭耳。

绣货作

绣花自以苏、广、湘三处来者最多，且最佳，但北京绣货作也很多，且分若干种，如绣棺罩片、喜轿围子的作坊，线坯大而绣工粗，只要远看醒目便妥；绣桌围椅帔的作坊便已较细，但亦须远看美观；绣补服、手绢、汗巾等等的作坊又细一点，且汗巾、手绢须用整线；绣鞋面等小件的作坊则专讲精细，因都是细看之物也。总之，种类很多，且各有专长，因都是绣工，不另列矣。从前妇女讲穿绣花衣服，旗人尤甚，所以绣工专讲精细。自前清末季稍染西洋风气，衣尚朴素，绣花作的生意去了大半，专靠棺罩、喜轿、伞扇等活，手工尚粗而不尚细，于是绣花的技术一落千丈。近二十余年来，因西洋人收买旧绣片很多，且肯出大价，于是这行人又多仿造旧货。其仿造的方法是乃暗中收旧绸缎、旧丝线或旧颜料现染，绣工更是不计工价，只要精细，因此旧绣工的生意又大抬头了。

平金作

平金与绣花本离不开，故绣花之人多能平金，但平金另有专行。因绣工之平金都是代做，慢而且劣，不及专行快而且平。从前这行最多的工作是补服，如今则专靠戏衣了。

缂丝作

缂丝自宋朝发达，一直到明朝、清乾隆年间都是很风行的。惟大缂丝作皆在南方，北京亦有，但不过做些补服、枕头等等的零件而已，然确也另是一行。

戳纱作

戳纱者，用丝线直刺于松眼纱上，无横线亦能成各种花样，因无横线，故名戳纱。向来大件的活很少，不过补服、枕头、荷包、褡裢等等而已，然亦专是一行。妇女之能绣花者，也往往能此。

打子作

打子乃绣花中之一种，随绣随挽疙瘩，亦极美观。但亦只做零件耳。大件衣服中亦有打子者，但都与绣花合作，故能绣者多能打子，然亦另有专作。

纳锦作

纳锦之法系露横丝，用竖线隔断成各种花纹。与绣花截然两事，但亦只补服、荷包等小件物品。做此者多系妇女，但亦有专门作坊。

堆绫作

将白绫剪成各种花叶等形，钉于绸缎上，只钉四周，中略填棉花使其稍凸，以便显着生动。再在各花叶上涂以应上之色，亦极美观。此最初本专为妇女之工作，后男工亦吸收仿做。但亦只做荷包、扇络等物用之，稍大之件不肯用也，妇女多呼此为“粘花”。

荷包作

荷包又名“活计”，乃有清一代极风行普通的礼品。无论何种喜庆事，送礼时都可送一盒活计，皇帝赏赐也常用此。一盒者至少四件，多则十六件，但以八件为普通之数。其中槟榔荷包、眼镜盒、扇络、钱褡裢、搬指盒、表套、怀镜、小靴掖、烟荷包等等，有时或有手绢。商界都叫做“荷包”，如荷包作、荷包铺、前门两边之荷包巷子等等是也。平常都呼为“活计”，如送一盒活计，礼簿子上也是书“收到活计一盒”。吾往铺中买此，亦曰“买一盒活计”。活计之做法、种类很多，有平金、绣花、戳纱、打子、纳锦、堆绫等等，大致均须过行，而成果则皆须本行人。至此物之所以如此风行者，因吾国新妇入门，对于翁姑必要有所供献，其他亲族也须有见面之礼物，大致都是自己所做荷包、扇络、眼镜盒等物，名曰“供献活计”，意思是请诸人看看自己的针线活计如何。有自己无暇做的，便买若干份备礼，日久变成一种风气，故虽非自己所做而仍名曰活计。

剪花样工人

专剪裁各种纸花样子售与妇女应用。如枕头、荷包、妇女鞋等等，样子颇多。剪好之后，发与小商或妇女，用小箱装好，背至各胡同中叫卖。从前很多，近来日少一些，但尚未绝迹。

行头作

专用戏衣及演戏所用旗、伞等等一切的物品，又名曰“戏衣作”。这也是平常裁缝所不能做，所以另是一行。从前戏衣皆来自南方，四五十年来北京始有专行。

盔头作

专做演戏所用之各种硬、软盔帽。有烫袼褙、堆金、立粉种种做法，不止绸布等工作也。

妆饰品类

首饰楼

专制造金、银、铜等等的首饰。从前分为旗妆、汉妆两行，各不易侵越。自剪发后，这行受大影响了，内城各处之旗妆首饰楼皆已关门，外城首饰楼则多改做各种银器，买卖尚不坏，但家数则少多了。

脂粉作

制造官粉、窝窝粉的作坊，都带做胭脂饼，从前乃妇女人人必用之品，所以销项很大。数十年来因洋粉、洋胭脂畅行，这行的生意一落千丈了。本来这也是好的一种发明，不但妇女化妆，即油匠、画匠等等是离不开的。可惜不知研究进步，只是用千余年以前的法子来凑合，而西洋的粉脂，新的造法日出不穷，只唇膏一项就不知有若干种，只靠旧法怎么能够不落后呢？

胰子作

大香料店多自做胰子。但亦另有作坊，每日遣人担两木桶，到猪市取回猪胰脏，加碱、松香、肥皂香料等等，入磨磨烂，用模子翻成块，或团为圆球发往各处零卖，颇能去垢。最好者为鹅胰脏，所以招牌上都写“引见鹅胰”。自洋胰子盛行，此物亦将归消灭了。

洋胰厂

洋胰厂或曰“造胰公司”。有两种：一造化妆之胰，一造洗衣服之胰。皆用牛油，不过分粗细、有无香料耳。虽然造的都不见得好，但造出若干，外货就少销若干，且用工人很多。

头油作

用菜籽油、棉花油加香料，做成梳头之油，亦曰“桂花油”。从前销项很大，自西洋各种香膏、香油运来后，此行已大受影响；女子又一剪发，简直是没什么生意了。近来北京仍有卖的，但不过贫寒之家及老妈等用之耳。

玫瑰碱作

将碱化开、澄净、加香料等铸成各种形式之块，发往各处出售。从前亦系一大行，近来销项也差多了。

头花作

专做妇女头上所戴之花。此与前草花稍有分别，前边所说做草花之人，虽也做此，但非专门，所以做出来的样式不好看，此行则买来现成做好之花、叶等等，自己现攒。同是几叶、几花，而他做出来就特别美观，受人欢迎，所以特是一行。自剪发后，戴花的人较少，就是戴花，也是很小的一朵，所以这行人无形中消灭了。

马尾纂作

用马尾织成绢，再做成妇女所戴之纂。在平“三套纂”正风行的时期，这行生意最好，因为一个纂最大的长一尺四五寸，用材料自然多。后“喜鹊尾纂”风行，最大的亦长八九寸，生意尚可。到“苏州头纂”时兴后，约长不过四五寸，材料用的更少。最后圆头威行，此行的生意就一落千丈了。但仍有京北乡间妇女及北京旧式女仆尚都戴纂，所以还算有点生意可做。若都剪了发，那就没有办法了。

两把头作

旗门妇女之“两把头”，最初自然是用本人的真头发挽成，后来越时兴越高、越大，本人真头发万不够用，乃特做一假头戴上便妥，于是就有这种作坊的设备了。但最初还是全用头发做成，后乃改用缎子，亦颇光亮。民国后此行几乎完全消灭，有也不过一二家，偶与戏界做一二件耳，旗门中用的很少了。

头发铺

专收买人脱下之发，爬梳就绪，分成长短各种，扎捆成绺，作为假发。因男女辫髻皆以大为美，必须用假发，所以这行生意很好。后来洋人收买头发，就成出口货，业此者都很发财。迨剪发后，此物来源顿减，生意也就一落千丈了。

翠花作

用由广东运来翠雀之羽，做成各种头花。从前凤冠用的最多，自凤冠不时兴后，这行生意已经减少，自剪发后更不可问了。

牛骨簪作

用牛骨做成各种小簪、煮红，发往各处售卖，风行的年代很久，销项也极大。这种作坊多在打磨厂南北一带。自西洋运来树胶制品，此行亦大受影响了。

凉凉簪作

用玻璃烧料做成妇女人所用各种簪环、首饰、戒指、条脱、纽扣等等，发往各处售卖。最初本尽由山东运来，后只运原料，在北京现做的也不少。这种手艺却是日见发达。从前只靠贫穷妇女购用，后来研究改良，几与真翠宝石等没什么分别，于是阔人亦多用之。按"凉凉"乃"琉璃"之转音，由"琉璃"第一步转为"琉琉"，第二步转为"凉凉"。如《儿女英雄传》第三十回，邓九公说"拿去换凉凉簪"的，即系此物。现在叫"琉琉"的地方还很多。按琉璃一物风行已久，如《佩韦斋辑闻》卷三，宋咸淳末便有"满头多带贯，无处不琉璃"之谚，即指此物。宋代《三朝政要》作"京城禁珠翠，天下尽琉璃"。意系"琉璃"乃"流离"双声叠韵也，则改为"琉琉"或"凉凉"。则"凉凉"二字或因避"流离"之故，亦未可知也。

顶戴作

从前官员所戴之各种顶子，首饰楼亦可带做。因销项太大，乃变成专行。民国后除洋人偶尔买之，数亦无多，于是这行已归消灭了。

徽章局

徽章一物自民国后始盛行，最初都是由珐琅局或首饰楼带做，后因销项大，且做法往往含首饰、珐琅两种工作，于是又成专行了。

食品类

磨房工人

这行人又名曰“磨工”，亦曰“磨官”，“官”盖“工”之转音。专与面铺磨白面、小米面、杂和面等等。人数最多，且有工会，组织亦极好。但余于《故都琐述》中已详言之，兹不再赘。

碾房工人

专与碾房碾各种面，大致多系做点心所用，如元宵面、切糕面、茶汤面等等，约一百余种。北京碾房少于磨房，所以人数也较少，余详于《故都琐述》中。

老米碓房工人

专给老米碓房碾大米、老米。老米者，乃官仓中存储日期太久，变成紫红、黄绛等色之米也。这种工人也有相当的技术。且有不在老米碓房之工人，自己特别设一石碾，专与住户米。因住户由仓中直接领回之米太粗，多须另簸，故恒在胡同中大呼“簸老米”者，即系此种工人。按此本系已经腐朽，但旗人食此年代已久，遂有这种习惯，于是汉人中也有许多人爱吃了。余详于《故都琐述》中。

粮店工人

专与粮店做工，挑、捡、筛、算支、装、卸等等都管，人数很多，也有很好的技术。

油坊工人

专与油房磨油。做油的方法大致分两种：一系榨油，将芝麻、花生、菜籽等等生榨出油来，此亦名曰“大槽油”；一系炒熟，加开水趁出油来，又名“小磨香油”。北京只有磨油坊，没有大槽油坊，所以这种工人只能磨油，也有相当的技术，如炒的火候、兑水的多少等等，于出油多少及油的气味皆有极大的关系。

酱园工人

专与酱园做酱，亦系一种特别技术。中国有做酱之法已两三千年之久，不但适口而且卫生。可惜不但不知研究进步，且将旧法丢了很多，如从前酱之种类见于书籍者，总有百余种，如今则不多见了。

酱油工人

做酱油的原理与做酱是一样的，不过做法、手续有不同耳。这也是很好的发明，盖有酱之香而无酱之腥。不爱吃酱的人很多，而不爱吃酱油的人却没有，所以差不多已风行世界。亦可惜只知墨守旧法，不知进步，已将受洋酱油的影响了。比如德国所产之“麻基”，乃完全系中国之酱油，不过微加材料，稍一改做，其价值便高出酱油十倍以上。好在学界有许多人已经注意及此，特开酱油厂的很多了，将来或有进步也。此与做酱工人可算一种。

醋坊工人

西洋造醋用水果，以酸为贵；中国造醋用谷类，酸之外要有香味。所以这种工人都有相当的技术，倘一发酵不合适，吃时便不适口，造醋的要点自然在乎发酵，但加添各种材料如盐、糖等物，也是极费斟酌的。

造酒工人

从前北京造酒工人也是一大行，看《日下旧闻考》第一百四十九卷知道了，所以胡同中还有“酒醋局”等等的名目。后来禁止酿酒，各种酒都由外来，此行顿归消灭。然零星造的也还时有，如莲花白、茵露、玫瑰露等等，多系本地所造。但分真假两种，假的是用烧酒将各该物浸入便妥；真的则是于酿造时便将各该物加入，口头、气味都比假的好得多。

啤酒工人

现虽有此种工人，但对于做啤酒的要点尚未学会，因洋人不肯明告也。

洋酒工人

此种工艺现颇有人，大致都是由学堂或教会工厂所学者。

汽水工人

此种工艺已很发达，人数已不少。

糖坊工人

此专指麦芽糖而言。用黍子米加大麦煮熟，稍微发酵，去渣滓，以清水熬成，即为此糖。此亦是很早的发明了，书中“饴”“馆”“饨”“饧”“糖”等等名词皆系此物，因从前北方尚无甘蔗糖也。自甘蔗糖发明后，此物大受影响，然因其价值较低，所以仍能销售。这种手艺的高下，全在看发酵之程度。所以也非专门工人不可。

粉坊工人

用绿豆、玉米、高粱、白薯、山药豆等物做为团粉。大致含淀粉多的谷类，皆可做粉。不过以绿豆粉为力量最大耳。凡此，皆带漏成条干粉及拉皮等物。余于《烹饪述要》中已详言之，兹不再赘。

面筋房工人

用白面加水和极硬，用净水洗之，使淀粉与纤维分为两事，纤维即曰“面筋”，淀粉名曰“粉子”。按此与上边所说之团粉无异，但此不曰“团粉”而曰“粉子”，或因其团结力较小也。余亦详于《烹饪述要》中。

豆腐坊

此事亦详于《故都琐述》中，不再赘。凡豆腐坊，皆带做豆腐干、豆腐丝、豆腐皮等等。此亦系中国很好的发明，可惜也不知进步，现在外人所做的豆腐，口味已经较好。盖做豆腐，必须用盐卤，而中国所用之卤中所含之质约有数十种，其中为豆腐所必需的只有一种，其余皆归无用，而适以败坏豆腐之味，若想将卤提净，恐非豆腐工人所能，是又需化学人员矣。

孵鸡匠

用人工将鸡卵孵成小鸡，每到春季为之。这种工厂名曰“暖坊”。按此乃绝好之发明。近来西洋已有孵卵之机器了，然仍离不开人工。

孵鸭匠

与上条孵鸡情形略同。

汤　锅

屠宰场旧日名曰“汤锅”，专管宰猪也。有相当的技术，有血出得净、气吹得足等等的说法。中国宰猪即用人吹，两洋从前也用人吹，因人气中往往有传染病，乃改用气筒，最后则不许灌气了。而吾国尚不知，这乃是很大的缺点。

猪油店技师

北京做各种点心讲究用陈猪油，越存的年久越好。因用此做出点心不易腐败，且不外渗，此与做印色用陈油一种的道理。于是乃有油店的组织，这种油店都在东四牌楼豆腐巷一带。恒有存二十余年的猪油，因此，熬炼的时候也有技术，否则易坏。这种技师大致都是山东人。按此又名“白油店”。

盒子铺工人

盒子铺即猪肉铺。做的种类如肘花、老腌肉、筒子鸡、熏鸡、小肚、大肚、香肠、豆豉鱼、清酱肉等等，不必尽述。冬季卖火锅，将以上各物攒于锅内，名曰“什锦锅”。其余三季卖盒子，将各物攒于木盒内，故名曰“盒子铺”。技术之好坏，于口味自然有直接的关系。

酱肘子铺工人

酱肘子铺预备的物品较为简单，不过酱肘子、酱鸡、酱肚等十余种。与盒子铺虽然同是做猪肉的生意，但完全两回事，如酱肘子铺不做熏活，而盒子铺不做酱活是也。从前两行分的界限很清，彼此不许侵越，如今的规矩则含糊多了。

老炉铺工人

专门烧鸭，带烧炉肉。这行的技术在鸭及烧烤，与盒子铺系两行。但大的盒子铺中亦有带烤炉者，其余已详于《烹饪述要》中，不再赘。

卤虾店工人

卤虾店所卖之货，多由乐亭沿海一带运来，北京不能制造。这种工人主要的工作就是用卤虾油腌菜。好坏也分几种，要紧的技术就是不坏而亦不十分变色。盖虾油少则容易坏，油太多则色易发黑也。

腌菜工人

专供油盐店咸菜也。工人要有相当的技术。盖盐少则发酸，自是不好，而太咸也不适口。最好要存留水菜中之自然香味，所以也是专门的技师。有时亦带做酱菜，则又须另带酱园。

水发海味店

专将各种海味，如海参、鱼翅等等发开，售与住户及小饭铺应用。大饭馆遇临时应用，亦恒由此铺购买。到秋季，带剥螃蟹及鲜核桃仁等等，也有相当的手艺。

皮鲊铺

用生猪皮切成极细之丝，名曰“皮鲊”，有时亦可假充鱼翅。此是北京特别的工艺，其切片之技术颇足惊奇，从前旗人讲食此，近来生意也远不及从前了。

豆芽菜作坊

用绿豆在桶中长为豆芽菜。卖时分三种：有头有根者为“豆芽菜”；有根无头者为“掬菜”；无头无根者曰“掐菜”。这也是中国的一种发明，惜未研求进步，只在本地现做现售，不能致远耳。

酱豆腐作坊

做法已详于《烹饪述要》中。按此已是中国一大最好的发明。最初皆由南方做好运来，后来通州已能仿做，北京做此不过百余年耳。近来做的很多，如臭豆腐坊中亦往往带做，但仍须另请技师耳，且北京做的总不及南方的好。

臭豆腐作坊

此已详于《烹饪述要》中。这也是中国很好的发明，可惜用盐太多，口味太咸，阔人多不肯食。但盐少又太容易腐坏。倘能研究进步，则很可以与西洋“季司”并驾齐驱。因质料相同，于卫生亦一样的有益，而价值则小多矣。

松花鸭子作坊

做法已详于《烹饪述要》中，从前北京无此作坊，松花都由南方运来，咸鸭子都由赵北口水乡一带运来。自太平天国起，南货不能到北京，始有做者。近数十年已经很多了，且多带腌鸭子。

假鱼肚作坊

用猪皮做假鱼肚发往京外，卖的很多，亦系一大行。近数十年生意亦远不如从前了。

馒头作坊

北方之馒头等于西洋之面包，人人必吃，销项很大，所以这种作坊很多。有带门市的，有不带门市的，大致尽系山东人。可惜没有大工厂，其最大者也不过六七人，且多是自己做，自己卖。至馒头之种类，大约也有几十种。如自己预备各种馅，使彼代蒸亦可。余详于《北京零食》中。

烧饼铺

此行人数也极多，与馒头工人大致人数相差无几。所做的种类也有二三十种。此与馒头的用项微有分别，大致吃馒头多系正顿饭，吃烧饼则多作为点心。

挂面局

用白面做成细丝之面条，亦系很大的行道。从前的旧法子是将面和好，抻好，挂于绳上，使其自坠而细。自有机器切面之后，此行已归消灭。但思想稍微活动之人，也都改用机器了。

蜂糕铺

做法已详于《北京零食》中。这种铺子虽有蒸锅，但不蒸馒头，蒸也是甜的开花馒头，与普通的不同，所以另是一行。到年节则带蒸粘糕。旧日多喜食此，故这种铺子很多。近数十年，新来的人多尚无食此之习惯，所以这种铺子亦日见其少了。

点心铺工人

专与点心铺做点心。人数很多，可以算是很特别的技术，尤以翻毛、马蹄酥、麻花、萨琪马数种为世界点心所无，总算是很好的发明。可惜大多数种类都失之太甜，故自西洋点心铺开设，此行的生意亦远不及从前了。

洋点心工人

中国点心铺之什锦槽糕、西洋蛋糕等种的做法，最初也是效法西洋，但都是旧点心工人带做，没有专家。自白俄人流落到北京开设点心铺之后，有许多中国人就学会了。现在中国人自做的已经很多，且兼办茶会等事，已够一大行了。

蜜饯工人

蜜饯各种水果也是极大的一行。发明也很早，可惜不知研究进步，且制造时晒晾果品引来苍蝇太多，于卫生实有妨害，所以思想较新的人多不肯吃。近亦受洋货之影响了。

糖果行

从前做糖果的人数很多，但多系自做、自售。除点心铺中冬季所售之南糖外，其余都是小商。近几十年来，由外国学来手艺，开设糖果公司的很多，居然成大买卖了。

干果行工人

与果子市果店做工。挑选水果，并炒花生、瓜子等物，送往各处糖摊、糖挑及小铺中售卖。也有相当的技术，如夏季之传掷西瓜，此掷彼接，虽在两三丈之外，亦百无一失，万非外人所能办到。

挤牛乳技师

从前养乳牛的厂子很多，可是都要特请这种技师挤乳。旗人由关外来，有吃牛乳的习惯，所以这行很发达。民国初间，旗人生计衰落，此行亦大不如前。近来因染西欧习惯，吃牛乳的又加多，这行又显抬头了。

奶茶铺工人

此行的工作是提乳油、定酪、做乳饼、炒酪干等等。近来的生意亦大不如从前。

洋肠子铺工人

从前无此手艺，光绪庚子后，德国兵营自有宰杀场，有机器，自做各种肠子，中国人之在内佣工者遂亦学会。德兵撤后，将机器卖与中国人，始有这种铺子的组织，近来也够一行了。惜只靠佣工时学的一点手艺，不能研究进步耳。上海有一德国肠子公司，闻资本有三四百万元之多。

厨　行

这自然是极大的一行，也很有专门的技术。但各种情形已详于《故都琐述》中，兹不再赘。

薰茶技师

北京所饮之香茶，都是由福建薰好运来。但存储日久，其底味虽好而无串味，故在北京又薰一次，此即名曰“双薰”。这种技师最初乃由南方约来，后来北方人学会自薰，也变成了很大的一行。

种藕工人

种藕之外，兼种菱角、鸡头、荸荠等物。其技术全在采藕，因北京讲吃极嫩之藕，名曰“果藕”。一看叶之形式，便知下边藕的如何。从前这行人多在乡下万寿山等处工作，城内只有什刹海、护城河，后来三海出租，生意又多了若干。

打冰工人

北京冰窖很多，所以用这种工人也很多。其技术全在裁冰，不量不算，裁出来极方、极直。现在虽有人造冰，而此行还未受什么影响。

药行工人

各种草药于最初采取时多已制好，但到药行中，仍有许多种须整理后方能发给药铺，药铺又须收拾、捡择方能出卖。所以这行工人人数也很多，最大的工作就是切药。这行是管生不管熟，如做丸药等，则另有他种工人。

制药工人

专与药铺中制造各种丸、散、膏、丹，人数很多，也有特别的技术，如平常所用之砂药“万应锭”等等，则颇见工夫。再如炸造鹿茸等等尤见手艺，膏药等等也颇不容易。但是这些物品倘有机器一到，则人数就用的少多了。

担鱼夫

东便门外养鱼的很多，已详于《故都琐述》中。养鱼的工作除喂鱼外没什么要紧的，喂鱼也不算什么技术。倒是担着木桶往城里送鱼的这群脚夫，则非“力巴”可做。所以也是特别一行。桶中水多水少，走快走慢，何处换水等等，情形都很有研究，稍一不慎，鱼便死去不能卖矣。

扛米夫

此专指官家仓运而言，二闸以下不算，只西便门、齐化门及各仓扛米之夫就有几万人。从前齐化门各种生意，靠这行的很多，自废漕运后，这行人就一个也用不着了。

园　工

专种各种蔬菜。从前只能种北方所有之菜，数十年来，南方之菜亦皆能种。近二十年来，各国菜蔬亦无不能种矣。冬季所产之品，亦比早年多了，若干种技术总算很有进步。按这行人虽多在城外，而城里亦不少。

吹糖人的

此行于《北京零食》中已详言之，兹不赘。这行人大致都来自乡间，然均久居北京，人数也不少。

文墨类

拓片师

拓碑、拓帖乃吾国特别的技能，人数也很多，手艺自然也有高下。好的手艺，拓出来真可与原件不爽分毫；最高的手艺能拓原形，且拓出来与真形无异。盖拓阴阳侧面等地方极见心思，是由术进而成为学矣。在没有照像的时候，这总算是很好的一种发明。古代器物的形式赖此保存的不少，赖此流传的更多。就是有照像以后，也可以互相为用。

刻字匠

此专指刻书版者而言。这行人从前人数很多，且各代都有好手，如宋、元、明的刻手都有很好的。清朝康熙、乾隆以至嘉庆，刻圆字体的手艺都还不错，因为有许多刻书家长年养着这种工人也。到嘉庆以后，技术就很退化了。幸而有二年一次刻朱卷的大批工作，生意也还不少，但都不能很讲究。废科举后，又兼石印、铅印盛行，此行大多数都关了门了。十余年来，又有一般人讲翻刻或影刻宋版书，故又出了几位好的刻手。但这不过是回光反照的情形，因为铅印法发明后，实无需再费此种物力也。书版的优劣在错字的有无多少，而美观一层则稍次矣。且铅印即亦可讲究，不必非木版不可也。

刻画工人

此专指书中之木版画而言。在宋朝已颇发达，元、明两朝进步极大。至明神宗，酷爱有画之小说，社会遂竞研精美，不但神情生动，最精者几可与现在之邮票媲美，实在是一种极好的美术。到清朝则极见分化，康、乾以前还能对付，嘉庆以后就看不得了。盖从前本系分工，刻字的不刻画，刻画的不刻字，所以各有专家，容易进步。后来归刻字人代刻，没有专门研究，哪能不退步呢？近来吾乡王君青芳对此极为努力提倡，诚有心人也。

刻图书工人

刻图书分两种，一系文人，一系工人。文人一层，不在本文范围之内，不必论。现在只说工人。这种技术与刻木版画大不相同，专刻商家所用木质、牛角、象牙等质的图章。神气不讲生动，但及细致，与从前西洋印花辊子之雕刻相似，但又较细。其最精者亦可与邮票媲美。惜不知研究进步，只能刻图书一种，不能在其他方面发展，终归必受淘汰耳。

写宋字工人

刻字铺工人亦有能写宋字者，但另有专行。写宋字者极多，最巧者，且能模仿旧书之字。故讲究刻书之家欲刻一书，必先使这行写一字样，欲肥欲瘦皆能如意。现因铅印、石印风行，此行生意已大不如从前了。

写墙壁工人

这行人专与铺店在墙上写尺丈大字，写出来亦颇匀整，万非学界、书家所能。似上海等处墙上之“酱”字，动辄丈余，尤见本领。

画木刻工人

此专指书中木版图画之画工而言。这种图画名词均分两种：平常者名曰“绘图”；极细者名曰“绣像”。平常者不必论，其细的一种，在宋、元、明以至清初都很讲究。平常图画，文人、画匠两种的界限极清，惟此种，文人画的固然好，而好的画匠也能画，不但笔致工细，而神气亦能生动，实在是一种很好的美术。可惜到乾、嘉以后只能画平常的，其细的一种几乎是失传了。自有石印书局后，画细画之工人又出了不少，但终不及从前之细耳。

画界丝工人

专画屏、联等等之方格。能画几丈长极细之线，直而不见接续痕，乃极好之技术。从前专与官家画书之格纸，工作颇多，后则只靠画屏、联等事。近来字学退化，写屏、联者不多，于是这种工人亦日见其少了。若以这种人才改练画地图，必能精益求精。惟国中科学都未发达，以致许多技术人才都无用，而渐归消灭矣，惜哉！

染纸作

专染各种颜色冷金、片金、泥金及虎皮宣等等纸张。此行约分两种：一系专染平常所用之纸，工料较粗糙，这种多在打磨厂一带；一系专染文人所用之纸，工料较细，这种多在琉璃厂一带。染制方法颇见美术，《日下旧闻考》第一百五十卷有关此之记载。

折卷作坊

专做奏折、贺本及各种考试之试卷等等。这些物品都是由南纸店在官场将买卖承揽回来，归这行人承做。自各种考试取消后，生意已差；皇帝退位后，奏折等也无用，这行已渐归消灭。闻民国各官所之公事折卷亦归其承做，于是又能存在了。

帖套作

专做各种信封、信纸，手艺亦颇精巧。自洋信封盛行后，此行上颇受影响，几至消灭。后乃改良，兼做洋封套。近来手艺颇有进步，与西洋做的没什么分别，于是又能存在了。足见凡事能改革，便有吃饭处也。

钉书作

线装书乃中国特别的手艺，所有印刷业所印旧式书籍，皆归这行代钉。钉的既齐且快，所齐之栏真是一丝不差，实在可以说是巧妙的技术，故早已成为专行。

装钉旧书工人

此行也能钉新书，但不及钉书作钉的快，而装钉旧书确有特别的技术，粘、补、托、垫种种做法皆甚精巧，尤以“金镶玉”一种为最妙。千余年来，珍贵书籍经这行人保存的不少，可以算是有大功于旧典籍之行道了。书铺学徒于研究版本印刷外，皆学此艺。

装钉洋式书工人

这行自清朝末年始有之，最初只与学堂装钉讲义，近已成为大行了。

裱画作

这行也是中国特别的手艺，最初的好手大致都是由江苏苏州等处传来。据老辈云，明朝来过一拨，清朝乾隆年间又来过一拨，所以至今该行招牌上仍书为“苏裱”。手艺的高下约分两行，一专裱新画，一兼裱旧画，虽破到指甲盖大小的零块，也能裱至一处，毫不显露接缀痕。又能做旧，用新纸假冒古人之书画，经其渲染，便与旧的无异，实在可以算是美术了。

笔　工

这行也是中国特别技术，以湖笔为最出名，数百年来北京做的也很好。《日下旧闻考》第一百五十卷有关于此记载。近来虽钢笔、铅笔盛行，然毛笔的销路仍不错，且又多开了若干家，但最精之笔已较从前减销了。

墨　工

这行也是中国特别的技术，自以徽墨为最有名。数十年来，北京做的也不错。

笔管作

这也是专门工人做好之后，发与各笔店应用。

墨汁工人

此行自光绪年间始有，后颇发达。专随学差、考官赶考棚，每有考试之年，生意异常之多。民国以后买卖已经不好，十余年来专用外国烟子，其中含酸质不但蚀笔，且损墨盒，故几无人敢过问矣。

刻铜作

专刻铜墨盒、腕枕、镇纸、仿圈等物。按此有两种：一系文士所刻，兹不具论；一系工人所刻，亦颇精工，颇有美术的价值，刻墨盒始于陈寅生，至今墨盒刻字之款，多假用“寅生刻”字样。寅生，名炳麟，同治间人也。

墨盒作

此虽系铜活，但第一卷所列铜工多数皆不能做。百余年来始有墨盒，白铜面、红铜里颇见手艺。最初当然是由一极精巧工人所创，现在能做者虽已很多，但老年铜工多未学此，也不能以此教徒弟，所以可算是专门的行道。

砚　工

北京不出砚石，做砚的工人自然很少，但手艺也很精巧。恒有人由南方带来石料，交其做，手工、样式都很雅致。尤其长于修理旧砚，遇有残缺伤痕，经其修整，多能更见精神。此等工作不但手艺非好不可，心思尤须巧妙，也是由手艺进而为美术矣。

图书作

图书皆由外边做成运来，但最好之纽多在北京雕成，亦极见心思手艺。宫中各种宝印亦多系北京工人所做。

套版印刷工人

木版套色印刷早就有此技术，惜只能印信封、信纸、卡片等物，不易印大件物品耳。然所套颜色亦能生动、灵活。此技自明朝已很发达。

石印局

此行自清季始有之，近来则很发达，家数、人数都很多了。

铜版局

此种技术亦自清末始有之，现已颇发达，且日有进步，虽尚不及外国做的好，而亦可应用。

京报房

从前京报印刷工人也很多，其工作除无机器外，其余捡字、放字等等，与现在铅印也无大差别。此已详之《故都琐述》中，兹不赘。按武英殿聚珍版印刷法与此无异，不过较精美耳，故同为一行。

标本作

专集各种鸟兽标本。这种手艺早已有之，但未发达，自各学校设有标本室后，工作日见其多了。

印刷局

此行在从前都叫作刻字铺，自铅印、石印等法由西洋传来后，始有开印刷局者。如今则事业发达，工人的数目也很多了。

乐器类

鞔鼓匠

前清音乐很重用大鼓，丧事门口必陈两面，喜事少则四面、六面、八面，多者数十面。其余各种技术善会亦无不用鼓，所以这行从前很是发达。鼓铺皆在打磨厂，近来生意比从前差多了。

乐器匠

这行专做胡琴、三弦、二胡、琵琶等物，大致凡用丝弦之乐器皆可承做，因这些乐器用项最宽，所以特名此为乐器铺。铺子皆在琉璃厂、打磨厂等处。近来因学戏的人多，所以这行也跟着比从前发达了。

管笛匠

这行凡有管的乐器都可以做。大致笛、箫多来自南方，而北京亦能成造，至管笙、排箫等则多是北京所做，间亦有南方来者，然颇少。惟笙中之簧须用药点，方能出音准确，从前只用蜡，只能呼而不能吹，因热气一吹则蜡融化而音不准矣，故名曰“呼笙”。后来发明加矾，虽吹亦不化，于是笙始有呼、吹两种用法。在康、乾年间，皇帝提倡音乐，做的笙、竽很多，所以彼时能做笙，能点笙的人很多。嘉、道以后，此风稍衰。因京中事少，于是这行人都归乡间原籍，每年来京一次，将各处有毛病之笙点完，则仍回乡间。京中之有笙者，亦必等候彼来时方能收拾点用。在京中现已无这种技师了。

口琴作

口琴说明已见《故都市乐图考》，此亦系特别行道，每至年节各胡同中都有卖的。

烧埙作

在康、乾年间烧的埙很多，所以由各内务府专立窑作，工人也不少。嘉、道以后渐渐的少了，现在尚有几人能烧，但已皆改他业。十余年前，友人郑君颖孙使之烧过几枚，尚能应用。

铸钟作

此专指皇帝家所用钟、编钟而言。康、乾年间是因讲求音乐，故官家设有此雕刻、模型、翻砂、化铜、镀金等作坊，用人也很多，后来也就渐渐解散了。

琢磬作

情形与铸钟作同。

此外尚有铜质乐器，亦见前响铜作，不再赘。

玩物类

玉　工

中国之有玉工已经三四千年了，汉朝已很发达，这也可以算是我国特别的技术。北京最发达之期当在乾隆年间，彼时由南方传来的好玉工颇多。嘉庆以后，因皇帝不重视，生意一落千丈，手艺也就跟着退化了。近几十年来，因洋人收买，又有回头的情形。

雕漆作

雕漆始自宋朝，北京有此工作不知始自何年，但自明永乐年间始盛行，故平常多呼为“永乐雕漆”。《日下旧闻考》第一百五十卷载，永乐年，果园厂制盒，漆朱三十六遍为足。时用锡胎、木胎，雕以细锦云云。高江村《金鳌退食笔记》也有这样记载。到现在仍是如此做法，大致是由工艺进而为美术矣。按此技虽代有传授，至今未绝，但因系玩品，不适随便应用，销路甚细，故事业永不能十分发达。

螺钿作

螺钿起自何时，各种笔记中记载的很多，然颇不一致。据《言鲭》则云，始自柯柯蛮国，其别帅曰罗殿王，世用其蛤饰器，谓之“罗殿”云云。此说可靠与否姑不必论，但此技始自临海之处，则是毫无疑义的，因非多产此蛤不能发明此技也。故广东、云、贵各省此技最为发达。北京从前已有之，但镶器者少，镶于漆器者多，明朝永乐中很发达，《帝京景物略》中已有记载。到清朝，则内务府造办处尚有此种作坊，外间亦有，但不多。然修理旧螺钿器皿也很工致、巧妙，整制如新。

珐琅作

此乃北京的特别工艺，至明朝景泰年间始极发达，故又名曰“景泰蓝”。清朝康熙、乾隆年间仍很盛行，后因其易伤，不宜随便应用，销路渐微，几至不振。近百余年来，因西洋人购买始又发达，且做法较从前细致多了。现在这种工厂大小总有百数十家。

烧料作

这种工艺最初只山东有之，至今山东博山一带料器工作尚很发达。自鼻烟盛行，始将该处高等工人传来京师，在内务府造办处设厂烧制烟壶，后又添制杯、盘、碗、盏等器。初只用玻璃料，后乃将珠玉、宝石、砗磲等等碾为面烧制。地有玻璃、藕粉、胭脂水等等分别，花纹有套蓝、套红、两套、三套乃至五套之分，雕镂亦极精工、生动，原质有辛家坯、勒家坯、袁家坯等等名目，皆山东工此之旧族姓也。官家重视，商家也雇人仿造，这行遂很发达，近数十年来又很退步，而山东原产地则很发扬光大了。

料器作

料器作或曰“琉璃作”，专用琉璃制响葫芦、琉璃喇叭，各种苹果、柿子、葫芦等玩物，亦系大行。作坊皆在花市一带，工作多在冬季制成，俟年节春季发售。按这种原料乃由琉璃料内提出精炼而成。《日下旧闻考》引《倚晴阁杂钞》及《颜山杂记》记之颇详。响葫芦又名“倒掖气”，又名“布登登儿”，取其响声也。

象牙虬角作

这种手艺自以云、广等省为最佳，北京亦不错。由南方运来原料，在此做成各种烟嘴、烟管、牌子等等物品。修理旧物亦能整旧如新，颇见精巧，雕刻各种书画、人物亦颇精工。

假宣德炉作

专仿造宣德各式铜炉。但分两种：一系只造两耳、三足鼎式炉，此则平常铜工皆能之，工极粗，价亦极贱，虽名为“宣德”，其实并不充宣炉售卖，因人人知其为假做也。一系专造不恒见各式之炉，炼铜亦精，手工亦细，此则专充宣炉售卖，非平常铜工所能做矣，故系专行。

蛐蛐罐

蛐蛐者，蟋蟀也。北京斗蟋蟀之风自前明已盛行，清朝乾、嘉间养者尤多。养此者以二十五罐为一桌，多者辄养数十桌。养蛐蛐之罐皆系瓦制，但平常砖窑、瓦窑皆不能烧，烧此者另有专行。罐分两种：一种平常之罐，径约二寸，此为平常人家及卖蛐蛐者所用；一系特别之罐，径约六七寸，乃讲养蛐蛐之家所用，质须澄浆烧制，皆甚讲究。清初赵子玉烧此最有名，历代传授都有名家，至咸丰间，因国内不靖，此风顿衰。同、光之际，养此者不过内务府、戏界几家人耳，稍有知识之人不肯养，于是制此之工人亦渐归消灭矣。《帝京景物略》《日下旧闻考》对此皆有记载。

蝈蝈葫芦

北方各处皆讲养蝈蝈，但都是小儿所为。北京则富豪之家如旗门、内务府、经丞书办、戏界等等人家亦养之，尤以冬季为多。秋季则用小笼，冬春两季则用葫芦。大致分为两种：一雕花着色之圆葫芦，纯系小儿所用。一系长短各式葫芦，或范模，使之长成各种形式及凸出花样，或雕极细小花纹。其不施人工、整净无花之素葫芦，尤为贵重，其盖则紫檀、象牙等种种雕镂，尤为精绝，每枚贵者可值数十金。《帝京景物略》《日下旧闻考》都有关于此之记载，惟《帝京景物略》作“聒聒”。

鸽子哨

数百年来养鸽子之风便很盛行，故有《鸽子经》之专门书籍。养鸽必有铃，所谓“清脆铃声放鸽天”者是也。古曰“铃”，今曰“哨”。做此者乃是特别专门手艺。哨有“二筒”“三联”“五联”等等的名目，此事于《故都琐述》中已详言之，兹不赘。

鸟笼铺

这行也是特别的手艺。在承平时代，人民衣食丰足，游手好闲的人多，养鸟的人也多，旗人尤甚。所以这行的生意非常之发达。民国以后，旗人生计艰窘，这行也就大不如从前了。其实这种技术非常精致，若改制他物，亦未尝没有吃饭的处所。现在都是不做鸟笼，便无事可做，这可以算是太不知研求进步的毛病。盖养鸟的人日见其少，乃是社会上最好的现象，而一种很好的手艺因之废弃，未免可惜。

鼻烟厂

洋烟来自西洋，薰烟则多是北京所造。用烟叶之梗碾成面，用兰花或茉莉花薰制便成。在光绪以前，闻烟的人多，此行亦极发达。民国后闻烟之风稍杀，此行生意已很微了，但仍有做者。

花　匠

这行多出自丰台一带，或自开花厂，或与人家佣工，人数很多。对于花之宜干、宜湿、喜寒、喜暖颇能体贴入微，确有相当的技术。其于接花、接树，及冬季暖洞中薰活，如唐花、黄瓜、豆角等等尤其见工夫。近数十年来，学养洋花更有进步。

盆景作

这种手艺早就很发达，从前做此者约分三种：一种专用玉石、翡翠、宝石、珍珠、珊瑚等物做成，如菊花，则用珊瑚枝等做瓣，梅花则用玉片等是也。这种在清宫内存者尚很多。一系用纸、通草、丝绸等做成，这种宫内亦有存者。一系用牛角、象牙做成，亦颇生动，这种却不见了。吾家尚存兰花两盆，虽经一百余年，而花叶尚很鲜艳。近百余年来，用翠玉者皆改用料货，嫁妆铺、玻璃铺皆带卖此，而手艺则不及从前了。用纸、绸、通草者，近仍如旧，且大有进步，每逢年节销项很大。用牛角者近则不恒见了。

蜡皮玩物作

专用白蜡做各种小鹅、小鸭及各种水果。技艺颇精，在果盘中点缀数枚，颇能乱真。洋货铺中皆有代售。这种技术来源已远，如孟元老《东京梦华录》“七夕”条载，以黄蜡铸为凫、雁、鸳鸯、鸡、鹈、龟、鱼等类彩画金镂，谓之水浮云云，即系此技。但铸制各种水果等物，则实自光绪年间始有之。

假汉玉作

社会中所保存之汉代玉器，大多数是殉葬含敛之物，故有血沁、水银沁、石灰沁种种的名目。做假汉玉者专在此等处用工，大致多是将玉料仿汉代手工做好后，入沸油炸之。又有炸好趁极热塞入死狗腹中，埋于地内，数年后再取出者，往往带有血沁，有时颇能乱真，亦特别技术也。

花炮作

这也是一大行。因工作有危险性，故这种作坊都在左、右安门等处。至其工作则于《故都百戏图考》中已详言之，《日下旧闻考》引《宛署杂记》也有关于此之记载。

金鱼把式

金鱼颜色有蓝、紫、红、白、金、银等等之分，形式有虎头、鸭蛋、望天、绒球、钩腮等等名目，亦有专经，不必细述。故养者亦须专门把式，这行人约分两种：一系与自养、自售，如金鱼池一带鱼厂是也。一系与人家佣工。承平时代养鱼之家很多，故此行人员亦不少，民国后日见衰落了。

鸽子把式

鸽有专经，故养者也是专门人才。业此者多系自养、自售，与人家佣工者颇少。因人家养鸽者多系自己喂放，技术虽不精，亦可对付，非富豪之家，不肯特别雇人也。

蛐蛐把式

蛐蛐有专谱，蓄养者也有专门教师。平常或小儿养蛐蛐，每人不过三五头至十余头，都是自养，无须把式。富豪之家所养，动辄数百头，所以非特请把式不可。这行人也有相当的技术，一买蛐蛐时要看能斗与否，以至寒暖、喂养、过笼等事皆有经验斟酌。且须常常使斗，一则为其练习角力，二则为其斗时有经验，不慌不怯也。

锦匣作

此行又名装璜作，专做装盛古玩、玉、瓷等贵重器皿之盒匣。照式、挖镶、趁垫等种种做法亦颇见心思技术。近因古玩行生意不景气，此行亦大受影响。西洋各种瓶、盒、表、镯、戒指等珍贵物品，卖时皆带小匣，装潢亦皆精美，其工作与中国锦匣作无异。若能研究改做这些物事，将来必有大发达之一日。按这种工作并非玩物，但装盛之物皆系玩品，故列于此。

空竹作

此在《故都百戏图考》中已略言之，不必再赘。这也是北京的特别手艺，且系一大行。从前在承平时代，到年节几乎是每个小儿都要买一枚，大人买的也不少。近来生意虽见萧条，但在厂甸等庙会中，出卖者尚有几十个摊。十余年来此技已经发展到南京、上海等处去了。西洋人亦颇喜爱，年节亦多与小儿买一枚戏耍。盖除抛掷怕砸头脑外，若只抖转使响，则实于筋骨肢体有益之戏耍器也。

风筝作

此事亦详于《故都百戏图考》中，不再赘。这本也是中国特别的工艺，惜亦日见衰落矣。然已发展到欧美各国，彼处百货店、玩物店仿制的很多，但多只会做排子，若硬翅、软翅种种做法尚未能制。

影戏人作

此亦于《故都百戏图考》中详述之。最初卖此者皆由滦州一带来，后来北京设厂制造。从前销路极大，不但影戏班多，需用的多，即人家买为小儿玩品者，每年所销亦成千成万。不过影系班所用皆系皮制，小儿玩品则多用纸制耳。近二十年来，影戏班所余无几，这种生意将归消灭，此亦不知研究进步改制他物之过也。

毽子作

此亦详于《故都百戏图考》中，不再赘，毽子毛皆由南方运来，而出卖时亦须大加整理，故亦系专行。近前生意亦不及从前了。

年画作

年画者乃木版画又着色者也。每值年节，家家必买数张或数十张，故销项极大，且销路极宽，北几省及蒙古等处皆有销路。产此之地有两处：一系天津之杨柳青，一系武强县。杨柳青出的较好，而只销北京、天津等处；武强画虽较糙，但因津、冀等处经商者多，对此亦运销甚远，如蒙古、山、陕、甘肃、河南、湖北、山东、安徽等省，所销者皆系武强画。北京所销者，多半由杨柳青运来，亦间有运自武强者，但较微少。因杨柳青画作坊多在北京设有分行，如打磨厂“利源增”等号皆是。印刷着色多在乡间，因人工较贱，但最好者皆在北京现上颜色，故北京亦有专行。近数十年，因石印五色画盛行，此行已归淘汰矣。

抽签筒作

卖零食小贩持之签筒虽系赌具，但以之赌现钱者甚少，所输赢者都系食品，故亦可作为玩具。制此者亦系专门手艺。

泥人作

北京泥人虽不及天津做得好，但也有专门作坊。大致是天津已进而为陈列品，北京则仍是小儿玩物。然销路很宽，做的也很多。

耍货作

专做纸质、布质等等的玩物，种类很多，难以尽述。有一厂兼做的，有一厂只做三数种的。大致都是到各处撒手工，其中女工也很多。小儿玩物本为各国重视之品，德国、日本所产皆极多。中国亦为制造小儿玩物之国，但墨守旧法，不知改良另创新样，所以技术一年退化一年。从前运销外国的很多，现在可以算是没有了。

捏江米人的

用各种颜色和好江米面，捏制各种人物。这行人虽多来自乡间，但均系久住北京，都有相当的技术。可惜面质一干便容易破碎，近来已有新的发明，永远不坏，但尚未普遍耳。

游艺类

梨园行

戏剧界谓之梨园行。在光绪年间，西太后玩乐的时代，此行人数到过八千余人，以后日见其微了。以下俱详于《故都百戏图考》中，不再赘。

大鼓书	坠子	跑竹马	竿戏
弹词	八角鼓	十番会	花砖会
评话	傀儡戏	文场	花坛会
唱道情	托偶戏	花钹	舞狮子
打连厢	提线戏	闹丧鼓	冰戏
秧歌会	影戏	太平鼓	舞龙灯
打花鼓	西湖景	踩绳	五虎棍
金刀花鼓	太平车	盘杠子	少林会
莲花落	小车会	扇盘	幼童舞棍
大板落子	高跷	撺席撺剑	卖艺
数来宝	跑旱船	开路	掼脚
相声	幼童歌唱	扛箱	变戏法
什不闲	跨鼓	中幡	耍猴
跑马解	耍狗熊	耍耗子	钻坛

修理旧物类

凡不能制造新物，只能修理旧物之工人，皆列此门：

织补匠

这行也是特别的技术，凡毛织品、丝织品，无论哪一种或任何颜色，遇有烧的窟窿、撕的口子，经他织补便看不出痕迹来。最好的手艺连平金、绛丝都可以织补。这行早就有之，各笔记中恒有道及者，《红楼梦》“病补雀金裘”一节亦提及之。但这种工作总不会很多，所以人数也不能有很大的发达。近来恒与洋人织补衣服，亦无不叹为绝技。

弹染铺工人

弹染铺与染坊绝不同，染坊专染新货，不能染旧货，弹染铺则多染旧物。人家有拆毁之衣片须再染者，都交弹染铺回染。往往由此色改彼色，不但有技术，且须有经验。如衣片颜色已花，深浅不匀，则不能整件下缸再染。因整件再染必仍花而不匀，必须铺于板上，随刷随染随弹，以便使颜色匀净，所以叫作弹染，且兼带起油。也算是一种特别的技术。亦恒有担挑在胡同中与人染物者，这种在乡间尤多。

洗衣房

从前这种工作都是小户人家的副业，由就近各家敛回，交妇女浆洗。前清光绪初年始有这种组织，然只与各国使馆及商人等浆洗，工作无多。到光绪末季，中国人穿西服者日多，此行始见发达。初因其工价较大，故只洋服交其代洗，近十余年来代洗中服的也很多了。

干洗匠

此即电洗。民国后，始有洋人开设此种铺子，近来中国人学会的很多，自己营业的也不少了。

小炉匠

此亦曰锔盆、锔碗的，除烧焊铜铁器具外，兼锔盆、锔碗。以钢钻钻瓦盒，以钻石钻瓷碗。谚语有“没有金钢钻不敢揽瓷器活”之语，即来于此。西洋人每惊讶此技，以为新奇。北京这行人很多，且有会规。如一人在人家门口锔碗，未锔成时再来一匠，即共同工作，得款均分；倘锔成，涂抹上白粉泥子后，则新来之人不得同分矣。再有用锡、用铁补碗的手艺也很好。

锔锅补锅匠

这行人俗名曰“骨漏锅的”。铁锅有缝子可以锔，有窟窿可以补，亦系特别的手艺。此行人在街上呼喊皆曰“骨漏锅”。据陆游《老学庵笔记》云：市井中有补铜铁器者谓之“骨路”，莫晓何义。《春秋正义》曰：《说文》云：锢，铸塞也。铁器穿穴者，铸铁以塞之，使不漏。禁人，使不得仕宦者，其事亦似之，谓之禁锢。余案“骨路”正是“锢”字反切语云云。则此字来源已远。

粘缸锔缸匠

此本系锔缸、补缸，因锔完、补完之后一定要用盐卤和细铁砂涂好，铁砂见卤登时生锈，结成坚固之体，锔补之处滴水不漏，且能耐久，故名曰“粘缸”。这行人多居住乡间，秋季以前便来京，到各胡同呼喊曰：“粘缸锔缸啵！”因一过秋季家家都要腌菜，所以缸须预先粘补也。然亦有久住北京者。

磨刀匠

这行俗名曰“磨剪子磨刀的”，专磨剪刀等物。在十余年前，皆带�剃头刀，因旧式剃刀日久磨窄则较厚，故须磏一次也。据老辈人云，百余年前这行人都带擦铜镜，因铜镜日久必昏暗也。余童年时在良乡山中尚偶看到，通都大邑早已不见。自玻璃镜盛行后，皆无须此矣。

缝穷的

此事于《故都琐述》中已详言之。专与工商界之不带眷属者缝补、拆洗衣服。间也有做新服之时，因工价比裁缝师便宜多也。

缝鞋匠

此行俗曰“锥破鞋的”，专门缝补旧鞋。前头包一块曰“打包头”，鞋下垫一层曰“钉掌儿”。从前穿布鞋的人多，且容易破坏，故需要这行人的很多。自皮鞋盛行后，此行生意顿微，但有改练钉皮鞋者，亦能谋生活也。

钉鞋人

从前山底鞋底穿破，往往钉以铁钉，其他毛布底亦有钉者，但较少，因底太薄也。这行人虽没有深奥的手艺，可也算专行。用铁锤击铁弯尺作响，以便招徕生意。此曾于《故都市乐图考》中已详言之。

修理钟表人

北京有此不过百余年。从前带修八音盒，近则带修留声机。

焊烟壶盖的

在前清闻烟风气盛行的时代，这行人很多。前门外大栅栏，东四、西单、后门等处摆摊的也不少。专用白矾焊烟勺，并配制壶盖等事，每日颇有工作，且都带卖烟壶。民国以后，此行人渐少了。

焊洋铁壶的

这行大多数是由锡器匠改变而来的。在五六十年以前，中国最尚锡器，如食器中之水敦、碗盂，嫁妆中之蜡扦、水壶等等是也。当时所以重用锡器者，因彼时极薄之铜片尚少，铜器中除红铜壶盆外，多系生铜所铸，不甚美观，故大家多讲锡器。近数十年来，西洋薄厚各种铜片运来的很多，以之做为器皿，工省而美观，于是锡器便大受影响。因之锡器匠人也多改焊洋铁壶了，所以现在这行人多数不会做他种铁活。

焊铜盆的

此行人有由旧锡匠改来者，有由铜匠改来者，专收拾旧铜盆、铜壶，与其他铜工不同。

收拾雨伞工人

此行专收拾雨伞、旱伞，但只能收拾而不能做。收拾用血料粘补，如竹条折断，有时亦可整理。旱伞则除缝补伞面外，亦可整理铁条。从前只能收拾雨伞，近几十年来洋伞盛行，也能收拾了，故吆喝皆云："收拾雨伞、旱伞！"

收拾笸箩簸箕的

笸箩、簸箕等物都由乡间做成运来，但缘口各处都不很结实，必须另用竹篾弓弦重新箍捆方能耐久，所以另有这一行。大致多在天桥及花市一带。

蜡油作

北京在前清没有煤油的时候，除贫寒人家外，其余都是点蜡。稍阔之家及官所衙门则始终未曾点过煤油，所以每日消耗蜡很多。所余之蜡头及流走之油，最初都是抛弃，后来才有人收买。每日遣人背筐，在各胡同中呼喊，蜡油收回炼净再卖与蜡铺。日久又稍有发明，虽极污秽之油，亦能加黄土再行炼好。于是不但收买蜡头，即蜡铺中炼好之渣滓亦能再炼。光绪以前，这行生意异常之好。民国后点蜡的太少，所以这行也无形中消灭了。

补旧铜器作

这也是特别的技术，凡古代钟鼎铜器，遇有破坏都能修补，补好之后不容易看出来，且能假造古铜器之“绿”。惟专与古玩铺交买卖，所以人数无多，近十余年来更少了。

扇股匠

此行亦曰“修理旧扇股的”，专修有价值之股，盖平常股无需收拾也。凡扇股用久，总有毛病，如头松曰“散头”，中腰松曰“腰散”，轴处松曰“轴松”。轴松大致总是因用久，大小股尽行磨薄之故，若只紧轴，则头必发散，所以必须将大小股都粘贴极薄之片，使之薄厚合宜方妥。这种工作极见手艺，遇有大股破坏、小股劈裂等等的毛病，也都能收拾的一些毛病不显，实在也可以算是特别的技术了。从前讲用大折扇时，这行人很多，如今所剩不过几个人了。

粘扇面工人

这行人贩卖扇股、扇面，商人的性质颇大，但皆替粘扇面，并修理扇股，故列于此。其修股之本领比前条扇股匠相去太远，故纯系两行。

看钱票人

这行商家皆呼曰“钱本子”，于《故都琐述》中已详言之。从前烟钱铺随便开票子的时候，这行人很多，现在已经不见了。

剃头师

剃头师从前名曰“整容行”，当然始自前清。有行规，有书籍。如所用之梭，过庙不打，过桥不打，遇同行的不打等等，规矩颇严。后来也渐松懈，光绪年间又经整理过一些。后剪发盛行，自然也就跟着解散。近来多改行理发了。

理发匠

这种技师北京早已有之，但只各公使馆中自带。光绪庚子后，大饭店中始有之。至市面上有理发馆，则在民国初元，亦只日本人耳。后乃渐多，近则成为一大行矣。

修脚匠

这种技师以前很多，各街各巷恒有敲乍板寻觅工作者。后旗人生计渐窘，此行人亦渐少。近则只澡堂子中尚有之，胡同中不易碰到了。盖雇人修脚，乃是极闲散之事，有工作之人多数不肯如此也。

算卦的

分瞽者、非瞽者（盲人）两种，但瞽者较多，且有公会。余详之于《故都市乐图考》中。

相面的

专与人看相，有时亦带算卦。此行全国各处皆有之。

看风水的

专与人看风水，大致是关于建筑房屋及坟墓的最多。而最迷信之家，虽修灶、移床等等小事都要请人看一看，故这行人从前很发财。

整骨科

此行亦曰“按摩家”，专靠按摩、推拿与人治病。按此种治法于原理亦不背，但这行人多不识字，往往有骗人的举动，所以绝不高尚。

和尚　道士　喇嘛　尼姑

以上四种虽非工商性质，但其与丧家送殡等事，常常要价还价，亦系凭工作挣钱者，故列于此。

以上数与“修理旧物”四字本不相干，因为数太少，不值另列一门，故附录于此。

卷三　商业部

前两卷都是关于工艺的，此卷专是关于商业的。所录虽然有与前两卷犯重的地方，但一定是该行工艺、商业分立，如：绸缎业织者与卖者截然两事，各不能相侵越；又如点心铺亦然，做的不管卖，卖的不会做等等，这种情形很多，虽同在一铺而确系两行，故皆另列。如成衣铺、烧饼铺等等，则工艺与商业分不开了，故不另列。

服饰类

凡衣服及装饰品等等皆列于此类：

绸缎庄

由南边运来绸缎，自己不卖，门市专门发行。在从前交通不大方便的时期，大多数的绸缎布店都不能自往南方贩货，所以这行很发达，多在长巷头二条胡同一带，如“文记”“锦记”等等字号是也。现在虽交通方便，但有许多小字号仍不能亲往贩货，多在本地现买现卖，所以这行仍还有相当家数，有直接由上海分来的，有由天津分设的。

布　庄

这种行道多在布巷子一带，只贩布匹发售，不带门市，且无丝货。从前多由高阳、饶阳等处运来，自洋布风行后，则皆由天津贩运矣。然仍有各处窄面的土布自高阳、饶阳等处。有铁轮机织布工厂后，由各该处运来的又不少了。

氆氇庄

专由新疆科布多等处贩运氆氇来京发售的。最初乃外馆的买卖带作，后来乃有专行，其发售处多在外馆、东四牌楼、打磨厂等处。从前此物用处极多，衣服则为马褂、坎肩、套裤等等，用品则坐褥、车垫等等。近数十年来，一因各种舶来品太多，二因西北交通不便，于是此行已归消灭了。

棉花庄

专由涿州、平谷等处贩运棉花来京发售，发售处多在东直门、珠市口等处。大致皆系弹好之棉花，倘弹的太生，则再另弹一次，除发与各布铺外，自己亦有时另售。

棉线庄

此行皆在花市一带，专售女工缝纫之线，最初都是由高阳人派人往各产线之处收买，买妥之后运回高阳合股，再运郑州染色，之后运京，发与绒线铺及摇铃的等零卖。自光绪初年洋线运到，此行几乎没饭吃了，幸而改由天津运洋线发售尚能对付，然利钱则差万倍矣。从前洋线都是单胚，非合股之后不能应缝纫使用，所以都由天津运高阳，交人工合股后再运京发售。近二十余年已都在外国合好再行运来，于是国人对于此一点工作也没有了。

丝线庄

由南方运来各种丝线发售。此货用处极多，不但缝纫须用，织各种绦带、挽各种缨络丝绳等等皆须用之。且成色高下分别极大，最好的为清水线，其次则用糖糨子揉于其中，每斤清水线可揉入糖面数斤乃至十余斤。

羊皮庄

由北口、西口、顺德、辛集等处贩运羊皮发售。由北口、西口运来者多系生货，此行外馆买卖带作，亦有专行；由顺德、辛集运来者皆系熟好之皮，其发庄处多在精忠庙、东珠市口一带，亦有专做老羊皮之字号。

细皮货行

由蒙古、西藏、陕甘、东三省、四川等处贩运直毛细皮货来京发售。原来之货生、熟都有，惟熟工较差的则来京另熟一次，其发售处多在东珠市口、精忠庙一带。

纽扣庄

专贩衣服所用之纽扣发售。从前多半由广东运来，近二十余年则都是由西洋及日本运来了。在五十余年以前所用的纽扣可以说是本国所造，现在几乎没有本国所造的一枚了。工业如此，真是可怕！

毡帽庄

由西口、北口贩运毡帽来京发与各小贩售卖。从前风行宽边大毡帽，其形式略与前清暖官帽等。七八十年以来则风行毡帽头，圆球形中空，戴者将一半剪开作为护耳，冬日行路戴之最暖而方便。其制造的方法与西洋呢帽大致相同，惜不知改良，已见淘汰。若能照西洋帽式擀制，则必能畅销各处也。

凉帽庄

由南方贩运各种凉帽、纬帽，来京发与各帽铺售卖。但原来者只是光胎帽铺中再重加修理缘饰耳。其制法颇能轻而隔热，惜不能改良，官帽一废，此行已随之消灭。若能随着风气改制，亦必能风行各处无疑。

草帽庄

此专指从前劳动界所戴之大草帽而言。由山东、河北、河南等处乡间运来发售销。路极宽，质粗而价贱，然亦有极细之品，尺寸较大，专供军官及官人商家行路所用，衬以绸里，饰以丝带。俗呼马鞍坡的草帽亦颇美观，且有在顶上面上钉以绒云及各种花样者。按这种草帽从前在乡间本极风行，几乎每人一顶。近三四十年以来戴者绝少，北京几将绝迹。数年来又将样式稍改，重新制造贩运来京，许多青年女子因向未见过，认为非常新颖，于是又见风行，几乎人人皆戴，而男子戴的则较少了。

新式草帽庄

此专指洋式草帽而言。自从这种风行后，前条所说之旧式草帽几将绝迹，所以这两种完全系两行。卖新式者绝对不卖旧式的，但终因两物相近，且旧者经维新人员提倡改良之处甚多，不但样式时髦，而编法亦较前进步，所以有许多新人物喜欢戴之。于是近十年来两行亦成为一行矣。

腿带庄

由山东、河南等处贩运各色宽窄丝棉腿带来京，发与各绒线铺及摇铃小贩售卖。从前无论男女皆须绑腿，用项极大，所以这行的生意亦非常的发达。发售处多在花市一带，近来男女皆穿甩腿裤，于是此行大受影响了。

栏杆庄

栏杆者，缘饰女衣所用者也，亦名“绦子”。从前以四川、广东两省制造者为最佳，故旧日招牌皆书“川广栏杆”。此行亦专在该两省贩来发与各绒线铺及摇铃小贩等等售卖。自有洋圆绦子“水不浪”及各种花边盛行后，旧式栏杆已经淘汰，于是此行亦随之消灭了。

布线庄

从前北京布、线分为两行，没有合作的，自织布厂盛行后始有这行。盖最初是自己来线自己织布，后乃发线而收布，运往山、陕、蒙古等处发售，久之又添由天津来布在京发售，于是便成现在之形式。

绣货庄

从前绣花片多半归绸缎行带售。自光绪中叶，西洋人来京者多欲购买，销项日多，遂有专行贩运。以广绣、湘绣、苏绣三种为多，湘绣一种且有在劝业厂开门市售卖的了。

旧绣货庄

专在北京、山西、江浙各处收买旧绣片、绣衣、绣衣边等等在京发售，其行多在东珠市、西湖营一带。从前无此行，近数十年来因西洋人买的太多，中国人也跟着购买，去项极大，于是遂有此种生意之组织，并收买旧绸缎、旧丝线、旧颜色绣制。假旧货极能乱真，因西洋人对于颜色、绸缎、丝线等等都能用科学方法研究其新旧，所以欲仿造旧货，非买旧颜色、旧丝绸不可。

估衣庄

此与后面之估衣铺不同，彼系零卖，此系发庄。由铺中买出当死之衣服，每包数十件，成包发往乡间各处赶庙售卖，亦大行也。近数十年来地面穷，无衣可当的人多，于是当铺出货亦少，此行亦大受影响了。

花翎庄

专由南方运来花翎、蓝翎发与各帽铺售卖，自己亦带零售。民国后就不见了。

绸缎布店

此乃有门市零售之生意，如“祥”字号等等皆是，其情形与卖零食之杂货店、油盐店相类。凡可做衣服之品彼皆售卖，小者只卖绸缎布匹；大者兼卖皮货；再大者亦挂洋货。

绒线铺

专卖女工零用各品，种类至多，如纽扣、绳线、脂粉、栏杆、花边、棉花、胰皂等等都有。大者亦带售布匹，间亦有带售煤油等物者，则又兼杂货铺矣。

新货铺

专售做现成之新衣服。因外来劳动界人多无家眷，不能自做，如现买布找裁缝亦费手续，自以为买现成者为省事，故有这种生意之组织。按此行多自有裁缝作坊，亦有由大成衣作坊现买现卖者，但不多。

军衣庄

现在北京名为军衣庄的铺子很多，其实不一定是专做军衣。当初与管军需的有关系的人开了个军衣庄，自然是近水楼台，买卖很好，于是别人也来开，越开越多，生意就越少，乃兼做学生制服。生意又不错，就又有做平常衣服的铺子也带做制服，恐人不知其带做制服也，于是在抬牌上也特写“军衣庄”三字，因此这行就很多了。

估衣铺

由当铺中买出旧衣服来在门市上售卖。这行生意可以算是废物利用，且于贫寒人亦甚有益。但旧衣服、被褥中难免有传染病菌，是地方官所应该极力注意者。从前此行多无门面，只搭席棚售卖，另有堆房存货。席棚多在各城门内大街，备多人进城买着方便也。“估”字似应作“故”，本行相沿皆写此字。

皮袄铺

专卖糙、细皮袄，资本很厚，因貂鼠、海龙等皮用本颇大也。从前这种买卖很多，如前门外、东四、西单等处皆有之，自光绪中年以后渐渐的消灭了。其所以消灭之故，因这种买卖之好坏专靠卖细毛货多少。盖羊皮数百身所值不过几千元，而貂鼠、海龙等一件就值一二千元，近来价更大了，而买细毛货之人多系送礼，自穿者甚少。外官进京运动差使，总要送当权者几样重礼，古玩、玉器等等之外，最重者即貂鼠、海龙。到光绪年间送礼改用现款，于是此行便大受影响，大多数都归绸缎店带卖了，然小的皮袄铺，如前门大街一带尚有之。

帽　铺

前清帽铺都卖官帽、小帽，因为种类很多，销路很大，买卖异常发达，所以家数极多，且有内字号的组织。民国以后官帽废除，此行亦归消灭，前门外尚有数家，已带卖新式呢帽矣。大致是能改者还可存在，不能改的只好关门了。

呢帽铺

专卖西式呢帽、草帽。此行民国后始有，十余年来始大发达。十余年前皆由外国运来，近有自造者矣。乃是工商界之进步也。

毡帽铺

卖毡帽者皆带卖毡鞋。从前戴毡帽的人多，所以这种买卖也很多。自光绪初年戴者日少，买卖亦随之衰落，关门的很多。到光绪中叶只剩数家，如鲜鱼口、黑猴公等等是也。然摆摊售卖者尚不少。近十余年国民提倡国货，于是戴小毡帽头的人又较多了。倘能随着风气改良，必仍有再发达之一日也。

靴鞋铺

鞋帽皆人人必用之物，且鞋的消耗比帽子又大得多，所以鞋铺比帽铺也多得多，于是鞋的种类也就更多，如“内兴隆”等等字号乃专卖官场人者，如“全盛”等等字号乃兼卖官场、商家者。数十年来，又有南方人所开皮底缎鞋等等的铺子，做法皆有不同，然大致情形相去不远，故皆归一类。如皮鞋及山底靸鞋，则完全两行矣。

山底鞋铺

专做轿夫、车夫、担水夫等等所穿之山底靸鞋。因劳动界人多爱穿此，所以销路极宽。但近来轿车夫、水夫大半废去，赶车的都是坐在车上，没有步下走的，所以这种鞋销项大减，这种买卖也就少多了。此行与前条所说虽同为鞋铺，但做法情形均大不同，早亦系两行。

袜　铺

此专指布袜而言，亦为人人必需之品，销项很大，除专门铺子外，各新货屋子亦多带售，摆摊卖的更多。自洋袜子风行，此行大受影响，然因比洋袜耐久，还有许多人爱穿，所以摆摊售卖者尚不少，新货屋中亦仍有带售之家。

洋袜铺

光绪年间已有洋袜，但多系洋货铺带售；民国后始有布铺、绒线铺兼卖；自织袜机运到后，方有自织自售之家。今则专售袜之铺亦很多了。

坤鞋铺

缠足妇女对于“弓鞋”视为秘密之物，非穿在足上不肯轻易使人看见，尤不许他人摩挲，所以都是自做，绝无买鞋穿者。有之，则惟有妓女，故有提包串妓馆专卖“弓鞋”之人，工料也有很好的。但绝无开设坤鞋铺者，惟花汉冲香料店一二家带售。自提倡放足后，风气大开，不但天足女子买鞋穿，即缠足女子买的也很多了，所以这行生意异常的发达。最初在民国四五年间多归各绒线铺、布铺等等代售；到十四五年间开设的专门坤鞋铺就不少了；现在则多与男鞋合卖，只以鞋履论，到此男女始真平等。

皮鞋铺

前清末季多人始悟缎鞋不及皮鞋经济，然最初穿皮鞋者，都是用皮质做成旧式之鞋，间有穿西式皮鞋者，然甚少。故光绪年间只有做皮鞋工人之小作坊，而无大铺子之设备。民国后始渐发达。

领帽店

专卖各种便帽、硬领、硬衣，而不卖官帽及平常小帽盔，因此皆各有专门铺子也。冬日卖皮货，夏日卖各种扇子等等，有时亦带售荷包、辫绳、手绢等物。近数十年则带卖小儿衣鞋、洋货等物。因各物皆非自己所制，社会风行何物就卖何物，所以可永远存在也。

首饰楼

此行的货物都是自带工艺，自做自售，但管买卖的人与工人是两事，故另录之。

辫绳铺

从前辫绳为人人必需之品，销项极大，所以这种买卖也极多。小者带卖绦带，大者只卖辫绳，最出名者为一条龙，但一条龙也不止一家耳。辫绳的好坏、样式、种类很多，所谓“灯笼穗”“老鼠尾”种种名目不必尽述，最好的每挂（三根结于一处为一挂）约值几两银子。民国后就渐渐地不见了。

荷包铺

情形说见卷二“荷包作”条。因从前送吉庆礼物多半有此，所以这种铺子非常之多，大栅栏、鲜鱼口皆有之，前门左右荷包巷子卖此者更多，所以特以此名巷子。

绦带铺

专卖腰带、腿带各种绳绦。这种绦子非所谓栏杆之绦子，乃几股线至几十股线所打之圆扁绳，用项极大，种类极多。小则做荷包之系袢，大则做车马之扯勒。从前男女之腿带样式、花纹、材料、颜色、种类亦极多，所以这种铺子很发达。自穿敞裤脚后都归淘汰了。

补服店

从前翎子、补服皆有专行，但翎子都归帽铺带卖，补子虽永附于外褂，但除寿衣铺外，绝无卖现成外褂之铺，因都忌讳也。故补子特有专卖之铺，民国后则完全消灭了。旧有补子，西人多以之做枕头、提包，故现在新做的还很多。

绣货铺

从前各种绣货皆归绸缎店、荷包铺等带售，无专卖者，如清朝末叶始有几家湘绣店。余详前“绣货庄”条。

旧绣货铺

这种铺子专卖洋人，花市四条、苏州胡同等处皆有之。余详前“旧绣货庄”条。

香料铺

香料铺也叫作“脂粉店”。从前这种铺子也不少，最出名的是花汉冲几家。近因西洋来的化妆品种类很多，且日新月异，于是旧铺尽行关门，不关门的也就都卖洋货了。

寿衣铺

专售装老人入殓的衣服。凡此皆带售寿帽、寿靴，亦有妇人装老之鞋。从前这种生意很多，凡门口立一木质大靴幌子者，皆系此铺。因平常靴鞋铺只招牌上画有靴鞋样式，绝无立大靴样者也。近来此铺亦渐少了。

卖零碎绸子的

这行人最初是在各成衣铺收买了剪碎之零绸缎来摆摊售卖，因销路很宽，生意很好，于是便从绸缎店中买了整匹料子来剪碎售卖。下剪之时多大块合于某种用处，早已计划很精，所以也极易售卖，因为买此较在绸缎店便宜。比方做一双鞋面，若在缎店至少买数寸或一尺，除一双鞋面外尚有余剩，多做一双又嫌同色，故不如买此一块者方便也。久而久之，销项日广，遂成大行。

饮食类

粮　栈

此行有两种做法：一系收买北京左近乡间粮食，每日到市上出卖；一系由远路运来。从前无铁路之时，北至张家口，南至河南、山东，通河路之处皆去贩运。自有铁路之后，出去的自然更远了。

小麦局

从前无此行，小麦与各种粮食都是合做。自京津铁路一段通车后，始有天津粮行来此开设。从前京南各处麦子都是西路由琉璃河、黄土坡，东路由通州运京。但河路都是逆流运输，较难，不及由各河运津顺水较易，所以各处麦子多归天津，再由京中粮行前去贩运。火车一通，来着较易，遂有天津粮行自己运来发售，此为有小麦行之始。后各路火车四通八达，北京粮商都亲往各处收卖，此行遂即消灭。

米　庄

从前政府设官运米之时，私人运米的很少，因无利也，故无此行。北京所吃的大米多系北方所产，如涿州、胜芳、小站等处皆产不少。自官运废止后，始有此行之设，专由南方贩运大米后带洋面在京发售。在前清末叶民国初年买卖很好，后来洋行中由南洋及各国运来在天津码头就近发行，于是京中粮商多亲自去买，此行乃大受影响。

米面庄

此行多半都是自己由南方运大米、机器面，除发庄外，自己亦带门市，其做法与杂粮店磨房略同，惟不售他种粮食，只售大米、机器面两种耳。

盐　店

吾国之盐向归政府营运，招商承销，虽系买卖，与其他商业稍有不同。

茶　庄

由各省贩运各种茶叶来京发售，但除发行外，自己多有门市，故大茶叶店的招牌多写茶庄，较小之茶叶店则皆由庄上现买现卖。因茶叶多讲包成小包售卖，用纸很多，所以茶庄都自带运纸。包茶叶之纸虽明着不算钱，而暗中却在茶价上增加，所以运纸利亦很大。自洋纸通行后，因其价较贱，乃皆改用洋纸，不再带运南纸矣。国中工艺商务处处受制，可叹也。

酒　行

北京所饮之烧酒来源，向分南、东两路：南路乃容城、白沟河一带所产；东路则通州一带所产。两者以南较佳，故招牌上皆写“南路烧酒”。此行亦分两种：贩南路者，不贩东路；贩东路者，不贩南路，亦因人地生疏也。东路且多烧锅，自己运来者自己备有大车，每车三个大篓：前边横一个，中间一个，后尾又横一个。都是照车尺寸做好，运到后只卸酒不卸篓，比南路连篓卸下者较省事矣。

啤酒厂

此种营业尚未大发达。

洋酒厂

专用葡萄及各种水果造。除教会工厂外已有几家，但尚系小组织。

汽水厂

此种营业已很发，大厂已有几处了。

油　行

专贩运植物油来京发售。约分大麻籽、棉花籽、菜籽、落花生、芝麻数种，其中除大麻籽油外，其余皆系食品。北京虽有油坊，但都是小磨香油。所谓小磨者，炒熟之后再磨，口味虽香而人工较贵，故卖此者皆加入外来之油。最好者为芝麻油，即大槽油，乃生榨之油，味不甚香，而价钱较小。因由河路运来，亦名曰“河油”，或曰“由河南来”，故名。如此种油贵，则对花生、菜籽、棉花籽等油。从前棉花籽油、花生油两种较混，如今有漂清之法，只看油质亦极清亮了。

糖　庄

此行多在前门外大蒋家胡同一带，最初都是由广东、福建等处贩运白糖、红糖、青糖来发售。后有轮船运输，各洋行都自己由南洋及中国方面运津发售，此行都改由天津贩运，于是天津之糖行多在北京设分销处，北京往年之旧庄就多关闭了。

蘑菇店

口蘑从前都由外馆的买卖运来发售。此行乃由外馆整包买到，再详细挑捡，分类发与各干果店、油盐店零售。自己也带零售店铺，多在崇文门外茶食胡同一带。惟因为蒙之地开熟的越来越多，生蘑菇之处日渐甚少，于是此行也跟着日见衰微了。

海味店

海味店亦曰“南货店”，亦曰“姜店”。从前专在南几省贩运各种海味、南货、绍兴酒，由粮船或由宁波船运来，生意很好。自有轮船后，有许多货直接运津，北京各干果子铺多直接到天津贩货，此行生意遂微。从前多在东四牌楼一带，因各货皆由通州改车运京，一进齐化门便卸，较方便也。近由火车运来，故行址多在蒋家胡同一带了。

牛　贩

北京所食之牛大多数来自蒙古，而河南、山东来的也不少。但是无论由何处来，都是先到京西海淀镇，未有直接来京者，故海淀乃极大聚处，北京贩子再由海淀贩来零售。

羊　贩

羊之来源只有蒙古。由彼处成群贩来，在德胜门外零售，故彼处有“羊店”之地名。但虽零售，亦非一只两只，大羊肉铺一次往往买数百只，除每日宰杀外，雇人牧放。

猪 贩

猪的来源极宽，四外八方都有，但无论何处贩来，先归东四牌楼西大街猪店。因猪税归左翼总兵经管，而该门设在彼处，故猪店亦皆设于彼。落店之后再发卖给汤锅。

鸡 贩

鸡的来源也很宽，四外八方都有，运来皆先入店，再售与各饭馆、肉铺。虽都是小贩，而亦系大行，因北京销此每日总在数万以上也。

鸡蛋贩

这行约分三种：一系由火车运来，这种从前固然没有，而近来也不能长做，因各处有大蛋厂收买，非价值合适不能运京也；二系小贩每日担挑挎篮运几百个来，在市上摆摊或串胡同零卖；三系较大一点的小贩专交油盐店、肉铺、饭馆、点心铺等等，皆有长年主顾，每日挑一挑来即直送各主顾处，这种鸡蛋较为妥当，坏的很少，因恐有伤主顾耽误买卖也。若串胡同之贩，多坏的鸡蛋也敢卖。

鸭 贩

东便门外养鸭子的虽然不少，但尚不够用，所以由外边运来的仍然很多。大致都是产自文安、安新等县，因彼处乃系水乡，宜于养鸭也，所以这行人以胜芳一带人最多。运来之后都归鸡鸭店中，再行零售，卖时多与鸡合卖。

鸭蛋贩

这行与鸭贩一样都是水乡人。所运鸭蛋多是用盐腌好煮熟，运来亦往鸡鸭店，再发送油盐店、干果铺零卖。亦有生而不腌者，则专备做松花之用，销路亦不小。近来也有做成松花再运来者，但不多。

鱼　贩

鱼的来源有两处：一系海鱼，一系河鱼。海鱼自以塘沽为最多，河鱼则多半由胜芳一带运来。到京先入鱼店，再发与各鱼床零售。但如大饭馆用鱼多，亦恒直接由店中购买。螃蟹亦归此行贩运。

干鲜果贩

由西山、北山等处贩运各种干鲜果品，到亦入店，再发给各干果铺、鲜果铺及小贩等等零售。此行不一样，有自己收获若干直接运来的；有预先到各处将果树园包定，俟成熟之后前去摘取运来的，这种不但在行，且资本颇大。

枣　贩

枣本是干鲜果的一种，然贩运的人则完全两事。因他种干鲜果多数产在山中，而枣则多产自京南各处。但是到京后都是先入前门外果子市各店，再发与各干果铺及小贩零售。惟各干鲜果店带做枣之买卖者不过三数家，其余则只做各种干鲜果，而不做枣的买卖。

花椒庄

花椒虽然各处都有，但都是零零碎碎，大宗的都来自河北、河南两省交界处山中一带，彼处产此极多。每年有人去包买运京，再发与各干果铺、油盐店零售。花椒、大料两种为吾国之特产，各国皆不用，而吾国在烹饪中为极要之品。大料产自两广一带，故又名“广料”，花椒则多产自北几省。

水菜贩

水菜多产自近郊一带。每日由这种贩商到各菜园中包买，运到市上发售，各油盐店、菜床都由市上买回零售。这种贩商在菜园中买法情形不同，有的由种园人收理妥当再行收买者，有的共菜若干畦成总包买者。又因菜园多在城西南一带，所以水菜都聚于菜市口，近来天桥南边每早水菜也很多了。

西瓜贩

这行的做法与水菜略同。有的每日成熟的西瓜有若干，归其包卖；有的整个瓜园共有若干，完全归其交款包定，几时成熟几时摘取，运至瓜市发与各鲜果铺、小摊、零挑等等售卖。这行人的本领颇大，不但知瓜之生熟，连瓜瓤脆否，口味甜否，到手一看便能知晓，故为专行。从前西瓜都是近郊所产，自有火车后远路来的也很多，如山东德州、河北保定、南宫等处皆有之，由南方来的也不少。瓜市即前门外果子市。

甜瓜贩

甜瓜，北京人名曰“香瓜”。贩此者皆不上市，每清晨运至各城门脸，城外串胡同卖此之小商，也都担挑到门脸去买。近几年来亦有大宗运至天桥存储发售者，然尚是少数。

碱　店

碱皆产自山西，故此行皆是山西人。店址多在崇文门外路西一带。运到后发与各油盐店、蒸锅铺等等，亦系大行。现虽由外国运来之起子，而此行尚未大受影响。但若不能改良，则将来定有吃亏之一日。

南酒店

专由南方大宗贩运绍兴酒来京发售，除发与各干果铺、饭馆外，自己亦有带门市者，如长发、长兴等等是也。

药　庄

北几省药材的大聚处在祁州，即今之安国县，而每年春季济南亦有药市。北京药庄多在崇文门外喜鹊胡同、巾帽胡同一带，亦有带零售者，比各药铺微较便宜。

杂粮店

专卖各种粮米。由市上买来，在门口零售。此行名曰“陆陈行”，铺中匾额多有“陆陈广聚”四字。余不解其意，恒问该行中人，亦均说不清楚。后见韩君铺臣有手抄粮行情形一书云，原系明朝粮行一位掌柜所做，自己又照现在的情形所更改者。其书颇有价值。首页有《西江月》一词，云："聪慧蒙童易晓，愚顽皓首难明。世间六陈任纷纷，此事粮之根本。知粮不知其性，如临暗宝昏昏。谩同高手细评论，视彻无容方寸。"下注云："六陈，六色之粮也。方、芒、角、楞、稻、穗谓之六陈。方者，麻也（谓芝麻）；芒者，麦也；角者，豆也；楞者，荞麦也；稻者，粟也；穗者，五谷之总也"云云。所抄虽有错字，但既是老辈所说，总有相当的道理。

磨　房

专磨白面，有时带小米、杂和等面。按此有两种：一系专门营业；一系杂粮店带磨房。此于《故都琐述》及本书第二卷已详言之，不再赘。

碾　房

此则永远为专门营业，决无带售杂粮者，因其所碾之面种类太多也。此亦详于《故都琐述》及本书第二卷。

老米碓房

此于《故都琐述》中已详言之。光绪庚子后已大衰落，民国后就完全消灭了。因其买卖之情形与其他粮业截然两事，故亦不易改他业也。

干果铺

此亦名"海味店"，又名"杂货铺"。各种海味、干菜、干果都卖，大者自己制造各种蜜饯果脯，并带卖鲜果、鲜瓜。北京在前清时代能自做蜜饯果品的不过十余家，皆是山西人。后学会的很多了。

油盐店

这种铺子卖的货物种类最多，大致食品中的原料、佐料，除极贵者归海味店外，其余它都有，并兼带零用之纸张、水菜等等。最大者自有酱园，自腌咸菜，且有零用物件，如筷子、砂锅、香烛等等，亦皆预备。

酱 园

酱园多带做酱油。此行的做法很活动，除发与各油盐店外，并给各饭馆、客店、商家、住户零送，资本大的亦带腌酱菜。在从前都是商人开设，数百年来无若何进步。近几十年来学界很注意此事，集资开设酱油厂的很多，这可以算是差强人意的事情。将来或有长足进展新的发明也。

油 坊

专磨小磨香油。除发与各油店外，自己也多有门市，且与各饭馆、商家、住户零送。

猪油店

此行商界曰“白油行”。每日成总买来生猪油，自己熬好入缸存放，专交各点心铺。有存二十年之油，因点心铺最讲陈油也。盖陈油有油之香，无油之腥，且不易融化，做出点心来也较漂亮。此与文人拌印色用陈油者同一道理。

卤虾店

由京东沿海一带贩来虾酱、卤虾油，自已腌菜零售。业此者兼带卖点豆腐之卤，这种食品异常之咸，所以销细，且伏天之后方能多销。因就新杂和面食之，实为劳苦同胞之经济绝好食品也。但因销细之故，家数不多，每一热闹区至多不过两家，有时亦发与油盐店代销。

油酒店

此乃很特别的行道。最初只卖酒，后带卖香油，又因沽酒者可以在柜上临时现饮，所以门口恒有卖零碎食物之小贩，久之自已亦带卖下酒之品，于是乃成了一酒馆。近十余年兼带小铺的已经很多了，匾上虽然仍写“油酒店”，可是与最初大小不同了。此俗又叫作“大酒缸”。参看《故都琐述》中大酒缸条。

汤　锅

由猪店买定活猪自已宰杀，因煺毛时须用热水，故名“汤锅”，盖用热水一烫则毛发软，再用钝刀一刮则连根拔出。不用热水烫一次，则猪毛拔不下来，便须如剃头之法，留根在肉内了。宰好之后，再发与各专商售卖，如肉有肉行，头有头行，以至肠肚等物皆各有专门之家。此节于《故都琐述》中已详言之。

盒子铺

此本就是猪肉铺。除卖生猪肉外，兼卖用猪肉所做各样食品，并有鸡鸭原料。虽只此三样，但做的种类颇多。因冬天卖火锅，夏天卖盒子，所以名曰“盒子铺”。盒子铺者，用各样食品攒成一盘盛于一圆盒内，故名，亦极美观，为吃春饼必需之品。

酱肘子铺

酱肘子铺虽与盒子铺同系卖熟猪肉的铺子，但简单多了，除专门酱肘子外，不过酱鸡、青酱肉数种。惟酱肘亦系特别手艺。从前确系专行，近数十年来因旗门萧条，吃的太少，便有不能存在之势，于是有许多家添做熏小鸡、熏鸡子儿、肘花等等的货品，是又由酱肘子铺兼盒子铺矣。

炉　铺

此种又多名“便宜坊”，专门烧鸭，兼烧炉肉，又名“脆皮肉”。从前烧小猪风行的时代兼烧小猪，生意较多，后小猪不为社会欢迎，则专靠烧鸭，自然生意较少。于是添卖饭座的很多，最初不过烧鸭及几种冷荤食品，如熏鸡、酱肉、松花等类，后乃添制熟菜，如今有许多家与饭馆无分别了。

南式肉铺

此种清末始有之，皆由南方分来，如“稻香村”等等是也。所卖之货略似盒子铺，但种类较多，情形亦不同，比如它往往带卖各种点心，这是北方肉铺绝对没有的。

洋肠子铺

此乃清末始有，除自己制造几种洋式灌肠外，兼卖生牛肉及各种罐头食品。余已详第二卷，不再赘。

羊肉铺

羊肉铺亦兼卖牛肉，但只名曰“羊肉铺”，而不曰“牛羊肉铺”，习惯然也。猪肉铺都兼卖熟肉，此则大多数只卖生的，惟夏季带卖烧羊肉的很多，盖肉稍陈便不易卖，夏季又易腐败，煮熟售之两全其美矣。

鱼　床

由鱼店中买来自己摆摊零卖，各市场多有之，若西河沿之鱼店亦多带营此业。因北京没有专门卖鱼之门面，铺号多数都是支一木板，所以都名曰“鱼床子”。

臭豆腐店

此行北京不多的几家中，最出名的为延寿寺街之王致和与木厂，胡同之黄天泰，都是自己制造，发与各小贩串胡同零售。但春季销的极少，以夏秋两季销的最多，因新粗粮面就此最得味也。

饭　馆

此行种类极多，在《故都琐述》中已详言之，不必再述。

洋饭馆

专卖西式菜品。此行最早者为东交民巷“筑紫办馆”，光绪庚子后始有日本人开设，又有西洋人开的西式饭店，于是中国人渐有开设者，民国后始大为发达。

茶 馆

此在《故都琐述》中亦详言之。几十年来又有新式的茶馆，桌椅杯盘一切设备都比旧式各茶馆干净讲究，且带清唱，有时肯约名票，此虽是沿袭百余年茶园（今天戏馆）的办法，但总算是给茶馆另创了一条道路，所以生意都很兴隆。因旧虽有带说评书之茶馆，但听书、饮茶者都是土著及无甚事之人。这种茶馆多是外来人，且以学界人为最多。

咖啡馆

此种生意亦清朝末年始有之，近来很发达了，其情形与茶馆同，但主要是咖啡、点心，亦有红茶、洋酒，而多数都是自做点心，是茶馆带点心铺矣。此为旧茶馆所无，旧式茶馆虽有自做点心且带饭馆者，但与此情形不同。

点心铺

点心铺又名“茶食铺”，因口味太甜，倘不就茶食恐腌嗓子也。自从元、清两朝陆续添了许多种奶油点心，买卖益行发达，且往外路走的很多，北方食品中之有木匣，实始自点心铺。在清朝物力丰厚的时代销项极大，所以北京门面建筑的华丽讲究，实以点心铺为最。如灯市口之“合芳楼”，共九间门面，金碧辉煌，极为美观，西洋人初来者必要照一相片携走。近十余年来因西式点心盛行，已大受影响。其所以受淘汰之故，恐口味太甜亦大有关系也。

洋点心铺

洋式点心，北京早就有学做的了，如点心铺中之什锦槽糕、西洋蛋糕、火纸筒等等皆是，不过没专门的洋点心铺就是了。自清季始有创设者，近来也很发达，并且都带面包房。这行生意实因白俄人之能做点心者无处谋生，遂都来中国各地与华人合作开设，中国便有许多人也就学会了。按俄国面包点心向很出名，自然要受欢迎，则其发达自然也就是意中之事了。

奶茶铺

这种铺子最初本是专预备满、蒙旗人吃的，所以内城多而外城少。冬日偏重熟牛奶，夏天偏重酪，所以匾额都写“奶茶铺”。后来喝牛奶的少，吃酪的多，于是都呼为“酪铺”。近来维新人员虽讲喝牛奶，但多是往咖啡馆，大概是不知道有这种铺子也。

茶叶铺

此亦北京极大的行道，家数大小不等，大者自己由南方来，小者在本京现买现卖。近二十余年以来，有包好小包交烟卷摊及茶馆零卖者。从前没有这种办法，亦商业竞争之一道也。

水果铺

专卖各种水果。大者自己于秋后大量收买，存于冰窖之内，初冬取出或次年现取现卖；小者则现买他家所存者零卖。亦有许多家带做各种蜜饯果品，但皆系带汁现卖者，不做果脯，因果脯稍费事也。

面包房

专做面包，不带点心，盖有不带点心的面包房，而没有不带面包的洋点心铺。此行亦系光绪庚子后始有之。

药　铺

药铺除抓药方卖生药外，多数带做各种丸、散、膏、丹，此为利钱极大的买卖。就以抓药方说（抓药方，医界曰“汤头”，行话曰“饮片”），成百斤的买进来，几钱几分的卖出去，利钱自然不会小的，到卖熟药（本行谓丸、散、膏、丹曰“熟药”）利钱就更大了。可惜千百年来所卖的丸、散、膏、丹到现在还是照旧制造，一些也不知改良，而西洋之药以提净精华且以好吃为要点，吾国之药不但难吃，且其中有许多无用之质，吃到腹中恐亦有损而无益，所以几十年来受西洋药的影响已经太大，若再不及早改良，日久恐怕要无立足之地了。

洋药房

光绪初年北京尚无洋药，有之不过虫子糖、金鸡纳霜几种，而各教会医院中则皆预备。光绪中叶照相馆多带售洋药者，至庚子后始有日本人开设，于是中国人开设者亦日来日多，现已成为很大的行道了。

冰　窖

中国窖冰已有很久的历史。北京冰窖大致分两种：一系偏重卖冰，一系偏重与各商家冰物水果为其大宗。以后人造冰盛行，冷气管发达，恐将大受影响矣。

材料类

凡用以制造器具物品者归此类：

灰煤栈

由山中整车运来灰、煤，发与各砖瓦铺及煤铺零售，如有较大之工程或有大拨用处，则亦可直接到此栈去买，但至少须买一大车。

砖瓦窑

自己烧砖瓦发与各砖瓦铺零卖，但有较大之工程则皆直接在窑上定买。按煤窑、灰窑、盆窑等等与此性质相同，但彼系发与各行运京售卖，与用户无直接关系，故不必录。此则常常直接售与用户，故列于此。

山货行

专由山中及乡间贩各种木杆等等来京，发与各山货铺零售，有时亦带做杨、榆、柳等木之梁、檩、檐、板等物。

木料行

专在城里，城外，近郊各处收买树木，修成梁、檩、檐、板等等在京发与木厂，然亦零售。此行在彰仪门大街、南晓市等处皆有之。

生料厂

专运各种木料来京发售。从前都是由南方收买，近几十年来几乎是专买卖外国的木料了，大致以美国、日本为最多。

五金行

专运各国五金各种材料来京发行。此行多在崇文门外路西，虽然是各国之货，但都是外国人运至天津，此行再由天津购买。

锅铁行

由获鹿及山西各处大拨运锅铁等物在京发售。从前系一极大之行，自西洋铁运到后，此行便大受影响，然各种锅、勺等等销路还与从前所差无几。不过上述之五金行大半也带做这种生意，是两行将要归成一行了。

石　作

由西山贩运各种石头，除自带石作外，兼发与小石作，但是大工程用料多的时候都是自己往山中定购。起片之青石几乎是各处都有，汉白玉则产自西域寺山下一带，豆渣石则产自温泉北黑山头。

黄土车

每日由各城门外或南城等处推黄土到街头售卖，到春秋季摇煤球时卖项尤大。虽为农人带做之事，但亦有专门业此者。

磨　贩

由西山贩运碾磨石料发售，惟皆系未造成之糙坯。从前磨房极多此物，销项极大，所以这行也很大，并有许多小贩零星用驴运来者，或直接卖与磨房，或仍售于此行。近几十年来因机器磨盛行，此行已大受影响，惟磨粗粮面尚须用它，因此尚未断庄。

颜料庄

由各省贩运各种中国颜料，如蓝靛、红土子、柿黄、银朱等物发与各颜料铺，此亦系一大行，故自有会馆，在北芦草园，惟近几十年来因洋颜料盛行，此行亦大受打击，故已有带做洋颜料的了。

洋颜料庄

贩运各种外国颜料发售，但大多数都是由天津运来，因西洋人都直接运津也。

香面行

由京东北各贩运香面发与各香厂制造各种箍香、盘香、线香、蚊香等等。每至冬季用六七头牲口之大车，用极大之布袋运来，亦一大行也。

电料庄

没有电灯公司的时代，自然是没有这行。电灯公司设立后，最初定章程的乃是一群不明商务、惟利是图的人，所有电灯应用之品皆归其专卖，后来终归难逃公论，遂仍归商人自由买卖，方有这行。由外国人手中大批买来，发与各电料行零售，自各国在北京特设专行后，此行又将不能存在了。

猪鬃行

北京所宰猪之鬃皆归这行。从前仍由乡间各处运来，近数十年来因此为出口货之大宗，故皆转运至津，卖与各国洋行了。此亦国中工艺不发达之故也。

鸡毛行

从前无此行，自洋人收买始有之。吾国旧日用鸡毛的工作只有掸子及风箱。掸子非翎不可，风箱亦须干煺之毛，若经水之毛几无用处。而洋人则用为化学的重要品。国中事事落后，不但此也。

羽毛庄

专在东三省、蒙古等处收买雕羽等等运京，发与各翎扇店。从前有几十年羽扇盛行之时，每柄动值数十金，此行颇为发达。近因羽扇不为社会重视，此行已渐归消灭了。

翠羽庄

由广东运来翠雀翎，发与各点软翠作使用。从前凤冠非此不可，用的较多。近来凤冠无用，其他头花用的亦较少，所以此行生意亦大不及从前了。

羊肠子庄

北京所宰之羊，其肠子尽归此行。从前羊肠子专做弓弦，在弓箭时代弦极多，大小各种车辆扎捆，各种物件用弓弦的地方也不少，因为用项极大，所以此行早就是一大行。但因后来弓弦用项较小，中间生意有十余年很见衰落。近几十年来因外国人收买为出口货之大宗，所以又很发达了。不但收买羊肠，猪、牛等肠一齐收买。可惜只知卖与外人得些微之利，而不知自己另创道路，用以制造他种物品也。

猪羊骨行

从前猪骨多系煮汤的食品。牛骨除大骨做骨簪等物外，其余小骨没什么用处。近来洋人亦多用以煮汤，惟羊骨头用项极小。数十年来外国人收买，遂成大行。

炉　厂

收买碎铜铁及各铜器作扫地土，熔化炼好，发与各铜铁铺，亦系大行。

木　厂

北京所谓木厂都是关于建筑的厂子，若桌、椅、箱、柜等等，虽是木器而不曰木厂。这行大小不等，大的可以包修几百万两银子的工程，在前清官家的工程都归这行包做。其详细情形已详于《故都琐述》中。

砖瓦铺

专卖各种砖瓦、石灰、青灰、麻刀、缸瓦、渣子等物。凡零碎工程或修理炉灶等物皆由此种铺子购买，若大工程则都直接由窑上定了（“麻刀”一词于沈括《梦溪笔谈》中作“麻捣”）。

器具类

锡器庄

北京制造锡器的工人虽然很多，但仍有许多锡器是由川、广等省运来的，因样式、工作都不一样，所以仍有许多人欢迎外来之货也。此种多自带门市。

铜器庄

由汉口、云南等处贩运各种铜器来京发售。此行从前生意很发达，近数十年因受洋铁及铅制诸器之影响，亦大不如前矣。所以还能存在者，因西洋铜器较贵也。

瓷器庄

由江西运来各种瓷器发与瓷器铺零售。此行多在前门外芦草园、草厂胡同一带。从前生意很发达，自洋瓷运入中国后已受影响，然彼仅茶壶、茶碗、盘碟等物，大件物器瓶罐及粗瓷等物尚少，所以此行仍能存在。好在江西瓷器窑已有改良之势，则此行当不致消灭也。

黄酒坛行

此行专收买绍兴酒坛子，除由南酒店、海味店、饭庄、饭馆收买，兼派人到大街及胡同中叫买，聚多之后由粮船运回南边，仍用以盛酒。从前北京富足人家用整坛酒送礼外，自己整坛购饮者亦不少，故胡同中恒有收买大小黄酒坛子之人，如今则不见了。

钟表行

从前没有专门钟表行，都是与其他洋货合售。近三四十年来始有专营此种生意者，但多数都自己带门市。

自行车行

光绪庚子前，北京骑自行车者不过一二人，后日渐多，但都是洋人运来自用之车，无用即卖。到光绪末年渐见发达，后始有专业此者，然尚都是自运自售。近二十年来始有专门发行之家，因工商界所用太多也。但到现在国人尚不能自造。

麻包行

装米粮之麻包产自缅甸、印度等处，从前都是广东、福建人运至上海，北京商人再由上海运至北京发行，但大多数乃装米而来，空运者较少。近几十年来多半由外国人一直运津，北京商人再由津运京。国中商业着着退步不只此也。

扇　行

此行有几种，如折扇、团扇，则由杭州运来；湖扇，则由广州运来；蒲扇、葵扇、芭蕉扇等等，都有专行。近来除湖扇没来之外，其余营业尚不坏。虽有日本运来折扇，而自做折扇尚未大受影响。但若不赶紧变化，则日久必要受打击了。

洋货行

由天津、上海贩运洋货来京发售。此行多在前门外各胡同中，货的种类很多。此种营业皆不带门市，因门市赚钱虽较多，但一切费用都大得多，不及几个人组织一发行，生意较为省心省事。而洋货铺虽多由天津自己来货，但总难免有临时缺乏之货，故此行乃站得住。

弓弦行

做法已详第二卷。从前这也是极大的行道，八旗军营所用已经很多，而全国武科场所用大多数都出自北京，做好弓弦发与各商，运往各省随考棚售卖。武科一废，生意已大减。自洋肠子出口价又大涨，于是此行有多半数已经歇业了。现在所需此物之处，不过车辆、箢篓、簸箕等等物耳。

锡器铺

在百余年前锡器最为流行，不但食器之水敦及嫁妆等事多尚锡器，且瓷器、砂器等用锡包镶者亦很多，足见彼时之风尚矣。近数十年来，销路已经衰落，所以现在没有这种专行，有之也是与铜器合售了。余见前“锡器作”条。

铜器铺

从前铜器的生意本来也很发达，后乃渐见衰落。近二十余年来有人仿照西式设法改良，创的新鲜样子很多，所以生意又大有起色。足见凡事总要用心，且须随时改变也。如前门大街已有数家。

响器铺

响器的情形说已见卷二“响铜作”条。从前社会中需要响器的数量比现在的大得多，不但北京各种善会数目也多，用的也多，乡间的音乐会及各种善会用的尤多，且河北省各村多有“吵子会”，或曰“大鼓会”，亦曰“大家伙会”，其鼓之大，每面需大牛皮一张，每一鼓随着的铙钹少则几对，多则十几对，用的更多，所以这行生意很是发达。近几十年因各处不得太平，各种娱乐多已解散，用的渐少。只有响器买卖不够生活，所以都带卖其他铜器了。

铁器铺

铁器铺都带手工，本系作坊性质，商业门中无须另列。但近数十年来添的洋货很多，如洋炉子等等皆非自己所造，则似与工艺已分开了。

瓷器铺

瓷器铺有两种：一种专卖瓷，一种兼卖铁器，名曰“瓷铁店”。数十年来因国内不靖，来不了货，生意很见萧条。但近来带卖洋瓷物器的很多，所以买卖还算不错。

广货铺

这个名词在五六十年前早已风行。其实这种铺子中卖的物件广东货固然不少，但是洋货确很多。因为从前北方与外国不交通，而广州则早已与各国通商了。洋货运到广东，由广东再运至北京，所以皆曰“广货”。至今招牌上沿有“洋广杂货”字样，但只写“广货”的则不容易看见了。

料器铺

料器从前多来自山东、广东两省，很风行了几十年，多半是妇女的用品。自光绪中叶因社会不欢迎，生意大见衰落，几将绝迹。近二十年来又创制了许多种玩品，且有洋人购买，生意又见抬头，且仍不过花市四条一带几家，他处尚少。

洋货铺

在光绪初年北京尚无专门之洋货铺，有之，只洋人在东交民巷所设之祈罗弗、殷贝珂一二家。盖因西后未见过世面，初见洋货极为欢迎，叹为得未曾有。凡以洋货进贡者无不赏收，且极力称赞。于是媚上者皆以此进，只要新颖，不问价值。于是中国人亦自贩运，家数日多而价乃日落。忆光绪二十八九年祈罗弗洋行经理曾对余言“近来买卖没有利了，从前用一百块钱买一架钟或一个瓶运到此，只要能合太后之意，一开价就是三五千两银子”云云，足见彼时之情形矣。近来到处皆是，且可以说是没有一个铺子没洋货了，思之心悸。

钟表铺

从前没有专门钟表铺，最初除洋货铺带卖外，其余就是修理钟表的铺子寄卖。二三十年来，始有专门卖钟表之大商号。

桌椅铺

小桌椅铺多半是一二木工开设，工艺与商务未能分开。大桌椅铺则工艺与商务完全两事矣。亦自有工厂，但工人不管柜上的事耳，恒买卖旧物，尤与工艺无干。

柜箱铺

与桌椅情形略同。

硬木器铺

从前自己由广东贩运新制硬木器具出售，遇有大主嫁妆往往百数十件，则皆由南方定制。近几十年来没有这类的买卖，也不容易来新货，全靠着买些旧货，修理出卖，生意较从前差多。但二三十年来，一群贪官都以买得宫中细活木器相夸，尚价值大小不在计算之列。各硬木行都觅旧木，请良工，不惜资本，仿制宫式木器，很能卖大价钱，利市数倍，于是又呈兴旺之象。现在又不成了。

洋桌椅铺

这种铺子自光绪庚子后始有，最初为工人所设，后因发达，恒由南方运现成木器来卖。近来日有进步，已经有资本很大的铺子了。

寿木厂

此行俗名曰“棺材铺”，本行曰“桅厂”。小的也是工人自造自售，大的则有仓库、当铺性质，资本也很雄厚，几百金、几千金一付的寿木（料行名“寿板”），多的可以存到几十付，一存就几十年。且代人家存放寿木。因北京大宅门最讲究做好寿木存于木厂，每年一漆以备临时应用。大的木厂往往存到几十份，自然不能白存，这岂非仓库的性质呢?

鞍韂铺

从前这也是很大的买卖，不但八旗各马队需用，皇帝的护从官员的顶马跟骡用的也很多。再者，旧日的交通以骑马为最快，如有要事非马不可，是以各衙门、商家宅门多须养马以备急需。有如此种种的情形，用鞍韂自然很多，所以这种铺子也很多，生意也极发达。自有电报、火车、汽车、自行车之后，马的需要已经比从前少得多，且洋式马鞍盛行，于是这行大受打击，差不多都关门了。

自行车行

情形说已见前面。自石子路修好后，各商家住户多购买一二辆应用，销路日增。所以这行开设的很多，生意也很好，只卖零件数已可观，可惜风行已数十年，国人不但还不能造，且连一二零件也造不出来。商工进化之难一至于此！然已有能造车上所用之小喇叭者，亦可怜矣。

盆　铺

小的瓷器铺也带卖瓦盆，但大盆铺都在各城门瓮洞，有时亦带售水缸，生意早就很好。如买打鸟之铁砂则只此铺有之，因打鸟皆在城外，出城顺便购买很方便也。近又添上各缸瓦、水管等物，生意更见发达了。

绳套铺

绳套铺俗名“鞭子铺”，小的多是一二工人自造自卖；大的则另有管商业之人。如从前八旗各营所用大车之绳套，为数也很多，所以从前这也是很大的一种生意。

麻包铺

北京虽有贩运麻包之发卖庄，但从前运新货来者甚少，多半都是由南方装米或其他货物而来，照例都是连包售卖，住户买米吃完之后再将包卖出，官家运粮米之包亦恒出售。于是有这种生意，专门收买旧货，再分好坏各路售与粮行。近来不运官米，则包之来源较少，不敷市面应用，才有专门贩运之庄。

牛角灯铺

做法已见卷二。但彼系作坊性质，若牛角灯铺，固然自己另有作坊，但商务关系较大，因这种铺子不但卖且管买，不但买牛角且恒买破灯用以改造，并有出赁性质，各喜轿铺虽然都须预备此灯，但为数较少，如遇大好吉庆日期永不够用，则必须由牛角灯铺租用之，所以此行亦多预储若干对，以备临时出赁。

眼镜铺

乾隆以后眼镜大行，这种买卖开的日见其多，生意都很发达，且资本很大。从前的风尚是以水晶、墨晶、茶晶三种为贵，入山采料，往各省购料，用款都很多。自洋眼镜盛行后，此行几无立足地矣。不但镜光厚、分量太重，而所磨之光子亦不及机器所磨之平，故于目较为有害，且铜架、铜义分量比现在之树胶者分量也大得多。有此种种原因，故不能不受淘汰也。此亦不知改良之故。

弓箭铺

在前清时代，不但旗门中人人必须拉弓射箭，汉人中习武科场者亦很多。所以弓箭销项极大，这种买卖亦非常的发达。自废武科后，生意已大减。清朝让位后，除洋人尚偶买一二件外，本国人可以说没有买的，于是此行都关门了。

烟袋铺

从前也是大行，自洋烟卷盛行后，大受影响了。

柳条箱铺

柳条箱于旅行时装运物件本极方便，以其底盖合扣伸缩性很大，且不十分怕碰，故人乐用之。可惜不图改良，而一天比一天退化，现在用它的很少了。

物品类

裁绒毯行

平常即呼曰“地毯”，原出于宁夏一带，由商家贩来售卖，故从前北京只有地毯商人，没有地毯工人。自光绪庚子后，绅士提倡设厂仿制，以后渐渐发达，又经洋人收买，遂成大行。

线毯子行

北京虽有自织线毯之人，但系少数，大多数都自外边运来，山西及河北皆有之，故贩此者亦系大行。从前行远路、坐火车，所有包袱铺盖等物用此者最多，因不怕磨且耐久也。自有洋皮包后，此物已大受影响矣。

羊毛毯子行

这种毯子北京亦有造者，但甚少，大半来自张家口、山西等处。因其能隔潮不怕水，所以人乐用之。从前有人用它做雨衣，颇能适用。轿车冬日之雪顶亦皆用此物。

烟叶行

此行专贩运烟叶发行，平常皆呼作烟局子，亦名曰“关东烟局”。其实所卖者不止关东烟，如台片烟乃出自关东，若易州烟、富春烟、昌平烟等，皆很有名，且产量也很多，故招牌上有“东台片”“西易州”“南富春”“北昌平”等等名目。自烟卷盛行，此行大受影响了。

纸　庄

从前的纸庄只贩运南方的各种纸张，近几十年来兼运各种洋纸发售。自新闻报印刷局发达之后，用的纸种类愈多，此行已比从前大多了，北京现已有数家，可惜大多数都是洋纸。

纸烟庄

北京吸纸烟者，光绪庚子前已有之，但尚是少数，其后吸者渐渐盛行，然彼时尚系零星贩来，清末始有专行。洋货运到中国，几无物不可畅销，然发达程度之速，则无过纸烟者。可慨也！

大烟庄

由各省贩运鸦片烟土来京发售。

线麻店

线麻又名“好麻”，即古人所说桑麻之麻，与苘麻不同。南方生产颇多，而京北产量亦不小。本行皆在产处收买，用驴驮来发售。此行多在崇文门外一带。

纸花行

做法说已见前。但稍大之行，商业与工艺都是两事。

骡马贩

由蒙古一带贩运骡马到京售卖。从前此系极大的行道，现因八旗马队解散，汽车、人力车盛行，各磨房又多用电力，骡马用途较少，于是这行亦大受影响了。

鸟雀贩

北京养鸟大致分为两种：一系专听叫声之鸟，如红点颏、画眉等等是也，这种大致都是游手好闲之人养之，且多系北方之鸟。一系专看翎毛之鸟，如鹦鹉、孔雀等等是也，这种多是富足家庭养之，而多系南方之鸟。此种鸟贩都是由南方贩运来此，发与鸟铺售卖。

凉席店

各种贩运南货的行道多带运雨伞、凉席，但亦有专行自运自售，且发与各小贩沿街售卖。自洋式床风行后，此物已大受影响，因此铺于软床上极易折断也。

灯草行

专门贩卖灯芯，发与各油盐店并小贩在胡同中售卖，所以从前大街胡同时时听到："灯草壮灯草！"之叫卖声。自燃煤油之后，此行可以算是消灭了。

毡帘铺

北京虽有擀毡子的工人，但系少数，多数都来自口外这种铺子，多自运自售，夏季兼卖竹帘。数十年来阔人都讲睡洋床，皮褥、毡子等渐为不需要之物，于是卖的也就日见其少了。

香烛店

专卖蜡烛、香枝。从前因为稍富足之家多系点蜡，再者迷信的人多每年烧香燃蜡，为数至巨，所以这行生意非常的兴旺。近来迷信人虽不见得比从前少若干，但社会生活较难，烧香自然较少，且煤油、洋蜡来的很多，近来又有除虫菊之蚊香盛行，此行处处受了打击，于是生意日见衰微了。

烟　铺

烟行只卖烟叶，烟铺则卖的种类很多，如潮烟、水烟、兰花烟、丝子烟等等，名目至多，不必赘述。但现亦受烟卷之影响，几无立足地矣。此铺大致都带兑换银两，故其招牌皆有“兑换南北通商各色银两”字样。其详情已于《故都琐述》中述之。

劈柴厂

这种厂子专买树株，抱回之后将成物件材料之木卖与木厂，其零碎之木则劈碎发与煤铺，或自己推车，或担挑在胡同中卖与人家笼火。

玻璃铺

此行多在前门外精忠庙一带。在前清时代销项还较少，因为彼时中等以上人家方能在窗户之下半截安两扇玻璃屉，小户人家则只在窗户之下端安一小块玻璃，以便透视而已。自洋楼盛行，此物销项方见大增。

纸烟铺

北京纸烟铺现在已经很多，但多数都带卖零星物品，如香水、胰皂、纽扣、煤油、洋灯、牙刷、各种洋瓷物件等等是也。

红绿货行

红者为珊瑚、宝石，绿者为翡翠，故名曰“红绿货”。专买卖珠宝等物，此行多在廊房二三条一带，且回教中人较多。

玉器行

专买卖玉石、玛瑙、水晶等质物器，有时亦带做珠宝生意，但确系两行，亦以回教中人为最多。

挂货铺

挂货铺亦曰“挂货屋子”，专买卖旧货，但与古玩铺截然两事。前门珠市口南路东最多。其详情已于《故都琐述》中言之。

古玩铺

“古玩”二字范围很宽，如金石、钟鼎、瓷器、图章、书画、古乐器等等皆在其内，但亦各有专长。

拍卖行

代卖各种旧物，并代人家拍卖，亦曰“叫卖行”。此行光绪庚子后始有，近已很发达了。

嫁妆铺

女子出嫁随带应用的物品曰嫁妆。照历来社会传统的习惯，差不多可以说是有一定的规定，比方箱子一对，匣子一对，镜枝一个，锡蜡扦一对，锡油灯一个，帽筒一对，盆景一对，玻璃鱼缸一个（从前用牛角），铜盆一个，茶叶罐一对，油盒一对，粉盒一对，锡茶壶一个，锡酒壶一对，立镜一个，手镜一对，茶碗四个，筷子一箍，痰盂一对，鸡毛掸子两个，布掸子一对，鞋拔子一对，马子一个，以上这些东西除极贫寒之家外，可以说是非有不可，能多不能少，如短一二样则大家讥其为外行。于是就有嫁妆铺的开设，其对于这些习惯极为熟悉，买嫁妆之家可以与彼商酌，或多或少或添或减某物，彼皆可代出主意。在行的置办嫁妆者固然无需在乎它，但图省事则乐得同他商量，以免自己费心，所以这行从前生意就很兴隆。民国后把这种传统的习惯打破，于是这行也多歇业了。

仪器店

专卖科学所用仪器，系行光绪末季始有之。

电料行

专与人家装安电灯，此亦自清末始有之。

印刷局

此亦光绪末季始有之。

年画店

从前的年画多来自天津杨柳青及武强县等处，自石印画盛行，旧式年画渐归消灭，如今则皆由天津、上海等处来货了。

钻石店

此专指锔碗匠所用者而言。因钻瓷之钻石尽系中国货，若妇女装饰品所用之石则归红绿货行，且尽系外国货也。

鼻烟铺

鼻烟制造已详前。在光绪年间这种铺子生意最为发达，近来日见衰落了。

书　铺

现在因有新书铺，都管这种叫作旧书铺，其实是新旧全卖，不过旧书较多就是了。

新书铺

此种大多数自己有印刷局，自印自售，小者则贩运他家之书售卖。

墨　店

北京亦能制造，但为数极少，大多数都是由南方运来。

账　庄

商家所用之账本子早就有专行，因为篇的数目、钉的情形都与法律有关也。除南纸店所售讲究之账本外，其余纸铺亦多由此庄贩卖。

煤　铺

此种铺子从前都是由骆驼卸煤，现在则多由火车站之煤栈现买。因京城房院多数都窄小，无处存煤，都是现买现烧，所以这行生意早就很多。

京报房

从前京报也算专行。其情形已详于《故都琐述》中。

鸟　铺

鸟笼铺大半带卖鸟，专门鸟铺则不多见。

出赁行类

出赁与买卖稍有不同。

喜轿铺

专预备喜轿、执事、乐器等物出赁。这种买卖外面情形似极简单，但也不甚容易，因业此者对于嫁娶之各种礼节、各种情形皆须事事明了，否则便不克胜任，故做这种生意也须学徒三年。

杠　房

杠房与喜轿铺情形略同。除出赁罩、杠、执事、乐器外，对于丧事的礼节也须知道得很清，万非外行人所能经理。

行杠房

专出售走远路之独木杠，亦曰"独龙杠"。多在骡马市大街一带。自有火车后，此行渐归消灭了。

棚　铺

专搭婚丧事之席棚及夏天所用之凉棚。

帐棚铺

出赁布帐棚、戏台等物，规模较小之婚丧事多喜用此，以其省事省钱也。

彩子铺

北京遇有婚丧事，门口最喜扎彩，丧事所用更多，所以另有此行。从前恒与帐棚铺合作，近几十年来因商家竞卖及官场庆贺，多扎彩绸牌楼，此行生意大见兴隆，于是亦成为独立之生意了。

出赁桌椅铺

凡在自己家中办丧事者，其桌椅等等必不敷用，就是在饭馆中办事，也常常临时租赁桌椅，所以有这种生意之组织。

出赁木器铺

此行亦出赁木器，但与前条出赁桌椅者截然两事。彼系专备粗糙桌凳，此则系赁与妓馆所用之木器，如妆台、沙发、洋式桌、床、椅、凳等等皆有之。

出赁瓷器铺

专门出赁锅案刀勺及瓷器、碗、碟、杯、箸等物，因北京有厨役一行，平常家居专包做婚丧事之席面，包好之后，一切应用家具皆须租赁，故有这种生意之开设。

出赁戏箱店

成戏班之人多半没有戏衣箱，故有这种生意之开设，预备各戏班租用。

出赁衣服铺

妇女于亲友家婚丧事行人情时，因自己无衣服或衣服不时髦，多要租赁衣服穿用。在前清这种买卖颇发达，旗门用的尤多，汉人则较少，余详于《故都琐述》中。

出赁头面铺

情形与出赁衣服同。

出赁孝衣铺

贫寒之家遇有丧事无钱买孝衣，便赁几身穿用，这种买卖乡间尤多。

出赁棉被铺

旧式客栈都不预备被褥，住店客人有不带被褥者都须现赁，故有此种买卖之开设。门口招牌都写“出赁三新棉被”“三新”者，面、里、棉花皆新也。

出赁帐料铺

婚丧事及买卖开张所挂之红、蓝幛子，恒有自己租赁者，买卖开张租者尤多，故有此种买卖之开设，余详于《故都琐述》中。

轿车厂

从前行人出门多是现雇车，妇女雇车者尤多，故有这种生意之组织，养几辆或十几辆以备出赁，有拉长包月者，如无生意，则停在胡同口等候买卖。

大车厂

专出赁运载货物之大车。其情形与轿车略同。

小车厂

专备单轮小车，以备与商号运货，各粮行多用此。

马车行

专出赁西式马车。此本系三四十年来才有的买卖，自有汽车后此行已大受影响。现在除婚丧事跟轿送殡之外，用的很少了。

洋车行

专出赁洋车，又名“人力车”。其情形已详于《故都琐述》中。

汽车行

出赁汽车。

旅馆栈房类

客　店

客店者，住旅客之所也。大至北京六国饭店，小至天桥之小店。其规模虽不同，但同是住人之店，可算是一行。

车　店

专住外来各种车辆、驮轿、牲口等等，亦各分门类，如驮棺材之杠万非平常店中人所能拴绑，乃有专门传授者也。

鸡毛房

此虽也是住人之店，但情形则截然两事，所以另算一行。其情形已详于《故都琐述》中。

老妈店

现在改名“女工介绍所”，专住佣工之妇女。虽亦系住人之所，但性质截然两事，故另系一行。其情形亦详《故都琐述》中。

粮　栈

由乡间运来粮食暂不卖者，皆卸存于店中。此店有官家允许之斗斛，可以代客人过斛。从前各城门除安定、阜成二门外，皆有这种买卖，现在因火车运粮很多，此行亦大受影响。

货　栈

从前没有这种，自有铁路后始有之，故皆在火车站，各种货物都可以存放。其情形与其他旧式货栈不一样。

煤　栈

这种亦皆在火车站，但大多数是自己来煤，然有时亦卸他人之货。

猪　店

这种店皆在东四牌楼西大街路南各处，所来之猪皆暂存此候卖。因猪税归左翼衙门征收，而该衙门座落在东四西，故此行皆设在此。

骡马店

从前德胜门外、东四牌楼、骡马市大街皆有之，专住牲口，现因来的少，只德胜门外尚有一二处。

牛羊店

因牛羊多来自蒙古一带，所以这种皆设在德胜门外，彼处街道有羊店之名称。

鸡鸭店

由各处运来鸡鸭先入此店，再行售卖，此行多在磁器口一带。

油　店

各处运来各种植物油，皆先入此，再行售卖，店址多在崇文门外茶食胡同一带。

酒　店

由京东运来之酒皆先入此，店址在崇文门外大街路东。

水果店

各处运来之水果先入此店，再行售卖，店址皆在前门外果子市。

席　店

由各处运来之苇席皆先入此，再行售卖，店址皆在彰仪门大街。因苇席都产自水乡，皆用船运至琉璃河、黄土坡，再装车运进彰仪门也。

山货店

由山中运来之杆棍等等皆住此店，故名。而四乡来之杨、柳、榆木之梁、檩等亦皆入此。

布　店

各处运来之布皆入此店，店址皆在前门外布巷子。从前之布多系贩子运来发售，故先入店；现皆由天津贩运，各布店可直接购买，运进自己铺中，故多数不入店矣。

银钱业类

只经营款项者，与他业情形不同。

炉　房

在前清由外间运来交官银两，无论官商皆须先交炉房倾化，再行交库，否则无论成色多好，库中必挑剔不收，因这行都与其有拉拢也。政治腐败，至此安得不亡。

汇票庄

汇票庄简言曰“票庄”，在前清乃惟一汇兑机关。除官场派专员押解现银外，其余官商汇款皆由此行办理。其情形已详于《故都琐述》中。

金　店

专收买金器、金矿、金砂等等，化成金条出卖，兼打金质首饰、皿器，并代捐官。其情形已详《故都琐述》中，可参看。

银　号

从前银号不办汇兑，专门交往商家住户存放款项，且出票子。近来则不许出票子，可是有兼办汇兑的了。

银　行

此行光绪末季始有之。

钱 铺

专办理市面零星兑换事业，有时亦出钱票，且带卖叶子烟。

印局子

专放零星款项。其详细情形已见于《故都琐述》中。

当 铺

当铺皆非官家许可不许开设，故为半官式之营业。此行看外面似与银钱业无干，其实所做的生意无非是抵押放款，与银行实有相同之点。

小 押

小型的当铺，但系私开。其情形已详于《故都琐述》中。

娱乐事业类

戏馆子

关于此，余有《戏馆子》专书一本可参看。

电影院

与戏馆相同之点颇多，但终是两行。

妓　馆

吾国妓馆已有二千余年之历史，但从前总算是不合法之营业。自前清末年规定出清吟小班几等下处种种名目来，始算奉官。

烟　馆

烟馆者，鸦片烟馆。预备烟灯、烟枪、烟床等等，以便人来卧吸。在光绪年间颇为发达。

澡　堂

此虽非娱乐场所，然有相同之点，故列于此。

街头小贩类

这种小商卖的东西虽然恒与铺中没什么分别，但情形不同，习惯上确系两个行道。

摇铃的

此种亦曰“卖线的”，凡女工需用之各种零星物件皆卖之。此行尽吾乡人。

摇大鼓的

此种亦曰“卖布的”，背箱卖各种布尺。从前尤以妇女做鞋面之布为最多。

耍货挑

专卖小儿玩耍之物。以上三种皆见《故都市乐图考》。

卖糖的

说见《北京零食》。

打鼓的

说见《故都琐述》。

换肥皂子儿的

说见《故都琐述》。近因肥皂之洋胰子、洋火柴等物不易买，无可换，遂改用钱买，故又名“喝破烂的”。

卖药的

说见《故都市乐图考》。

其余瓜果水菜等等都是临时有什么卖什么，常常改换蝈蝈趋趋等等（平常作“蛐蛐”，《日下旧闻考》书此字），皆系临时短期买卖，不够专行，故不另录。

第二编　北平杂记

北平

一　前　言

友人嘱写写北平的情形，按北平建都七八百年，各省人都有，是人人知道的，不必介绍；不过自民国十七年，政府迁到南京之后，往北平的人渐渐减少，于是真知道北平的人，当然也就日见其少。照这样说，是应该写写的。不过未写之前，须先声明一句，这里并非考古，若想考古，则有金、元、明等朝的正史，及各种志书在，里边记载的都很详细，不必我再饶舌。现在只把我几十年来，耳所闻、目所睹的实在情形来谈谈，不过谈起来话也很长，若想详细的写写，则非几十万字，乃至百万字才成。倘写那许多的字数，则不但非此文所能允许，且恐读者因嫌太长，根本就不愿看了，所以只能简单着写写。但简单只管简单，可以说都是紧要的事情，而且都是史书志书中不载的事情，如此则于读者，方能感到兴趣，而或者有益。若大量的把史书志书抄来，则大家自可看原书，何必看抄的这个呢？是不但于读者无益，而且令识者齿冷。还有一层，我手下一本书也没有，又从何处抄起呢？

提起北平来，确是一个使人留恋不忘的大城，吾国人无论南方人、北方人，凡在北平居住过的，都认为他是全国最好的一个城。就是各国人之到过北平者，对于他也都是刻不去怀的思念。我在瑞士国看到一位瑞士的小姑娘，才十七岁，她在北平住过十年，她回到本国之后，时时念及北平，后来渐渐忘却，但有人一提北平她就要哭。又有一位美国人，他已六十余岁，他说世界上最好的地方，莫过于北平。我问他，北平什么事情最好？他说都好，有一件事情，我可以对您谈谈："我前者回到美国，到了家乡，看到我的儿子孙子，自然很高兴。一次小孙子淘气，我打了他脊背一下，我的儿妇，登时不高兴，问我，你什么资格打我的孩子呢？我听到这句话，我真是立刻就想回北平，永远不再回美国。在北平是什么都好，就只说家庭的情形，那真是人生的热情，家庭的温暖，永远是甜蜜的。爷爷、儿子、儿媳妇、孙子、孙女，住在一起，每日工作回来，儿媳妇接大衣，给倒茶，问长问短，吃饭的时候，给你盛饭。小孙子前来管爷爷要钱，买糖果吃，你就是没有钱，你也愿意给他，一家子熙熙融融，多有意思。最有意味的，是小孙子偶尔淘气，妈妈说他，他不听，妈妈便说，再不听话，爷爷就要打了。听到这句话，心中不但高兴，而且舒服。这些情形，在西洋各国一定没有，美国就更不必说了。美国家庭的情形，仿佛永远和在法庭上一样，是讲法律的，父母到儿子媳妇家中，就是客人，其实客人二字就等于路人，于是暗含着都讲合法，就像我不过摸了小孩子一下，他妈妈就问我凭什么资格打他的孩子，这岂不是讲法律！这种风气，离血统人情太远，所以永远愿居住北平。"他这一套话，虽然是有感而言，但也确系实情。我对他说："中国的礼教都是如此，各处皆然，不止北平。"他说固然如此，但其他的城池就不成，如台湾就差的很多。按北平这个城中，优良的风俗，确是很多，第一是纯朴，虽然做了七八百年的都城，但浮华的风气总很少，不像上海，做码头不过百余年耳，其浮华叫嚣之风，已令人不能暂且忍受。北平则绝无机巧奸诈，斗心眼，坑陷人之情事；就是商家，也多是规规矩矩的做生意，绝没有投机倒把，买空卖空等等的情形。真可以说是融融、和和，承平世界。总之要想写北平的情形，是可以写或该写的都太多，写不胜写，现在只把较为有趣味的事情，大家不容易听到的事情写写，然而即此已经够写的了。

二 北平的沿革和形势

北平是古代禹贡冀州的地方，在颛顼时代名幽陵，帝尧时代名幽都，帝舜时代名幽州，夏、商都名冀州，周代也名幽州。春秋、战国时代为燕国，秦为上谷、渔阳二郡。汉代初为燕国，又分置涿郡，到了元凤初年，改燕国为广阳郡，本始初年，改为广阳国。三国魏改为燕郡，晋名燕国。以后苻坚、慕容垂、慕容儁，曾在此地建都，后魏也为燕都。隋初废郡，仍名幽州，大业初年，改名涿郡。唐初又名幽州，天宝初年名范阳郡，唐末为刘仁恭据有，后唐也名幽州。石（敬瑭）晋初年，归于契丹，改名南京幽都府，又改为燕京析津府。宋宣和初年，改为燕山府，金仍名燕京析津府。废主亮改为中都大兴府。蒙古初为燕京路，至元初年，名大都。明代初年名北平府，永乐初年建北京，七年改为顺天府。

北平有险峻的关山，有流通的川泽，形势雄强，号为天府。周代的召公初封于此，享受国祚八百年，开辟千里的国境。汉代以后，幽燕都是国家的重镇，东汉光武借幽燕的兵力，恢复汉业。

后来慕容儁窃据此地，便兼并河北。唐代中季，渔阳鼙鼓，藩镇叛乱，一直和唐代相终始。石晋以燕云十六州，奉与契丹，跟着便有出帝之祸。宋代虽然有意恢复燕云，但是力量不够，靖康的耻辱，又和石晋相像。自从契丹、女真，以及蒙古，前后建都燕京，而中原受其控制达数百年之久。金代梁襄曾说：

燕都地处雄要，北倚山险，南压区夏，若坐堂皇，而俯视庭宇也。又居庸、古北、松亭诸关，东西千里，险峻相连，近在京畿，据守尤易。

元代木华黎又说：

幽燕之地，形势雄伟，南控江淮，北连朔漠，驻跸之所，非燕不可。

所以从明成祖在燕都建藩，就凭借这一地理形势而统一全国。或者有人说：燕都北方有边防要塞，南方和齐赵相通，固然成为用兵之地，但飞刍挽粟，非跋涉数千里之外不为功，似乎不是万全之计。元代虞集曾说：

京师之东，濒海数千里，北极达海，南连青齐，萑苇之场也。而海潮日至，淤为沃壤，宜用南人法筑堤，捍水为田，召富民耕之，三年而征其税，可以卫京师，可以防岛夷，可以省海运矣。

后来至正初年，脱脱做宰相，就用此一策略，立分司农司，西面从西山起，一直到南方的保定、河间，北面到檀、顺，东面到迁民镇，都设法开垦和屯兵，后来又停顿了。明代徐贞明说：

京东诸州邑，皆负山控海，负山则泉深而土泽，控海则潮淤而壤沃；自密云以东至蓟州永平之境，河泉流注，疏渠溉田，为力甚易。而丰润境内濒海之田，几二百里，与吴越沃区相埒，国家据上游以控交合，而远资东南数千里难致之饷，近弃可耕之田为污莱沮泽，岂计之得者乎？

现代的北平，是辽、金、元以来的故都。旧志：

辽太宗耶律德光升幽州为南京，亦曰燕京，改筑都城，其地在城西南内为皇城——金废主完颜亮改燕京为中都，命增广都城——至元初，于旧城东北改筑都城，亦建皇城于其中。明永乐初，建为北京，四年，营建宫殿，百度维新。嘉靖二十三年，又筑重城包京城南面，转抱东西角楼；四十二年，又增修各门瓮城，是后以时修治，所谓京邑翼翼，四方之极也。

北平是我国故都中，最近海而足以供吐故纳新的都会，它的铁道，四通八达，平津间二三小时即到，虽不滨海而几等于滨海。纵使大沽口冬天成为冻港，然另外有一秦皇岛的不冻港，也是北宁路所经过的所在。

国父《实业计划》，尝以青河口和滦河口距离渤海深水线比较近，要在此两口间筑一个北方大港，如果实行，那么秦皇岛离北平更近了。

以上所说的是北平的历史沿革和地理形势。从前曾和友人谈到北平，我说："北平实在太美了，中西合璧，贫富咸宜，各安所安，各乐所乐的社会环境；宫阙嵯峨、湖山明秀、园林整洁、寺观幽深的地理环境，有很多为别处找不到的特色。”友人的看法，则又不同，当时他说：“你这些都是一种消闲享乐的看法，北平实在没有一点蓬勃的生机，而充满了深沉的暮气，笼罩着偌大的城池。在中国历史上不知埋葬了多少的青年志士。我看它只是葬送历代皇朝的坟墓，而不是创业垂统的源泉。雄丽的皇宫，虽值着欣赏，而沦落的皇子王孙，尤令人悲悯不已。煤山的柏树，是缢死崇祯的工具；南海的瀛台，是囚死光绪的监牢。历史上的悲剧，很多都是从那里演出，残渣剩滓，有何值得赞美和留恋呢？”友人这番说法，不无有多少愤激的成分，然而就中国地势而论，北平的重要，是不能忽视的，他是控制东北数省，以及热河、察哈尔、绥远、外蒙，对内对外军事交通的枢纽，是国防上的重镇。同时河北省境内，储有相当富厚的铁和煤；四邻各省，无论矿产和农产，都以北平为集散地。所以在经济方面，也是适宜于建设轻重工业的区域。因此我对于北平，不是重视它的陈旧静止的历史，而是重视它重新创造的将来。……北平，我们既珍惜它的往史，更重视它的形势，自应该将它好好的重建，使之在我国国防上和文化上更具有优越的地位。

三　前清上朝的情形

谈起前清皇帝每日上朝办公来，说庄严是非常的庄严，说腐败也非常的腐败。按皇帝在便殿，与群臣随便宴聚的时候，有如家人父子，师生朋友一个样，是很随便的，例如大家常传说纪文达公晓岚，呼乾隆皇帝为老头子等等，是往往有的事情，但这些事都未见过正式的记载，不必详谈；但如尹文端公继善给自己的姨太太作赞语一事，有两三种正式的笔记都载过，实事如下：乾隆因西域凯旋，画功臣于紫光阁，与群臣在便殿中吃饭并商议此事，尹继善当然亦在座，因尹之妾所生女，指为皇子之妃，于是封其妾为三品；又其妾手纹，系十指九斗，俗传此为贵相，于是各功臣同他开玩笑，乾隆大乐，因命尹代其妾作赞语。尹即席作成曰：继善小妾，侍臣最久，貌虽不都，亦不甚丑，恰有贵相，十指九斗，上相簪花，元戎进酒，同画凌烟，一齐不朽。（是否还多，但我只记得这几句。）类似这种的记载还有，不必多举，即此数句，在皇帝面前，拿姨太太同宰相功臣开玩笑，岂非不敬吗，但在宴私之际如此，亦颇显出君臣的融洽，还没什么使不的，若在正式朝堂上，则是万万不可；可是在朝会的时候，也有些不规矩的事情，那就不能不说他是腐败了。现在先谈谈他的庄重，再谈腐败。

庄重一方面，先由外边说起。清朝不像明朝，明朝内外城没有分别，前清则内城只许旗人居住，八旗分地面把守，所以洋文管此叫做满洲城。汉人之平民及做买卖当差役之人还许住，若官员则非皇帝特赐者不许。所有官员都在宣武门外，每日夜间起来进前门上朝，所以前门夜间一点钟就准开门，伺候官员们进出。

其他的门都是天亮才开，只有前门如此，管门的兵役人等，还得站班伺候，遇有堂官如中堂、尚书等经过，还得打招呼，请看这有多庄重。各官员，除王公亲贵等，由神武门出入外，其余都由东华门进出，到东华门外下轿下马。门外边立有一高约一丈之石碑，上刻官员人等至此下马，此即名曰“下马碑”。这种碑在宫殿或庄严祠庙门外多有之，不过有的写官员人等，有的写军民人等。东华门外之碑，现在还有没有，不大理会，然午门前左右阙门外之碑，尚仍存在。所谓下马者，不必是进东华门之人，无论何人行到这个地方，就得下车下马。如午门左右阙门，不是不许通过，但必须下了车跟着车步行过去，若骑着马下了马拉着马走过去，过去再上车上马前行。请看这有多庄严。进东华门者，如大臣中有蒙皇帝特赏在紫禁城内骑马的，则可以骑马，这个俗名叫做“穿朝马”；有蒙赏在紫禁城内乘二人肩舆的，则可坐肩舆，肩舆者多是四个人抬着一把椅子，这个俗名叫做“穿朝轿”。除这种外，其余无论多大的官，也得步行，进东华门时，有兵丁差役站班，且每逢人进门，都得嚷一声曰“哦”，此名曰“喝道”，不过堂官经过，喊的声音长，司官声音短，有人说这就是宋朝的唱喏，乃由宋朝传下来的，但未深考。再者前边谈的穿朝马舆，在外边可以借给人，在西华门内则不许，因为外边谁都可以骑马，在西华门内，则非赏者不许乘骑，因为赏是指定的某人，未经蒙赏者万不许乘骑，所以不许借与人。从前有一年迈大臣，在东华门内，偶病不能行走，同僚某大臣，把自己的二人肩舆，借给他坐出西华门，才换轿回家。这本是极仁德的事情，但事后有御史参了他一本，说他把皇上赏他的肩舆，擅借人乘，虽无违旨之心，而有违旨之实。幸而皇帝把该摺奏留中，未曾发表，事遂过去。按这件事情，在皇帝也很难处理：彼大臣虽有病，但未经皇帝特赏，实不应该坐；把肩舆借与人之大臣，实无权使他人在禁中乘肩舆。此事总算不懂国家的典章，实在可以说是有罪，然这点小事，又具有仁人之心，随便就降以罪，也似可不必，所以该摺非留中不可。然此更可见宫院之庄严。再往里到乾清门就更庄重了。乾清门外，东边朝东的门，名曰隆宗门。平常上朝的司员，都在此门外，倘无公事，不必说不进乾清门，连隆宗门都不肯随便进去的。由西华门内，到隆宗门外，路相当远，人人须有灯笼。进，堂官则有人持大灯笼前导，此灯笼即在外边轿前之灯；司员则自己手持，玻璃、纸灯均可。惟隆宗门，则必须玻璃灯，纸灯不许通过，防火灾也。中堂、军机大臣等之蒙赏二人肩舆者，大多数都是隆宗门外下来，步行进隆宗门，非有大风大雨，谁也不肯坐肩舆进此门。蒙赏穿朝马者，则都在此门外下马，绝对没有人骑着马进此门者；名为穿朝，实事是不能穿朝也。这里附带着再说说皇帝驻苑。驻苑者即是驻三海，上朝则在勤政殿。各避暑之骊宫之中，多数都有“勤政殿”这个名词。三海之勤政殿，在中海大木板桥之西不远，然西苑只东边有一门正对西华门，此门即名曰“西苑门”。所有官员上朝，都是在西苑门外下车下马。然由西苑门到勤政殿，这段路约有二里之遥，且系土道，平常已很难走，稍有雨便泥泞不堪。六七十岁的老头子，每日走这一大段路，实在是一虐政，所以从前年高之堂官，多特旨赏在西苑门内乘二人肩舆，武将则赏骑马。但是赏在紫禁城内乘舆骑马者，可以在西苑门内乘骑；赏在西苑门内乘舆骑马者，不许在紫禁城内乘骑，因为紫禁城比西苑森严得多，要想乘骑，还得等另赏。以上乃是隆宗门外的情形。到了乾清门，就又森严多了。其他的门都是由步军统领（俗称九门提督）衙门的兵丁把守，乾清门则用侍卫监察。侍卫这个差使，从前有武科举的时候，有的由武进士提升，有的由旗门中大员子弟提升，后来则都是大员子弟了。在乾清门者，名曰乾清门侍卫，可以算是冷差使，然可以提升到御前侍卫。御前侍卫于每日上朝时，则站立于御座之后，虽然没有什么权势，但天天可以看到皇帝，有时也可以同皇帝说几句话，而且是皇帝到什么地方，总有他们跟随，是同皇帝最亲近的一种差使。所以亲贵子弟，也恒当此差。每日早晨三点钟就得上朝，皇帝入座之后，永远先召见军机大臣，官场说话，名曰“叫起儿”。第一起召军机说话后，才召见其他的大臣。外省督抚或大将进京，先上摺请安，皇帝即有上谕曰，某日预备召见，则于该日召见。司员们无论京内京外，有事见皇帝，须由各有关系之部派部员带领引见。皇帝每晨都是办这些事，召见者可以自己上殿，引见者则必须有人带领。各部中带领引见的官员，都是熟手，于各种仪注都极在行。蒙引见的官员，都得预先到部中，由引见官领导，把所有上朝的礼节排练纯熟，次日方能引见。因为引见时，倘有失仪之处，则带领引见之官须受罚也。在同皇帝说话的时候，必须得跪着，这是人人知道的。平常的官员，说话时短，还没什么要紧；若军机大臣奏对，往往一次就说一个多钟头，膝盖当然是受不了，虽然殿中有厚的褥垫，也无济于事。所以军机大臣等，都得有自备之护膝，乃用丝绵制，厚约一寸，每日上朝之前，绑于膝上，否则跪那样大的工夫，就疼得站不起来了。以上说的都是皇帝与群臣当面说话的情形，至于交代公事，则多由太监办理。比方昨日以前，所收到的奏摺，经皇帝阅览后，或准或驳，由皇帝批好，有的由皇帝当面交军机大臣，有的各部的奏摺，则仍直交各部，这种便由太监转交。这种太监，就叫捧摺太监，亦曰奏事太监，每早晨由皇帝处，把各部之奏摺领下，拿到乾清门，在门限里面嚷一声：各部官员领奏摺。各部院都有捧摺官，又备有奏摺匣。每日的奏摺，装在匣中，由奏摺官捧到乾清门，单有收摺之官。交上奏摺之后，就在乾清门外，阶下等候，遇落雨则可到门檐下，然绝对不许过门限。听到太监一嚷，则都向前把摺取回。好在都是熟手，自己部中之摺匣自己都认识，所以交接都很快。该太监对这些人，大致也都认识。以上每日上朝之庄重情形也。

再谈谈他腐败的情形，也由外边说起。各官员到东华门外，都要吃一点东西，因为都是一点多钟就起床，匆匆出门，自己家中预备吃者很少，所以在此都要吃点。中下级的官员，都在大街饭摊上吃，无非是馄饨、老豆腐、大米粥等等。堂官则在小饭铺中，也无非是吃些甜浆粥、小油炸果，等等。我随先君上朝过两次，都是在大街上吃的，一次吃的格豆，乃用绿豆面所制，亦颇适口，此食只北平有之；一次吃的烧饼馄饨。请看上朝的高中级的官员很多，且是一年三百六十次，又是极重要的公务，朝廷总应该预备若干房屋，及相当的设备吧，但是一点也没有，任凭大家黑更半夜，风里雪里，东跑西跑。吃这么些东西，既不雅观，又不卫生。都是全体的靴帽袍褂，蹲在大街吃东西，已经不大方便，到万寿或大庆典之期，都穿蟒袍——按国家的规定，万寿节前后十天，无论上朝或办公，都得穿花衣，花衣就是蟒袍。这个名词，叫做花衣期内，一切不吉利事情，都不许做，如问斩行刑，都绝对不许。按规矩自然都应穿花衣，但贫穷没有，也只好将就。然上朝非穿不可，且须挂朝珠。请问穿戴着顶子、花翎、蟒袍、补褂、朝珠等等，蹲在大街上吃东西，这像一件事情吗？然而有清二百多年，永远如此，这已经够腐败的了。我随先君进东华门时，刚到门洞内，忽听“喝”的一声，吓了我一跳，前后左右一看都无人，不知此声果从何处而来，因黑夜看不真。细一看门洞内，地下躺着十几个人，他们都是把门的兵丁差役。他们本应该站班，有时候还要盘查，就是不盘查，也要详细的审察审察。但他们怕冷，都不起来，就躺在被窝里，在枕头上喊这么一声。这岂非笑谈？倘我不是亲眼得见，若只听人说，我一定不会相信的。进了东华门，到隆宗门这一段路，约有二里之遥，倒都是城砖墁地。不过年久失修，有许多砖已坏，路是高低不平。倘沿路有灯尚可，可是一个灯也没有。黑夜之间，若再赶上大雨，几至无法可走。虽自己有小提灯，也无济于事，所以常常有人跌倒。如安设几个路灯，花钱也有限，但二百多年的工夫，也始终未曾安设，这岂非怪事吗？先君是在户部当差，到大内当然先到户部朝房。户部朝房在隆宗门外，两间小西屋，长宽不过丈余。户部堂官当然在九卿朝房坐落（九卿朝房在乾清门外迤东，说见前），司官们则都聚在这两小间屋中，只有一张桌，两条板凳，更无水喝。皇帝登殿，召见官员说话时，当然很严肃；当前班被召之官已退，后班未来时，当然闲暇，斯时御前侍卫，站在皇帝后边，也常常说笑话，或开玩笑。一次有一很胖的官员走进乾清门，按乾清门离乾清殿很远，这条甬路相当长，该员走路因胖很慢。有一侍卫说：豫王他们大爷来了；乾隆也大乐，因豫王也是一个胖子也。此事见《啸亭杂录》，是否豫王，记不清了。宫中不许穿雨靴雨鞋，下多大雨，也得穿平常缎靴。长在宫里，或天天进内当差官员之稍贫者，有时将靴底上油，但仍须白色，且靴面则绝对不许上油。汉官或引见官员，则绝无油靴底者。靴皆皮底，殿前甬路是汉白玉所铺，平常就很滑，遇雨更滑，往往有官员滑倒。其实这是常有的事情，滑倒者不必惊惶，皇帝虽然看见，也佯为未见，不能算失仪，绝对不会怪罪的。但不是常上朝的人，遇此则多惊惶失措。一次一位引见官，滑倒起来时，因自己踩住衣襟，又躺下一次，殿中侍卫说，这位官员要爬着进殿，光绪大乐。此段故事，乃津五爷告我者。津五爷乃惇王之子，行五，名载津，为御前侍卫，天天上朝，常见到这种事情。他跟我说的还有几件，兹不多赘了，总之都是在庄严朝会中，不应该有的事情。此外尚有一种令人意想不到而极为腐败的事情，就是南书房前面廊下之酱缸。这种酱缸，是怎样一个来历呢？说来话也太长，然不可不简单着说一说。宫中每遇节日，或各皇帝后妃之忌辰，当然都要上供祭祀，满洲人之供品，与汉人不同，他们总是用一桌点心。北方管点心叫做饽饽，此即名曰“饽饽桌子”。满清的章程，是中国礼就用中国旧仪注，为祭天祭孔等等，则所有供献之食品，都是仍用周朝的旧式；若他的家祭，则用满洲的旧式，所以宫中祭祀，都用此饽饽桌子。这种桌子，都是用点心摆成，宫中是用各样的点心，外边如亲友家有丧事，亦恒送此桌子，但点心只一种，名曰“点子”。桌子约长三尺余，宽约二尺，最矮者摆点心三层，高者二十一层，每层约需点心二百余块。宫中所用的点心都是大内饽饽房所造，祭完之后，分与各妃嫔、宫女、太监等，此名曰“克食”。大家都吃不了这许多，有太监收买这些点心，收买了来，用以造酱。因点心中都是高面、白糖、奶油等等，造出酱来味道很好，太监便把此酱，送与亲贵王公及大臣等等。当然不能白送，送五斤酱，至少也得赏他十两银子，这乃是造酱太监的一大笔收人。因为这种酱，味道比外边的好，且又难得，有许多人以得到此酱为荣。内务府的官员，多与这些太监熟识，所以常买了他们的来，另送朋友。以上乃造酱的所由来。这种酱，一造就是十缸八缸，且是常造，这许多缸无处摆放。因为南书房这个地方，从前虽为诸王子及亲王之子等读书之所，因为咸丰之后，只有一个儿子，就在宫中读书，此处遂闲置无用，于是太监遂把酱缸摆在此处。此处离乾清宫虽远，然气味闻的也很真，偶有东南风，更是满院难闻。这还不要紧，最失体统的，是光绪庚子以后，外国使臣常有觐见的规定，外国使臣虽然不必照中国官员早到伺候，但也须在皇帝升殿之前到达，当然须有一个地方坐着等候。斯时南书房正空闲无用，且地点也正合式，于是遂请外国人在此坐落，外国人到此，人人掩鼻。外交部带领引见之官员，回明外交部堂官，请与军机大臣商议，设法把此缸搬搬家。但是迁延了十几年的工夫，总没有办到。盖太监都是西太后一方面的人，官员恐怕得罪了他们，他们随时可以在西太后面前说坏话。所以一直到了宣统年间，此缸也没有移动。从前外交部人员，提起此事来，就感觉头疼。这种情形，可以说是腐败到家了吧。从前一个外国人说过一句笑话，说就以酱缸这件事情说，清朝就非亡不可。按他这句话，虽是笑谈，也确系至理。这一件极轻而易举的事情，还不能改良，则其他政治如何，便可知其一定不能更改了。类似这样的情形很多，但不必多写了。

四　前清皇帝的生活

世界上的人，当然都以为做皇帝是最愉快的事情，尤其是前清这种政府，皇帝有至高无上的权力，自己想做什么，就做什么，当然更是万事如意的人了。其实这话得分两面来谈：若是一个坏皇帝当然是任意而行，自古暴虐胡为的皇帝多得很，大家都知道，不必多谈，现在只说一说规矩的皇帝。清朝的皇帝，说起来都不算坏，可以说除了西太后一人外，都比明朝皇帝较好。好的皇帝，一定要照国家的规定行事，固然不能完全按照规矩，但不能离开大格。现在把宫中的规矩大略谈一谈。

先说饮食。宫中的章程，所有席面、碗盘的件数，都是按品级规定的。

皇帝的菜品是一百零八种；

皇太后的菜品也是一百零八种；

皇后是九十六样；

皇贵妃是六十四样。

以下妃、嫔、皇太子、皇子等等，都有准的数目。吃饭的时候，都是各人吃各人的，不但各做各吃，连买菜的时候，都是由御膳房买来，把肉菜等等原料，分给各宫。每日某人应分多少，如猪肉几斤、豆腐几块、鸡蛋多少个、白菜若干斤等等，都有详细的规定，每日照单往各宫分送。按一家人吃饭，都是各人吃各人的，这话乍听，或者有人不相信。但是请想，宫中的规矩，当然都是每人单住一宫，每人应有太监若干，宫女若干，也有规定。若人太多了，也实在不能住到一起。此宫到彼宫，远者有二三里之遥，近者连出门进门转弯等等，也不在一里地之内，过几个院落，风风雨雨，也真难在一起吃饭；再者二人不能同住一宫，规定也相当严重，所以皇帝的儿子，到了岁数，离开母亲，就得单住。更有老辈的妃嫔，比方在光绪年间，同治、咸丰甚至道光的妃嫔，都有存在的，这些人更不能住在一起，所以都得各住各吃。就说皇帝的一百零八样，不必说一个人吃不了，而且端到桌上也非凉不可。但他们另有办法，吃饭前就都把菜做好，盛在黄砂碗内，摆在一大铁板上，碗上都有盖，盖上再放一大铁板，下边上边都有炭火，烤得碗中总扑哧扑哧冒泡，听到一声传膳——外边曰开饭，宫中曰传膳，把大铁板掀至旁边，把所有的菜，由砂碗中倒到细磁碗内，人多，倒菜的倒菜，擦碗的擦碗，有几分钟，就可把所有的菜端到桌上去。当然也有些样留以现炒之菜。按这种办法本算不错，但是口味，不会太高妙的。这还不要紧，最不舒服的是，只许一个人独吃，虽皇帝也是一样，不能再找别人。比方皇帝想找皇后或心爱的妃子来陪着他吃饭，那是很不容易的。不是不可以，但是相当费事，他得预先告知敬事房。敬事房者，乃伺候皇帝的太监之办公的处所。敬事房把此事登录簿记，然后传知皇后或妃嫔之敬事房（每宫都有敬事房）。该敬事房禀知皇后或妃嫔，一切事情，也得登记。皇后或妃嫔，这才妆饰打扮，预备一切，到时候传知舆夫预备肩舆，才乘舆到皇帝宫中。进门先得叩头，侍膳入座前，又得一叩首。这种礼节，不但妃嫔见皇帝如此，就是皇帝陪皇太后吃饭也是如此，赏第一杯酒第一样菜时，也都得叩头，以后就可以随便吃，但吃完了还得叩头谢宴。请看这有多么麻烦。吃饭之前，已经费了许多的手续；吃饭的时候，又得郑重其事。旁边一大群太监宫女伺候，想说一句爱情话，都不能说，这样的规矩，就是把心爱的找来，又有什么意思呢？但这是皇帝家的礼制，不能随便，所以皇帝也就不找人来陪了。但若在骊宫中吃饭，则可随便的多，此层容后边再谈。

再谈到起居。皇帝于办公之外，闲暇之时，自然可以传妃嫔来谈天消遣，但也相当麻烦，和传来侍膳也差不了多少，也得走敬事房的公事手续。皇帝若亲身到各宫中，似较省事，然事后敬事房也得补行纪录。而且也得预先派人口头传知，因为皇帝进门，她们还得迎接，皇后则在房屋门外，妃嫔则须在宫院门内跪接。到宫中有许多宫女、太监围随，说话也很不方便，这有什么意思呢？夜晚睡觉，也是一人独睡，床前紧靠着床有一窄矮凳，乃太监睡处，以备夜里伺候。民国初年宫中旧有陈设，有许多御榻前还有此凳，后来就都移动了。到睡觉之时，想找一妃来陪，也得传旨敬事房，告知该妃预备。装扮好后，用肩舆抬来，在另一屋换衣服，由太监抱到皇帝床上，才能同睡。恐身带暗器有行刺之心，故须在另一屋中换好衣服。此事更须详细登记，因为将来该妃倘有了孕，则日期须与此相符，倘日期不符，那就成了大问题了。所以该妃被召之前，必须声明，月经如何，是前几天过去的；倘正在经期，亦须预先声报。这固然是一件极平凡的事情，但必须形诸笔墨，则未免显着麻烦。然体制如此，登录帐簿，是万不能通融的！这就等于殿庭的起居注。也可以说是御史起居注官，是专记外边的事情，太监则专录宫掖的事情。

按以上饮食起居两种事情，乃是历朝宫掖的体制，清朝也仿而行之，当然比前朝也有点出入，但也不多。各皇帝对此当然免不了通融的时候，规矩皇帝则多是不会过分逾越的。比方清朝西太后是破坏她家法最厉害的一个人，至于她的起居，这里不必谈，只说她的饮食。御膳房的菜品，多是官样文章，且吃久了，也腻了，她便另找厨子，组织了一个小厨房，但对御膳房，她不敢公然就废掉，所以每日也照旧伺候。因为这种种的不方便，所以皇帝都愿住骊宫。骊宫就是行宫，皇帝就随便多了。吃饭的时候，可以随便传人来侍奉，得意的妃嫔一次传十位八位，也随他的便。行宫的房屋，也比宫中住着舒服得多。宫中都是呆板的四合房，或三合，院落都不够大，且不够敞亮，因为有好几层城墙（紫禁城内之宫墙也相当高），更不通风，夏天尤热。行宫之房子，虽然有许多已经毁掉，但颐和园尚相当齐整，请大家看看，便知道所有房屋，比宫中敞亮的多。各处行宫，名目上虽然都是避暑的性质，但皇帝每年住彼的日期，总是七八个月以上，多者可以住十一个月。年底则非回宫不可，一则预备过年，元旦日在太和殿受朝贺；二则各老少妃嫔人等，也得当面给皇帝贺节；三则也有许多年底年初例行的公事，所以必须回城。兹把几处行宫，也大略附带着说一说。按各行宫，虽然不在北京城内，但与北平也有离不开的关系，故也应该谈谈。

南苑。南苑在北平永定门外，又名南海子，在明朝就为皇帝狩猎之所。周围一百二十来里，近东北角处，有行宫一所，近东南角有阅兵处，名曰“晾甲台”。清朝进关，亦在此狩猎，又建行宫两处，较大者在西北边，地名“怀坊”，小者曰“围河”。于是怀坊之宫曰新宫，前明建者为旧宫。在光绪十五年前，苑中黄羊子、鹿、四不像子等兽还很多，因永定河决口，苑墙完全冲倒，所有兽类都跑到西山去了。在光绪庚子后，因西后想在西苑中海建两座洋楼，即所谓怀仁堂、居仁堂者，无款可筹，遂将南苑之地，卖与民人耕种，遂都变成农田了。康熙帝每年在此，总住几个月，怀坊之宫，即康熙年间所建，此为康熙年间皇帝惟一的避暑之所。

圆明园。在现在颐和园之东北。在康熙年间，是赏雍王的花园。雍王即位，改称雍正，雍正者雍王正位也。他把此园，大加扩充修建，于是他就永驻此园，不再往南苑了。乾隆年间，又增建了若干处，东北有很大一部分，乃仿义大利的建筑造成。从此圆明园便为清皇室中最大的一所避暑宫殿。以后的皇帝，永远驻此，一直到咸丰。咸丰在此便有四位很美的妃嫔，都是南方人，且都是纤足，每位各住一宫，每一宫中所有人员宫女的妆饰衣服，都是同样颜色，一宫一样，各不相同。此事见过几种记载，但手下无书，该记载都是何名，我不记得了。然在光绪年间，问过许多旗门中的老辈，他们都在圆明园当过差，都是亲眼见过，他们说确是如此。咸丰年间，英法联军进京，把西山几处行宫，都给烧毁，圆明园烧的最厉害，可以说是一间房也没有了。从此以后，皇帝便无行宫可驻，同治及光绪初年只把西苑中海扩充一下，将就着住住而已。

颐和园。西后用建设海军的款，才把颐和园又修建起来。最初他本想重修圆明园，因为地面大，用款太多修不起，才改意重建颐和园。然只算是修了一个前面，后半总算没动，到如今还破落如故。自此以后，西后就永远驻此了。

以上乃清朝皇帝平常所驻的避暑之宫，此外尚有热河之行宫，名曰避暑山庄，也是从前皇帝要去的地方。但此虽特别名曰避暑，其实并非避暑而另有作用，这里也可以附带着说几句。前清入关的时候，系分两路进兵，一是由山海关，一是由热河，最重要的还是热河这路。后来他虽然得了中国，建都北京，但他终归要惦记。前明有人有大规模反动攻击，他必需预备一条回去的道路，好进退有据，而山海关一路，为通行大道，果真用兵时，此路恐怕难保，于是他竭力经营这条路之安全，便在热河建设了一处大规模的行宫，并驻有重兵，以备万一。而且暗中有特别规定皇帝每年都要去一次，虽然名曰狩猎，但原义确实为保此路之精神。乾隆年间，《四库全书》修成，特置一部于此，名曰文津阁，即是由北京到奉天的津梁之义；奉天亦置一部曰文溯阁，即溯祖泽之义。乾隆在此处驻的时间最多，他永远在此过生日，他的生日在秋天，也就趁此在此行秋狝之礼。所以从前有一付对联，上联是："八十君王，处处十八公道旁献寿。"十八公指松字也，因彼处松树最多故云。下联是："九重天子，年年重九日塞上称觞。"上联为彭文勤公元瑞所拟，自己对不上下联，乃请纪文达公昀所对者也。

五　北平街道与管理

北平的街道

北平城之宏大、壮丽、齐整，谈起来真可以说是惊人。到过北平的人，当然都知道，未到过的可实在应该前去看一看。我说这话，实不是故作惊人之谈，兹在下边略谈谈此话的理由。

北平之城，当然是世界中惟一特殊的一个城。在各国之都城，比他大的当然很有几处，但没有这样齐齐整整的城墙。中国的城，虽然都有城墙，但没有这样大，有一两处或比此略大，如南京等处，但没有这样四方四角的方正，街道更没有这样的平直这样的宽阔，建设没有这样的完备，地基也没有这样平坦。

城墙之方正

各国都没有城墙，只有莫斯科尚有元人所筑之城，但极小；法国巴黎有城，而是只与地平。各省、府、州、县都有城墙者，只有中国一国。而全国所有的城，又都不及北平的方正。北平的城是四方四角，前边三个门，其余三面，各有两门，距离都是一样，只西北角略缺，乃风水的关系。后来又添筑外城，亦极方正南面三门，东西各一，北面左右各一，全国之城，没有可与此比拟者。再进一步说，是保存得还很齐全。全国之城，大致多有损坏。有的年久失修，又经硝碱侵蚀，全部倒塌，或局部毁坏者；有的因开辟市场，重新建筑，特别拆除者；有的数十年来，经炮火毁坏者，总之像北平这样完整者，实不多见。诸君若想知道祖国的建筑，及千八百年以来的文化等等，只有到北平还可看到完全的情形，其他地方的城池，大致都有缺点了。

街道之平直宽阔

世界城池中之街道，划的较为平直者，美国较多，如纽约等处，都有这种街道，但都是新城市。若五六百年以前之旧城，而能划的这样齐整者，以北平为最。内城建筑较早，固都是直的街道，外城乃后来补筑，亦多直街。无论内外城，倘有一街巷稍斜，则必特加一斜字，标名曰某斜街，内城如东西斜街、烟袋斜街，外城如李铁拐斜街、樱桃斜街，等等皆是。因为都是正街，所以北平说方向，永远不像外国说左右，他永远说南北东西。比方鼓楼东大街某胡同内路东或路西，他永远是如此说法，他绝对不说鼓楼左大街某胡同左边或右边——你若同北京人这样说法，他要讥笑你的，他说你说的可笑而不准确：比方前门大街，由北往南走，则东边是左；由南往北走，则西边是左，所以他以为你的说法，无法明了。这种情形，北方多是如此，长在国外的人，是不可不说。说到街道的宽阔，更是大家意想不到的。他原建筑规定的尺寸，我虽不记得，但原来的大街之宽，可以并行十辆汽车，这是毫无疑义的，所以北京从前有一付对联曰：

自街东望街西，恍若无，恍若见；
由城南往城北，朝而出，暮而归。

这确系实在情形，所谓朝出暮归者，实因彼时只有骡车，若汽车当然就不会如此了，由此可以知道他的宽阔。后来几百年的工夫，经商家屡屡侵占，街道便窄了许多，商业越发达的地方，街道便越窄。然有些地方还存在着原样，如朝阳门大街、东直门大街，等等稍冷静的地方，都还很宽。按被侵占最多的地方，是前门外大街。最初五间牌楼之东西，尚有很宽阔的地方，后来东西两边又各添了许多房，两边房之后，即是原来之街面，后来又起了两个名字，东边名曰“肉市”，西边名曰“珠宝市”，则大街焉得不窄呢？他虽然窄，而在全国城池中，还得算很宽的街道。例如，南方城池的街，只能平行两乘二人小轿便足，北方则必须能平行两辆大车，所以永远较宽。按能并行十辆汽车的街道，在西洋各国改建的都市中，是很算不了什么的，而在中国之古老的城池中能如此，恐怕是很稀少的，就这一层，诸君就应该去看一看。

建设之完备

北平一切的建设，不但完备而且美丽。所谓完备者，如河道、桥梁、地沟，等等的建设都远胜他处。所谓美丽者，如各街道之商号门面房，等等都很讲究。

先说河道。城内河道，都加人工，多数都用大石块砌成河岸，非常宽大而齐整，南方城池中之河，也有用石砌成者，但绝对没有这样宽阔。

桥梁。中国桥工，多数不讲究，惟独北平则所有桥都是石质，而且非常坚固，尤以天安门外之外金水桥，太和门外之内金水桥，尤为美观。其设计之美，比巴黎之铜质桥，有过之而无不及。再如平西之卢沟桥，看去好像很平常，但几百年来，几十次大水，而该桥则毫无伤损，其建筑之坚固，雕刻之精致，实所罕见。桥两旁石栏之柱，每柱头都刻有小狮子几个。相传有人打赌，数此小狮，共有若干，向来没有人能数清者。按此实在要数，则当然没有什么数不清，但其数之多，设计之繁，则可想而知。

再谈到地沟。世界中的下水道，以巴黎为出名。而北平的地沟，也相当宽大，宽高各五六尺，每年淘沟，都是人进去淘；西洋之下水道，乃污粪等水，北平则只为雨水而设。此在吾国各城中是没有的，而北平在六七百年以前，便有此设备，这也可以说是令人意想不到的事情。

再谈铺面房。铺面房三个字，是北平的通语，是指的商家做买卖临街的门面房，有许多家都是金碧辉煌，雕镂精绝。在前清时代，凡外国人之到北京者，都要把这些铺子照相留影。诸君不要以为照一张相片，算不了什么，值不得一提，须要知道，彼时的照相器，还没有现在之发达，照一片相，相当费事。我曾看到过一次照相，现在想起来，几几乎是一件笑谈。东城灯市口路东，有一家大点心铺，名曰合芳斋，九间门面，都是木质雕镂，非常辉煌。有一次一外国人，想摄此景，工作了一个多钟头，才照了去，为什么这样费事呢？他用三足架把照像器架好，自己蒙上一块黑布，看好大半天。这还不要紧，彼时人看见过照相的还很少，大家看此不懂，而极以为新奇，于是围了几百人，围的风雨不透，彼时人民还不怕外国人，与庚子以后情形不大相同。因有这些人围聚，外国人不但不能照相，且不能对光，但他赶不走这些人，他作揖请安，闹了一个多钟头才照了去。

以上这些情形还在其次，最优美的情形，是北平的房矮，因为北平不许盖楼房，所以都是一层房。住房固然都是一层，铺面房也只是一层。繁华街道，地皮贵房不够用，亦可多盖上一层，但上层屋高不得过五尺，只可存些物器，或夜间睡觉。白天因为在屋中直不起腰来，所以屋中不能做事，且盖此楼于报建筑时，只名曰“重檐”，不得叫做楼。因为房屋都矮，于居民生活，可就舒服多：各家都有院落不算外，大街或小巷都很宽，房屋再矮，空气是流动的，太阳光是充足的。世界上最坏的城池是纽约、伦敦等处，一年见不到几次太阳，每日见太阳的时间不过一两个钟头，其余时间都被高楼遮住。尤其是空气最不流通，倘无大风，则街巷中之空气，可以说一天也改换不了一次。若北平则太阳一出地平便可看到，因为中国最讲究这个，所谓“向阳门第春无限”者是也。至于空气之流动，更是无比，房矮街宽，没有阻挡空气流动的建筑，所以稍有微风，则空气便可全部改换。这些地方，于人类当然都是大有益处的。尤其下雪下雨，更美观。在宽阔无垠的平地上，盖上一层雪，自是极为壮观，一大片房屋上盖上雪也很好看，一片大树林上盖上雪尤为美丽；这三种固然都美观，但若凑到一起，大地、房屋、树木，同时看到，则另有一种风景。可是这非在北平看不到，因为西洋大城中，看到房则看不到树，更见不着平地。再说下雨，每逢落雨你立在房上一看，真是一个大树林，其中露出许多房脊，一层一层，像波浪一样，栉比鳞次其间，更是绝好的风景。比方唐诗中之“天街小雨润如酥，草色遥看近却无……绝胜烟柳满皇都”及“雨中春树万人家”等等这些诗句的景致，亦只有北平能看到，他处则不易得。因为中国城池多是房多树少，败落的古城，如几十年前之南京等，则虽有平地树木，而房屋不够了。再者西洋各城，虽也有树木，但除公园外，只有大街两旁之行树，这种为数太少；北平则大户人家，院中都有几株老树，所以树木特别显多，景致美丽。

街道之平坦

北平地面之平，在大城中亦不多见，全城街巷高矮差不了几尺，所以所有的街道，都是宽而平。重要交通之处，都有大方块厚尺余之石板墁路。例如，由前门到永定门、北小街，朝阳门到通州，广安门到大宫等处，因为运官粮、运民粮，都有几十里长之石路。这在六七百年以前，也是不容易的。所以西洋人之到北平者，都赞成北平之平。民国成立之后，改建柏油路，才把这些石路，尽行拆去，如今则又是一番景象了。再者我国城池中改建柏油路，若想加宽，则非拆房不可，惟独北平，建筑了这些条宽大马路，而没有拆过房屋。目下虽有稍窄之处，亦可将就行车，此足可证旧有街道之宽阔了。

无论中外人士，凡在北平居住过一年以上者，无不想念北平，都有恋恋不舍之意，其原因就是因为上边谈的这些情形，使人怀念不置。

北平的管理

在前清时代，北平没有巡警，内城归旗人管理，外城归御史管理。因为前清初到北平，占据内城，所驻都是旗人，汉人中之工商人等，尚可在偏僻地方居住，若稍有地位或稍有知识之人，是不许的。若汉人中之大臣，则经皇帝特赏，乃可在内城居住，但此非亲信之人是得不到的。内城完全是旗人的地界，西洋人管此叫做满洲城者即是因此。管地面之堂官，名曰“步军统领”，通称“九门提督”，下边又分左、右两翼，名曰左右翼总兵，一驻东城，一驻西城。一切治安民事诉讼等等，都归他们管理。各大街每段都有官厅，高级者名曰协尉官厅。每一胡同中，都有一间房，此名曰“堆子”，为兵丁所住，遇胡同中有窃盗、火灾、斗殴等等的事情，都归他们管；完结不了，便到厅上；再完不了，便到协尉官厅；倘步军统领衙门再不了结，则归大理院或刑部。此已往之情形，现在各胡同中，还有存留着的这种堆子，大家都不知道他是作何事用的了。他们每日办公的情形，是由步军统领或左、右总兵，乘车到各大街巡查两次，各官厅官员，届时都在各该厅门口站班等候。后来一创办巡警，这些官厅虽依然存在，但治安权就归巡警了。

前清还有一件事情，值得谈一谈，也是多数人不知道的，就是所谓“杆儿上的”，关于这件事情，我曾写过一篇文字，兹只简单的谈谈就是了。

> “杆儿上的”这个名词，在前清北平城内的人，是无人不知，如今知道的人是很少了，只有《红鸾禧》戏中，还有这个名词，如金松老丈便是杆上的，亦名曰“团头”。按“团头”这个名词，来源却是很远，至晚在宋朝已经风行，如《水浒传》中之何九叔便是“团头”，不过彼时之“团头”，与北平清朝之“团头”，性质不一样就是了。而“杆儿上的”这个名词，确自前清才有之，我为这件事情，也考查过几年的工夫，问过许多旗人中的老辈，才知道他的来历。在前清进关时，当然跟随来的人很多，初到北京，还无法安置，即

是同来人，多少有点关系，既恐其流落，又恐其滋生事端，乃特别设立了一个机关，专门管理安插这些人员，管吃管住，有机会便给他们安插工作，法至善也。这笔款项，便出自各商家，大的商号每月或出三四两银子；平常铺子，每月不过大个钱六吊，折合银元约三角上下。此款且不白出，倘以后有人在门口打搅捣乱，或乞丐来麻烦，该机关都管保护。各商家因出款不多，而减少许多麻烦，所以也乐意捐输。该机关收到了款，即分给闲散游民，俾得安定生活，但严禁其滋生事端。此机关组织之初，因其非官衙公式的组织，可是负的治安责任很大，且与官场时有接触，非有一位大有权威之人不足担当，最初是一贝勒为总首领。清初的贝勒，就等于王爵，以后永远如此，到了光绪年间，最末一位乃是皇五子醇亲王，为咸丰之亲弟兄。从前因为他们办理的好，皇帝特赐一根木杖，凡不遵命令者即用杖责打，打死勿论。从前所谓打死勿论者，乃打死之后，不必再动公事，是完全不管法律，对法律不负责任之义，请看他权势有多大？此杖永远用黄绒绳缠绕，黄布包裹，供于该机关之正堂上，名曰“大梁”，俗名“杆儿”。凡在此机关有职分吃钱粮之人，见此杖必须行一跪三叩首大礼，乞丐见之也是如此。此名曰“拜大梁”，俗话就叫做“拜杆儿”。总首领呼为总管，东西城有两分处，各有副首领一人。光绪年间，西城之副首领姓陈，通呼为杆儿陈，我未见过。东城之副首领姓赵，通呼为杆儿赵，住东四牌楼北三条胡同路北。我同他相识，往他家去过两次，后来此房卖与徐中堂郙。因为总首领，都兼有他项公务，所以这个机关的公事，多数归两个副首领管理，总首领不过签字画行而已。两副首领之下，又分几等，最低级为“把儿头”，亦曰“团头”。按“把儿头”这个名词，用的地方很多，不止此处。各大街每段就有一位“把儿头”，《红鸾禧》中金松之“团头”，就是这个阶级，乃直接管乞丐之人。所有款项收进来之后，由两副首领按级发放，所有乞丐，也都得到机关报名也按月领款，所以在街上不许乞讨。有新来之乞丐，尚未报名者，亦不得强要，也先到机关报名，候批准后，便可按月领款；倘若强要，则“把儿头”便可驱逐；倘不服约束，便可拉进机关，用“大梁”责打。所以二三百年以来，北平内城地区永远很平静的，这可以说完全是这个机关的功力。不过日久也有了毛病弊端。第一是克扣钱粮，所以两副首领都发了大财，杆儿陈，杆儿赵，在北平都是出名的富户。第二是他组织了一班唱莲花落的人。打的乍板，比平常之落子乍板长两三寸，特名曰“大板落子”，这个名词在从前也是人人知道的。有新铺号开张，必须给该机关出一笔费用，再规定月出捐若干，这都得预先说妥；开张的那一天，他派人前来照料。倘没有预先说妥，随便开张，则到那一天，他必要派一个唱“大板落子”的来唱；当天再说不妥，则第二天便派两个人来唱，再说不妥便派四人。他明着并不承认是他派来的，但人人知道是他所派。于是便有左近商号出来说和。这种情形在光绪年间，有时便可看到，这总算是变成虐政了。

以上乃有清一代，杆儿上的之始末情形。末后几十年，虽然有了些毛病，但从前则确帮助市面安静不少，且也可以说是极好的一种措施。我为什么特别要写这一段事迹呢？一因他是中国历朝没有的这么一种组织。二是他可以算是平民的机构，永远没有衙门，没有官场的意味，而于市面治安，确有极大的益处。三是只北平有之，其他城池，亦未尝不可仿效。

外城的管理

外城归御史管理，由都察院奏派，名曰“巡城御史”，共分五城。东城、西城、南城、北城、中城，每城两位御史，一正一副。办公的衙门曰“城上”，下级的办公处名曰“坊上”，一切治安诉讼等事，都归管理；若捉拿贼盗等等，则另有营讯。巡城御史，每日巡街两次。巡街时都乘骡车，前头有顶马，再前则差役四人，二人持板，二人持鞭，一边走一边喊，说巡城老爷过来了。这种御史权势极大，倘街上有人不规则，或不服指教，便可按倒在车前街上，打一顿屁股板子。戏馆子中演戏时，倘他认为有不合法之处，立刻便可命令停演封门。巡城御史这种组织，是全国最简的组织。别的地方关于诉讼事，是分三四层，例如内城之厅中到步军统领衙门之后，再不能了结，才到刑部；各省亦是知县、知府、按察使、总督，才到刑部。此处则巡城御史审不完，一直就到刑部，中间只一层。

光绪末年创办警察，所有内、外城的治安就全归警察了。然北京办的警察也特别好。这也是值得谈一谈的事情。从前全国哪一个城，也没有警察学校，只北平有之，而且办得好，所以各处都管北平要警察，如上海、香港都要过。不但如此，平津、平绥各铁路之警察，亦多由北平警察考来；甚至北平的邮差，也是由北平警察改变的占大多数。

六 北平城内的名胜

北平的名胜，可以说是世界驰名，不但中国人知道，连外国人知道的也不少，似乎不必再多赘。但这篇文字，是谈整个的北平，若不谈到名胜，也算是一个缺点。而且我所谈的，总是想在大家不大理会的地方来说。其余有些地方，虽然很重要，但大家既是都知道，总以少谈为是。且此文与名胜的专记不同，不必太详尽。或者有人挑眼，说该写的不写，不该写的倒写了许多；但如果写的太详，则另一方面也许有人说，在以前的记载中，已经看过了，何必再写呢？古人说“岂能尽如人意”，还是以稍省篇幅为是。

故 宫

故宫的情形，早就为世人所知，民国开放为博物院，任人游览之后，更为大家所详知，不必多赘，但有清一代，也有许多的变化。例如从前宫中大规模庆贺的场所，是寿安宫，后改为寿康宫，在西北角上，其中有三层之戏楼。按三层的戏楼，每处只许有一座，如圆明园（毁于火）、颐和园、热河行宫，及此。后毁于火，便未重建，现为故宫博物院图书馆办公之所。后来修的宁寿宫在最东边，亦有三层戏楼，光绪年间西后即住此。以上这两处，是大家不易逛到的地方，其实这是宫中规模最宏阔的两处，比长春宫还大得多，其余差不多都是明朝的旧样子。乾清宫曾被焚。光绪年间，太和门也失火，都是又照旧修复，一毫未改。惟太和门之匾额，改为吾高阳王法良（字弼臣）所书。宫中的情形，据理想是应该庄严肃穆，但有些地方的情形，却不如此。我于童年时，因认识太监，曾经进去过一次；光绪二十六年，很进去过几回，所以对于里边情形，看到过一些。在皇上常经过的地方，当然是相当洁净，稍背的地方，也是大堆的炉灰垃圾及茶叶果皮等等。尤其是西北一带靠紫禁城墙的地方，因宫中不用，都是归太监的亲戚本家暂住，里边有小饭铺、小茶馆、鸦片烟馆、赌局，等等，都是全的，盖里边的太监，出来一次很远，多在此处来消遣。皇上看不到，内务府怕得罪太监，又不敢举发，遂腐败到如此。据清官史的记载，一次被皇上知道了，迁出去了两千多人，足见其处闲杂人等之多。最奇怪者，是太和殿等处，也非常之脏。光绪戊戌，我随先君上朝，进东华门一直往北，出来时先君欲带我逛逛，乃由太和殿前经过，出太和门往东，再由东华门出来，在太和殿前月台上（丹墀）看到许多人粪，干脆说就是一个大拉屎场；丹墀下院中，则蓬蒿满院，都有一人多高，几时皇上经过，几时才铲除一次，这也是大家所想不到的。民国以后，却洁净多了。

天　坛

在帝王时代，国家最大的典礼是祭祀，祭祀最重的典礼，莫过于圜丘。天坛即是圜丘，所以在全国之中，是最庄严的地方，在前清时代是不许人随便进去的。但看守天坛之差役，名曰“坛户”，若同坛户认识，则进去也很容易。天坛坛户在光绪年间多为文安、霸县一带之人，因同乡关系，多很熟，所以彼时进去逛过几次。在光绪二十六年以前，诸处都很齐整，祈年殿前两庑中，存着全份的庙堂用的乐器，十分整齐。二十六年被人抢了去，后来虽然又都补上，但质料就差多了。民国后又失去不少，下余几件现存先农坛殿中，都是不能用的东西了。光绪十几年，经过一次大火，正在大雨之际，忽然燃烧起来。据坛户说，一个大雷就起了火了，这话确很靠得住。全城水会虽然都赶到，但都是现灌水，用人压的激筒，不但彼处无水，就是有水，也无济于事，整个祈年殿被焚。现在所存者，乃光绪年间补建，工程也还不错。北京从前官场救火的规矩，可真是一种笑谈，这里附带着谈几句。前清时代，凡殿庭官房失火，所有官员，都应该前去救火，但不必到着火之处，都是到午门外左边一亭中，投自己一个名片便妥。事后查点，倘无名片，则任凭该员在火场出多大气力，也算没用。光绪年间有三次大火，一是太和门，二是天坛，三是户部，各官员都是这种办法。不过据官场人说，从前可以说非投名片不可；光绪年间就模模糊糊，大多数都不去投了。

前边说国家祀典，最重是圜丘，因为他是祀天之所。皇帝祭时，要乘辇，用卤簿大驾，并派若干亲王、贝勒、公爵等，及许多官员陪祭，又有许多亲王下至公爵等若干人在午门外跪送，回来时还跪接。这里适有《律吕正义后编》一部，其中记载的这种礼节甚详；此书本很难得，本应该全录，以便读者，但字数大多，兹只抄录一段如下，亦可知其大概了。

每岁冬至，大祀天于圜丘，皇帝亲诣行礼。前期皇帝诣斋宫，卤簿大驾全设，奉辇官进凉步辇，至太和门下祗候。巳刻太常寺堂官一员奏请皇帝乘礼舆出太和门降舆升辇，午门鸣钟，不作乐，不陪祀之王以下各官俱朝服于午门外跪送。驾至南郊，由西天门入，至昭亨门外降辇。前引十大臣，赞引官恭导皇帝入棂星左门升坛，恭视神位。分献大臣分诣神库视笾豆，神厨视牲毕，十大臣、赞引官、对引官，恭导皇帝由御路出至升辇处，升辇诣斋宫。从祀各官俱蟒袍补服分翼排列于斋宫门外祗迎。皇帝降辇升礼舆入斋宫。至日太常寺堂官一员于日出前七刻奏请皇帝御礼服出斋宫升辇，太常寺官二员恭导至铺棕荐处，退；皇帝降辇。前引十大臣、赞引官、对引官，恭导皇帝入更衣幄次，更祭服。俟安奉神位毕，太常寺堂官奏请皇帝行礼。皇帝出幄次盥手毕，赞引官、对引官恭导皇帝入棂星左门升坛正阶，至二成黄幄次拜位前立，鸿胪寺官引王、贝勒等在三成阶上排立，贝子、公等在阶下排立，从坛分献官四员在公后排立。文武各官在棂星门排立。典仪官唱“乐舞生就位，执事官各司其事”，司乐官引武舞生执干戚进；赞引官奏“就位”，皇帝升拜褥上立。典仪官唱“燔柴迎帝神”，炉内燔柴，司香官捧香盒就前向上立。唱乐官唱“迎帝神乐奏《始平》之章”，乐作。赞引官奏“升坛”，司香官进各神位香炉旁跪，赞引官恭导皇帝升坛诣上帝位香案前立；奏“跪”，皇帝跪；奏“上香”，皇帝举炷香上炉内，又三上瓣香，毕，兴。以上不过一段，类似这种礼节，还有几段。还有文舞生的舞，再如进俎，初献礼，献爵，读祝文，上香，献帛，武舞，亚献礼，文舞，终献礼，赐福胙，撤馔，望燎，等等。每次都得跪拜行三跪九叩首礼者几次。不但在上天神位前行礼，连配享的皇帝前，也得各个行礼。礼毕还宫的时候，与来时差不了多少，凡头一天跪送的王公，还得跪接。

我所以要抄这一段者，因为逛天坛的人，都是只注意他的建筑，不管他的用处，大家看过上边一段文字后，对他的用处，也就可以稍稍知道一点了。前边所说至南郊，南郊者，南城外也。凡坛除社稷外，都应该在城外，如地坛、日月坛都是。天坛原亦在城外，后增建外城，就把他圈到城里来了，但仍须曰南郊。

地　坛

地坛在安定门外大街路东，天坛名“圜丘”，地坛名曰“方泽”。其规模虽小于天坛，然重要也差不了许多，皇帝每年夏至要祭祀的。不过其中重要的建筑，天坛都是圆形的，此处都是方形的就是了。到北平的人，都要参观天坛，到地坛去的就很少了。

日　坛

日坛本名朝日坛，在朝阳门外大街路南，规模也很大。皇帝每岁春分日卯时祭大明之神于朝日坛，礼节只次于祭天、地坛，但也极隆重。此处来过的客也不多。

月　坛

月坛本名夕月坛，在阜城门外大街路南，规模与日坛相等。皇帝每年秋分日酉时，祭夜明之神于夕月坛，其规模及礼节与日坛一样。此处因为往西山八大处去游逛的人，都经过此，所以在此参观者较日坛为多。

先农坛

先农坛在永定门内街西。每岁二月或三月吉亥，皇帝举耕藉礼，亲祭先农。此礼周朝即行之，实是敦本劝穑重农祈岁之义，《礼记》所记天子三推，诸侯五推者是也。清朝最初对此礼未十分重视，自雍正始躬亲行之，这种事情知道的也不多，也可以略谈几句。皇帝祭先农之礼，与祭日、月坛大致相同，惟祭完之后，须行躬耕礼，礼制极为隆重：皇帝穿黄龙袍补服，并有三王九卿从耕，这是周朝诸侯大夫之义。届时把犁、牛等都备妥，皇帝行至地边。鸿胪寺官赞曰“进犁”，户部堂官北向跪进犁，皇帝右手接犁；又赞曰“进鞭”，顺天府府尹北向跪进鞭，皇帝左手持鞭。耆老二人牵牛，农夫二人扶犁。礼部、太常寺、銮仪卫堂官恭导皇帝行耕藉礼，是时有歌禾词者十四名，执杈机锨帚者二十名，麾五色彩旗者五十名，顺天府耆老三十四名，农夫等三十名，奏乐者几十名，都于皇帝耕藉时，随着奏乐歌舞；顺天府官执着盛种子的箱子，户部堂官随着播种，皇帝三推三返，就算是礼成。鸿胪寺官赞曰“接犁”，户部堂官跪接犁；又赞“接鞭”，顺天府府尹跪接鞭。皇帝耕完后，又到台上（此名观耕台，现尚存在），观看三位王爵五推五返，各用耆老一人牵牛，农夫二人扶犁，顺天府厅官播种；又看九卿九推九返，亦用一人牵牛，二人扶犁，顺天府两县各官随后播种，这才算完。大家又与皇帝行三跪九叩首礼，皇帝又至斋宫，赐所有人员饮茶后还宫。请看这有多么隆重，而且这也就是极简单的写写。好在这所有的礼节，国家都有记载，要想知道，则随时可查也。

太　庙

太庙现已开放为公园，原为皇帝家的祖先堂，供的都是祖先的牌位；两庑供的是配享的大臣，凡有大功者，皇帝可命配享太庙。每岁孟春初旬、孟夏、孟秋、孟冬、各朔日皇帝亲来行礼，其礼节与各坛庙，都差不了许多。据说太庙的柏树，有许多是元朝栽种的，也实在粗壮得可观。

社稷坛

社稷坛即现在之中山公园，在午门外之西边，太庙则在东边，古人所谓左宗庙而右社稷者是也。皇帝于每岁春秋仲月戊日祭太社、太稷于此。民国后即开放为公园，这倒是很好的一件事情。不过凡所谓公园者，应该偏重天然景或野景，中国人多是有《红楼梦》大观园的思想，所以建筑的亭子廊子很多，富丽华贵确是够了，但与公园性质稍差，且花钱太多，似可移到别的地方应用，于人民益处更大。我问过他们，他们说这另有原因，因为园中有一笔存款，彼时军阀最为厉害，这位打进来，那位退出去，他们搜索款项甚急，这笔款若被他们知道，是一定非抢走不可，所以他们想赶快把他花了，一时没有其他用项，就把他修了廊子了。因为有多年的古柏，又有富丽堂皇的建筑，越发吸引游人，所以此园到夏季，差不多天天是人满的，各省人及外客到北平者，无不到此。尤其是此园游客坐落的地方，可以说是分了类，这也是其他公园不多有的现象。例如：坛西卜士馨一带，都是摩登的人员，此处人最多，外号“苍蝇纸”。坛东来今雨轩，则多稍旧之官员。坛北河边一带，多是稍贫好静之人。水榭北小岛之上，则多是名士，如下棋及书画等人。至于真正讲卫生，呼吸新鲜空气之人，则多是清早到太庙了。

文　庙

文庙亦曰圣庙，即是祭孔子的庙堂。皇帝是每岁春秋仲月上丁日必要亲身致祭的，礼节也极隆重，有许多王爷及官员陪祭。仪节与祭各坛差不了许多，不过彼多是用文武二舞，此则只用文舞耳。庙在安定门内西边，与国子监为邻，该处即名曰国子监胡同，惟平常只说国子监，不带胡同两字。国外人之到北平者，无不来观光。庙中之柏树，有元朝栽种者，实在有一种森郁壮严的气象。门内陈列有周朝的石鼓，门限外有乾隆新制的石鼓。外边大院中，有明朝以来历科的进士碑，每次会试、殿试放榜后，照例把此一科进士之名，完全刻于石上，树立院中，也算是洋洋大观。尤其是隔院之“辟雍”，为天子讲学之所，《记》曰：“天子曰‘辟雍’，诸侯曰‘泮宫’”,“辟雍”是圆池,“泮宫”是半圆池。所以除北平有“辟雍”外，其余全国各府各县，都是“泮宫”。这种建筑制度，只有中国有之。

庙中配享的这些人员，也应该略谈几句，这也是中国特有的一种情形。孔子牌位两旁的四位，名曰“四配”，乃颜子、曾子、子思、孟子。颜子是孔子最得意的一个门生，曾子是著过《大学》一书，子思是著过《中庸》一书，孟子是有《孟子》一书，都是于圣教有大帮助，所以特为四配。再下一点为十二哲，也都是孔门的高弟，其中有朱晦庵最晚。院中两庑内，都是历代各朝有功于圣教的学者，学者能够在这里边列上一个牌位，是很难的，名词叫做“入圣庙”，亦曰“从祀孔庙”，简言之曰“配享”，俏皮话曰“吃冷猪肉”。

为什么很难呢？因为条件很多：一要有学问；二要有道德；三要有著作；四要有政绩；五要有功于社会；六要证明没有信其他教门的行为，一点也没有；七总之对于圣教要身体力行。遇有这样的人，他死后，由其同乡或门生等等，详开他的著作、事迹等等的证据，保举到礼部，外省则保举到督抚，由礼部或督抚奏明皇帝，皇帝再交礼部议奏，礼部乃详细审察，总之上边所谈的几种，差一点也不成。记得清朝有一位大员（忘其名），经礼部审查都合格，应该准入圣庙，但有人奏参说该大员父亲死的时候，念过一次和尚经，就这一点就不能入圣庙。后又有人替他辩白，说是他母亲非念不可，他曾反对，当然有切实的证据，才又准其入了圣庙，因为他倘违母命，便算不孝，所以此层可以原谅，请看这有多难。

雍和宫

雍和宫在安定门内东边，乃雍正皇帝当雍王时的王府，后他做了皇帝，便把此府改为喇嘛庙，赐名雍和宫。雍正者雍王正位也，雍和者雍王协和也。

皇帝时代的章程，是皇帝住过的地方，他人万不许再住，比方光绪年间，光绪住在西单牌楼西醇王府内，他一做了皇上，连他父亲也不许再住，就搬到什刹海西北、后海北岸；后来溥仪又做了皇上，他父亲载沣就又搬到集灵囿，即后来的市政府。外国人之到北平者，都要参观雍和宫，因为他是北平城圈内惟一的大喇嘛庙，中有密宗佛像，这种佛像在西藏很容易见到，在中国内地是难得看见的，又有一尊千手千眼佛，乃就一株大松树雕成，亦少见之物，所以大家都要去看看。

先蚕坛

先蚕坛这个名词，多数人都不大理会，他在安定门外迤西。从前国家对于农桑耕织非常重视，故天子祭农于南郊，即现在之先农坛。皇后祭先蚕坛于北郊。清朝雍正以前无此坛，雍正才令建筑，但皇后也没有去过；乾隆年间，才又命建蚕坛于北海，才由皇后亲身行礼，其礼也相当隆重。皇后亲自采桑，亲自喂蚕，缫丝，其仪注与皇帝躬耕，同样的郑重举行。先蚕坛中国人知道的虽然不多，但在光绪年间，外国人去过的却不少。我也去过几次，都是与洋人同去的。坛庙规模很小，没什么可看，洋人所以都要看看者，因为彼处后来为蒙古人利用，做了火葬之所。

按喇嘛的规矩，随时用骆驼由蒙古驮许多蒙古产的草来存储，此草相当柔软，虽干而还绿，每逢人死，即备一箱，箱为厚寸余之木板造成，约二尺见方，高不过三尺，把死人装在里面，周围满楦此草，装妥后即存于该坛殿内，留待焚化。装的时候须念经超度，焚的时候，更要念经。我去过几次，永远见殿中存着十几只或几十只这种箱子，装时人尸都是蹲着，数日后一发酵，多把箱子撑破，就是不破，也通通由缝中流出血来，其臭殊甚；我只进过殿中一次，后来绝不敢再进去，而洋人则多要进去看看。我问看坛的喇嘛，为什么不早些焚化，他说有的焚化不起，就得等候。焚化处只有一炉，烧木柴，也没有烟筒，焚时更加倍难闻。焚化之后，把灰装于一黄布袋内，注明姓名，挂于殿之墙壁，每年运回一次。此事似无大关系，但亦系一掌故，知者太少，故偶记于此。近来此处，不知是怎样情形了。

东岳庙

东岳庙在朝阳门外，大街路北。北平除公家之坛庙外，以此为规模最大，两庑为七十二间，塑像都极生动。正殿神像，为明朝塑像大名家刘兰所塑，有几种记载，都是这样说法；这在雕塑界，是极应保存的物品。洋人去过的也很多。

白塔寺

白塔寺在西城。乃元朝的建筑。在北平城内，西藏式的建筑物，除北海白塔外，此是最大的一所。亦是喇嘛的住所，从前可以与雍和宫之喇嘛数目相抗衡。

西　苑

西苑又名三海。金鳌玉桥以北为北海，往南到大木板桥为中海，再往南为南海，兹先由南边说起。

南海。最南头的建筑为现在之新华门，在前清此楼名曰望乡楼；亦曰望家楼，乃香妃望家之所：楼之南边，长安街南有一楼，乃黑琉璃瓦所建，正对望乡楼，有人云香妃之母亦同到京，即住此处，每月定期，香妃登楼望母。此事不见记载，只父老传说。但南边之黑琉璃瓦楼，光绪年间，尚很完整，下边一片，名曰回子营，都是当年同来之回回所住；我是常去的地方，现在改为市政府的工程处所了。民国元年，把皇城墙折了一段，往里稍移，便利用望乡楼做了新华门。往北为瀛台，四面是水，只北边有一桥通北岸，西后囚光绪于瀛台时，把此桥拆去，另设浮板，至今尚是如此。在从前说瀛台是全宫中最好的地方，台北之翔鸾阁，高而爽朗，四望最远，可以说是眼亮，闻乾隆最喜此阁。庚子年德国皇帝特派人把此阁详细绘去，我同该画工颇熟，他画的风景自然很多，但他最注意此处。台之东面，用石建成一天然式的山环，设计颇美，上有井届时可以使之流水。台之中央，正殿名曰裛香殿，即光绪被囚时的住所；在庚子年，他的床位等等，还照原样存在。南海中的宫殿，很有几所，不必详谈。最北为流水音，从前为皇帝赐群臣游燕饮咏之处，有流杯亭，即古人引以为流觞曲水：此处乃靠南海之北墙，墙北即中海，此处有闸，中海之水，稍高于南海，故此处可以引水为流觞；迤西即丰泽园，乃皇上赐群臣饮宴之处，亦常观剧于此，然门在南海，而宫殿则在中海界内了。西南角坡上，有小小一所殿宫，地与皇城一样，面对西长安街与府右街，乃皇帝与民同乐之所：灯节皇帝有时到此看放烟花，外边观者，亦人山人海，虽欢呼如雷，不之禁也。

中海。中海的中心为瀛秀园，从前为皇帝所住，光绪年间则为西后所住。院中尽水，所有游廊都是桥的性质。光绪庚子，德国瓦德西统帅即住此。往南东为勤政殿，为皇帝上朝之处；北为紫光阁，乃图画功臣之处，从前有武会试之时，皇帝在此看马步箭。靠海边为迎春堂，皇帝往往在此饮春酒；对海一道长廊，很美观，长廊外靠海岸，在光绪年间修过一条小铁路由瀛秀园门口，往北到北海之小西天为止，为西后所乘坐，民国以后即拆去。

北海。最南为金鳌玉桥，此桥在前清平常时，人民戴一官帽，便可通过；倘皇帝驻苑，就非有差使之人不能通行了。稍东为团城，殿内陈一玉缸，此缸明末即流落到外边，在一庙中为和尚腌菜所用，经人发现才又移至此；此为世界用玉石制造物之最大者，或云非玉，然石质亦可观。北为琼岛，“琼岛春阴”为北平八景之一。相传此岛上之白塔宫殿，为辽后梳妆之处，后边往下有两个山洞，直通漪澜堂之后院。此山洞之设计建筑，久已为人称道，与南海之山环齐名，为人造假山石之最有趣者。岛西面有一长廊，为三希堂法帖刻石所存之处。漪澜堂为皇帝观看滑冰之所。从前观看滑冰，非为游艺，因为清朝一次在西北用兵，正在危急之际，求援已来不及，适有一人能滑冰，由河路滑到大营搬得兵来，因而获得大胜，皇帝由此便极重视滑冰，命各营都各练滑冰之技。所以皇帝每年要观几次，而滑冰者且都是靴帽袍褂俱全。到西后看溜冰，就全是玩的性质了。北岸有“九龙壁”，乃仿照大同府城内之龙壁所建，全用琉璃砖瓦烧成，形式花样，皆极有研究。

三海现已全行开放，任人游览，此处不必多写了。

此外尚有广渠门外之架松，门内之夕照寺；南下洼之陶然亭、龙爪槐、万牲园等等名胜尚多，亦不必多赘了。

七　北平城外的名胜

前篇写的都是北平城内的名胜，城外者也都是关厢之内，只南苑、圆明园等处稍远，因与宫廷有关联，所以也带着写在首篇。兹再把北平城外的略谈一谈，虽然不在北平城池范围以内，但也都与北平有关，而且也是这些年来所有谈北平者都要连带及之的。

三贝子花园

园在西直门外，规模很大。《品花宝鉴》一书中，所写徐度云的花园，即影射的此处。后门临御河，光绪年间，西后乘船往颐和园时，有时在此靠岸，进园看看。光绪年间，做了动物园，但名为万牲园。最初主持此事者，为农商部司员诚裕如，亦余熟人，他说本想名为动物园，因西后不懂动物二字，才改为万牲园。民国以后，又为农事试验场，然仍有些动物在内。

大钟寺

大钟寺在德胜门外西北约数里，寺庙不大，以大钟出名，西洋人士到北平者，都来看看。因为据西洋人测量，他是世界第二个大钟，第一个在莫斯科。莫斯科存钟之处，我去过三次，其中有十来个大钟，第一个确是很大，但若只凭目力看，则似比此大钟小得多，至于铸造之工，钟上之字，则吾国之钟比俄国之钟，就优美多了。此钟铸成之后，因太重无法悬挂，经乾隆帝出主意，即就钟建一楼，把钟纽穿巨梁，横于楼之梁间，一切建筑稳固之后，再把钟下之土除去，如此则钟虽低，亦是悬起，可散钟声。乾隆所以如此注意者，因此亦是北京厌胜五行之一：东方甲乙木，乃朝阳门外之大木（说见下条）。西方庚辛金即此。北方壬癸水即昆明湖。南方丙丁火，即良乡塔下之红土，俗称此为孟良用火烧红者，故以之当南方之火。中央戊己土即煤山。

皇木厂

皇木厂又名神木厂，在朝阳门外约三里许处，即上条所说之东方甲乙木。乃乾隆年间运来，确是很大，建了二十几间长廊以覆之。据老辈人云，近根之最粗处，两人各骑在马上，站立木之两边，彼此看不见。在光绪年间，已稍腐朽，然仍算完整。旁边有“御碑亭”一座，中有乾隆题诗纪事之碑，每年由地方官致祭。老辈人传说，当年运此木时，相当暴虐：当然有官员押运，号称“神木”，运过一处，稍休息时，运官说“神木”要饮酒，酒店就得以酒泼之，否则不走；倘暗给押官几个钱，便可无事，所以居民都呼为“神木”。此固然是该官可恶，但也足见民智不开。从前洋人来参观者也不少。日本投降之后，我又去看，则被人劈烧，所存无几矣。

黄　寺

黄寺在安定门外约十余里处。此为清朝初年所建，因顶俱用黄琉璃瓦，故名黄寺。乃清朝用以维系蒙古人者，最初喇嘛初到北京者，都住此处，最多时曾住过几千人。活佛初来，也是住此，后则移住城内了。蒙古最信喇嘛教，所以借此联络他们。因为寺中都是密宗的神像，他处不多见，所以外人来此者很多。这里附带着还有一个交易处，凡蒙古人来内地购物者，都住在此；内地人往蒙古经商者，亦以此为起发点。也算是蒙古人会馆，所以名曰外馆。内地人做此项生意者，除北平人外，以深、冀州人为最多，由北平买好了货物，先运到外馆，包装好了，再往北运；由蒙古买回来之货，亦先卸此，再往城里运，此定例也。从前凡做此种生意者，都很发财，此行即名曰“做外馆生意的”，亦曰“外馆行”。自苏俄强占吾库伦后，此行遂解散；然在民初，黄寺外馆之房址，还都存在，因为这是与蒙古来往惟一的机构。所以我去看过几次，近来不知怎么样了。

黑　寺

黑寺在黄寺迤西，屋顶都是黑琉璃瓦，故名，其性质与黄寺没什么分别，只规模较小，然另有风景，很值得一观。

白云观

白云观在西便门外，约数里之遥，亦名长春宫。此为元朝所建，元朝邱处机见元太祖，以不嗜杀人，敬天爱民，清心寡欲，三事为言，太祖深重之，为之建第于此，号曰长春宫。北平道教的庙宇中，以此规模为最大，比东岳庙占地还多。观中道士，到过千人，平常亦有一二百人。观中的首领老道，在光绪年间常有不法的行为，有一段很重要的历史，从前的人都知之，近来大概知道的人很少了。前清时代，北平和尚道士，可以说是都有衙门：和尚的衙门，名曰“僧录司正堂”；道士的衙门，名“道纪司正堂”。这种组织在《红楼梦》第十三回中，便写了一些。这种僧道正堂，都是总管全国和尚道士的机构，势力极大，所以谚语中有两句曰："在京的和尚，出外的官。"这两句话虽然没有说到道士，但道士亦在其中。他们所以有此权势，因为他们专走动王府大家之门路，与太监来往尤密。西后本是一个极糊涂的人，不但迷信，而且相信太监的话，这正是与这两位僧道正堂撑腰的原因，因之两位的声势，就更大了许多。彼时俄国公使，知道了这些情形，因常找太监，是极被人注目的事情；乃想法子与白云观太监来往，当然也给了他们许多甜头，由他介绍了李莲英，通称"皮条李"。他们常常在杨梅竹斜街万福居饭馆接头，永远在东边路北一个小院吃饭。这个院虽然是万福居的雅座，但不卖外座，差不多是白云观道士永远包着，钱则出自俄国使馆。俄使的意思，总可以由莲英传到西后耳朵里头。彼时俄国外交进行比他国顺利，得的便宜也最多者，得力于此一组织的很多。白云观道士，也可以算是卖国的首魁，这确是大家应该知道的一件事情。若专就观中的建筑说也是很值得一看，尤其每年灯节，有大规模的娱乐。观中的灯是出名的，灯是大而多，且画工很好。灯节后十七八日，为会神仙之期，都说每年总有一个人，会到神仙，所以一般迷信之人，都要来参与的。春季的车马赛跑，此处规模也极大，北京王孙公子之养马者，都要来赛一赛。马道两边，有搭的看台看棚，红男绿女，极为热闹。届时北京的人，几乎倾城来观。

汤山温泉

汤山温泉在北平城北。据医学家云，此乃是全国的第二个温泉，水源之大，热度之高，已经很难得了，而它又是拉丢之热，比起硫磺矿泉来又好得多，用此泉水沐浴，可以治疗许多的病症。从前皇帝有在泉旁修建的行宫，规模很大，池沼河流，都可以乘船容与其间。百余年来虽有许多倾毁，但因咸丰年间，英法联军未曾烧到，所以殿阁还都存在。民国后开放为公园，任人游览，又设立了一所旅馆，于人颇称方便。又单引了一股水通墙外，并建房屋浴池，任本地人沐浴，不用花钱。又由北京到此，修了一条马路，虽然只是用石子碎砖所修，然雨季可免泥泞，故外人多来游者。倘再多建房，则外人来住者当然更多，亦该处一项大收入也。

十三陵

十三陵即明朝皇帝之陵，在北平之北，属昌平县所管。明朝皇帝除太祖葬于南京外，其余都葬在此处，一切建筑物，虽然有许多地方失修，但未特意毁坏，故原样尚存。按历朝皇帝陵之在山西、陕西两省者，尚有存在，这也因为是从前陵上无事，所有祭祀等礼节，都在庙中举行之，所以古人之陵，多只是一个大土堆，所谓有陵无寝，即是没有用以祭奠的殿堂房屋，所以也就不容易毁坏。如陕西文王、武王之陵，山西昭君之陵等等皆是。后来除在太庙祭奠外，清明、冬至还要到陵上去祭，于是陵上就都添了殿堂。按此种风俗，本来自国外，欧阳修在《五代史》中，有两句话曰："清明野祭而焚纸钱，戎狄之俗也。"可是自有了殿堂之后，就很难保存了。国亡之后，附近居民，拆砖用木，日久便可变为废墟。尤其元朝西僧，杨琏真珈，把南宋之陵，大小百余处尽行掘毁，更是惨事。所以历代以来，皇陵保存的最完备者要以明陵为最，这也算是清朝的德政。他不但未毁，而且把明朝后人，封为侯爵，世袭罔替，每年春秋两季由他致祭明陵，每去致祭，先上奏摺请训，一直到光绪末年，永是如此。这也是该陵不能毁的一个大原因，后人能得看到从前之皇陵者，也只此处。清朝陵寝，虽然完整，但一在遵化州，号曰东陵；一在易州，号曰西陵，离北平太远，不易去看，所以外人之到北平者，都要到十三陵去看看。未到过北平的人，将来到了北平，这个地方，也是必须去一次的；乘平绥路火车，在南口下车，骑驴到彼，一日可来回。

南　口

南口在北平以北，即万里长城居庸关之南口也，现为平绥铁路之要站。出车站往北，不远即是南边之关口，关旁有明朝李凤节之墓，屡经人修理，故犹存在。往北即居庸关，再往北即青龙桥车站，再往北即北边关口，因有万里长城，此本世界驰名之大建筑物，故外人之到北平者，无不来此瞻仰。游者在青龙桥站下车，走不远即上城墙，极为方便。中外人士来参观的很多，因为大家都以为这是秦朝的建筑，有两千多年的历史，所以都要来看看。其实这确是明朝的工程。按战国时燕秦都有长城，秦统一后，更大增建筑，以后历朝都有补建，不过地址屡有变更耳。元朝统一之后，蒙古及内地便变成一家，此亦无用；明朝驱逐蒙古人于蒙古去后，为防北边，才又大修一次，即现在之长城也。之后，这种城也没有国防上的价值，但为保存古迹，也是应该重视的。

碧云寺

碧云寺在西山之阳，在明朝原为一座庙宇，魏忠贤改为他的专祠，一直到清朝康熙年间，尚仍然存在。经人发现，奏明皇上，说这种祠堂，不应使之存在，经皇帝特旨才把他铲除，仍改为寺庙。此事曾经《啸亭杂录》记载，是否康熙年，却记不清了。民国后中山先生在北京去世，曾暂厝于此，后移葬南京，此处便做了衣冠冢。庙中有一水泉，为西山一带最大之泉。庙后山中杏花极多，每到春季，游人极夥。南边又与香山之静宜园为邻，园中设有新式饭店却名曰香山饭店，吃住皆很方便，因之外人来此者，亦不少。

大觉寺

大觉寺还在碧云寺的西北山后，规模极大，杏花极多。在前清老进士们，每年春季，多到此看杏花，三鼎甲更要来，因为中状元之时，正是杏花开放，所以多要来此一游，以纪念他们登科之日。在这个庙中，曾有一件极重要而伤心的事情，是国民不可不知道的。就是咸丰年间，英法联军到了北京，城下之盟所订的开放南方几个口岸等等的条约，是在此庙中签的字；签字之亭，在庙之右院，昔人有句云："击破金汤是此亭"云云。我因此到庙中去过几次，此亭尚依然存在，大家都应该去看看才是。而且到此庙去的路上，有许多有关史事，或有趣的事情。路间有两个村庄，一村都姓杨，传系杨延昭之后；一村都姓韩，传系韩昌之后。这两姓绝对不能结婚，倘一结婚，必有灾难不祥之事发生，数百年来永是如此。我只往此二村去过一次，详细情形记不清楚，大致是如此就是了。这与朱陈二姓，整反了一个过。有冷泉村、温泉村，温泉村且设有学校，及饭店、宿舍、医院等等，吃住也很方便。有地名"黑楼"者，院中景致颇佳，有涌泉两三处，都喷出地上三四尺高。院内有一楼，传是魏忠贤害人的楼，这等于苏联之集中营；凡大臣得罪了他，他便把大员困于此楼之上，如果降了他，便可得生，否则下楼时，自己不知就落入井中了。因该楼梯下，屋中间有一井有盖，上楼时不知也，因此名曰“黑楼”。再往北有妙高峰，原为一庙，光绪之父醇亲王葬于此。此为清朝一种特别的陵寝，按皇帝之陵名曰“陵”，陵之制有宝城，有享殿，有宫门，有碑楼，等等。亲王之陵，名曰“圆寝”，只有一个土丘及祭祀之殿堂而已，此则一切都照皇帝陵之制度，而本坟则仍只一土堆，盖因他虽只王爵，而他儿子乃是皇帝。这就是周朝“父为士，子为大夫，葬以士，祭以大夫”之义。坟之右边，有一株大白果松，植物学名曰栝，圆径约六七尺，风水家云，此树为此坟之重要风水，亡者的后人，将来的发达，是不可限量的；但已被西后派人锯倒。这也有一段历史。西后修她自己之菩陀峪——从前皇帝之陵，未葬之前都名曰“峪”，葬后才叫做“陵”——特派其最亲信之醇王为监工大臣，当然以为极可靠了，没想到陵未修成，就倒塌了几处。这当然是偷工减料的毛病，至于醇王使了钱没有，不必断定，但其下人太监等，则当然得钱不少，以致工程极坏。西后闻之大怒，但此时醇王已死，无法出气，乃派太监数人，持手谕，并用黄布包了锯斧等物前去锯倒。本家当然知道，但不能抵抗，至今该树还躺在墙外。再往北为黑山头，公家建筑所用之豆渣石等等，都出在此。由大觉寺往后去，就是往妙峰山一条大道。由以上这种种的关系，则大觉寺是应该去看看的。

妙峰山

所谓妙峰山者，乃是一座庙，在大青山之后，庙并不大，但香火极盛。在前清时代，河北省有两个大香火会场，一是易州后山庙，一即此处。春季之庙会有一个月之久，各处来烧香之人，不计其数，以天津人为最多。由北平到妙峰山，经过大山，极为难走，然有五条路，号称大香道，都是太监所修。各种善会都要前去进香，如高跷、龙灯、五虎、少林、十番、旱船、狮子、扛箱、中幡、戏剧等等最盛时有二百多档子。

八大处

八大处在北平城西，彼处有新式的饭店，吃、住、沐浴都很方便；共有庙八处故名，最出名者为秘魔岩、龙王堂等。但在从前说，这是小八大处。真正八大处，有西域寺、潭柘寺、戒台寺、碧云寺、上方山（在北京人骨出土的周口店左近，极深邃有趣）、大觉寺，再加秘魔岩，共为八处，号为“京西八大刹”。但其说也不一致，有人说卧佛寺也在内的，但我以为这无关重要，总之都是应该看看的地方。

以上所举不过几处，此外还多，不必尽举，这也是北平做了六七百年都城所必然的事情，不过可看的地方多，则性质就不同了。

有的有关政治 有的有关教育 有的有关历史
有的有关文化 有的有关建筑 有的有关美术
有的有关宗教 有的有关风俗

总之无论为求哪一种的知识，都是应该看看的。全中国关于这些性质最全的名胜，当然以北平为第一。因为从前做过都城的地方，大概都毁了，再古不必说，汉唐的西安，南朝的南京，宋朝的洛阳、开封、杭州等处，大多数都毁掉，有的地方古迹，一点也看不到了。北平虽亦稍毁，但存在的尚很多，所以说实在应该看看，而且也实在应该写写，不过此文因篇幅的关系，不能多写了。

八　北平的建筑

要谈北平，当然先说到建筑，北平的建筑始自明朝永乐年间，以前金元两朝虽然已经有都城的建设，但原址靠西南，大约离丰台很近，元朝廉文正公希宪的万柳堂花园，就在莲花池跑马场左近。法源寺这座庙元朝在城之东北，现在则在西南角。因都城近丰台，所以彼时丰台为官员人民宴乐之所，清朝初年，阔人还常去，一直到光绪年间，偶尔还有人到丰台观花；民国以后则无人知道了。

北平分内外城，内城共九门，俗说“门见门，三里地”。南面中为正阳门，东为崇文门，西为宣武门；东面北为东直门，南为朝阳门；西面北为西直门，南为阜城门；北面东为安定门，西为德胜门。以上清朝所命之名。清朝虽然都另起了名字，但人民怀旧，仍然还是呼明朝的旧名。比方正阳门则仍叫做前门，崇文门则仍叫做海岱门，宣武门则仍叫做顺治门，朝阳门则仍叫做齐化门，阜城门则仍叫做平则门；外城各门亦然。并且都有简单的说法，如崇文门内外，可写崇内崇外，他门亦然。这种写法，最初邮政局不知，所以不承认；后来在邮局，也很通行了。这种情形，一直到现在，还是如此。固然是习惯使然，不易更改，然看得出人民怀念明朝的情绪。

中国若干年来，讲究是九重天子，所以中间之门，自最外到最里，共为九道门；不过这九道门的说法就不一样了。一种说法，是一永定门，二正阳门，三中华门，四天安门，五端门，六午门，七太和门，八乾清门，这便到了宫里；尚短一层门，有人说太和门外，还有一道木栅栏门，也在其内。又有一说：外城是后来增建，永定门，不能算在其内，而前门为两层，因此算是九层。

永定门内，东为天坛，周围十里，皇帝祭天及祈雨，都在此处；西为先农坛，周围六里，皇帝躬耕就在此处，这个礼节，名曰耕藉礼，《礼记》中所谓天子三推，诸侯五推者是也。

往北为天桥。天桥这个地方，在明朝初年，是最美丽的一个处所。河流由西来，到虎坊桥南流，东流过天桥，往东又往北流，到三里河，往北往东出城。所以珠市口以西大街，有虎坊桥、韩家潭，珠市口以东有三里河、南桥湾、北桥湾等等的名目，至今犹然。三里河北往东之草厂头条至七、八条胡同，都是皇家由船中卸草的码头，后来河流淤塞，天桥无水，这一个地方便冷落了多少年；民国后因建筑电车的关系，又热闹了一个时期，因为电车最南头的出发点是天桥：东边一路，北通至北新桥，西边一路西通至西直门。住在后门内外的居民，不但没有看见过电车，而且有许多人，没看见过天桥，因为彼时皇城的南池子、南长街，两豁口未开，住在皇城内东西两面的人，固然可以出东、西安门，住在后门内的，就得出后门，彼时既无马路，又无汽车，坐骡车到天桥，来回就得一整天，所以去过的人很少，尤其是妇女。自电车通后，不但坐电车过瘾，而且来回不过数十分钟，于是后门之居民，人人要逛逛天桥，天桥便兴盛起来。在民国初年，天桥一处，一切杂耍不算外，只戏园子便有五处，茶馆饭馆更不必提了。

前门大街，最初是很宽的，明朝日本人画的查楼（即现在之广和楼），门口还在大街上，后来两边侵占，两边又添了两道小街，东边曰肉市，西边曰珠宝市，则大街焉能不窄呢？不但窄，在前清二百余年，五牌楼南，大街之上都是卖鱼虾的，都是搭的席棚，即名曰鱼棚，中间只有一丈多宽的过路。因为皇帝祭天坛或先农坛，在此经过，必须把棚拆去，否则辇便通不过，皇帝过完再搭上，所以永远未能盖房。光绪末年，因这些鱼棚，不但有碍交通，且有碍观瞻，才把他移到西河沿，特别另建筑了一个市场。这本是一件小事，但搬移鱼棚的时候。却有许多笑话。大家都说："皇帝是龙，前门外所有的鱼虾，是给龙吃的，所以所有的鱼虾都在此处，如今鱼棚一移，龙非饿死不可；龙饿死就是皇帝完了，则清朝必要终了。"大家如此说法，原无足怪，最有意思的，是有几位御史，也据以入奏，说如此一来，则对大清国祚，是有妨害的；不过因为经过庚子以后，西后有点怕外国人，没敢特出主意，此事才算过去。

中华门在前清名曰大清门，因为明朝名曰大明门，所以他改为大清。其实大明门这个名字，乃元朝所命，并非始自明朝，然前清绝对不肯留着"大明"二字，这与民国不用"大清"二字，改为"中华"二字，同一性质。中华门外一大片石墁地，三面汉白玉的栏杆，名曰天街，由此往北，从前便都是禁地了，然戴官帽之人，便可通过，尤其是每早上朝的官员，往往由此进去。每月二十前后，月光正明，月光之下，在此行走，颇有诗味。北平有一景，曰"天街步月"者，即是此处。

天安门为皇城的前门。北为地安门，东为东安门，西为西安门，俗又称后门，或外东华门、外西华门。天安门外东即东长安街，西即西长安街，这本是内城东西城交通惟一的条大街，此外别无可通之街道，但因东、西长安门平常都不许走，所以这一条大街，在前清是等于没有。然戴冠帽之人，尚可通行，所以从前卖水菜的人，往往戴一官帽，倘门丁盘问，即可说是给某机关送水菜。东西城居民之来往，都必须南绕至前门。天安门外，有一河曰玉带河，亦曰金水，河上有五座桥，名曰金水桥，此处通常都呼做外金水桥。民国以后，袁世凯有阅兵等等大典，都在此处行之，因站在天安门上，较为保险也；又因东西电车交通方便，以后大规模的聚会，也都在此处。

端门。有人说当初建设此门或者是因为凑足九重门之数，据我调查询问所得，仍是森严的关系。此门之南，东西有两个大门，即皇帝进太庙及社稷坛之正门，而两旁之厢房又为存放盔甲弓刀之所，都是极重要的地方。可是端门之后，午门之外，乃是平民可以来往的道路，于收藏军装之库房，实不够严密，也可以说是实在有建设一层门，以防匪盗之必要。

午门为紫禁城之南门，北为神武门，东为东华门，西为西华门，在这个城圈之内，就很森严了，除每日上朝的官员外，所有下级差役人员，都得有腰牌，否则便不能进门。午门上边为五座楼，名曰五凤楼，平常所说的“龙楼凤阙”，即是指的此处。民国后开放，改为博物馆，从前菜市口杀人的五把刀，及凌迟人用的各种小刀刑具，也都存在此处任人观看。在前清打了胜仗，皇帝受俘的典礼，永远在此：皇帝在城上观看，下边凯旋大将，将所有俘虏，及各掳获品，均于门前陈列献之，此即名曰献俘礼。再朝廷有大庆贺典礼时，则在此门楼上，陈列钟鼓；门内院中，陈列执事、仪仗、大驾卤簿等等。这些仪仗，并不见得应用，但非陈列不可。在门外东西两边陈列着日晷及嘉量。曰晷者测日影定时辰器也。全国的时刻以此为准则名曰“都城顺天府节气时刻”，即指此日晷，亦名日规。在前清时代所颁行宪书，最全者，是各省的二十四节时刻都有；平常所用者，则只有北京的时刻，书中第一行便注明“都城顺天府节气时刻”字样。嘉量者标准量器也，全国的升斗，都以此为准。其实以上这两件事情，只不过有这样的规定，结果谁也不管，他为什么安排在这午门外陈列呢？因为午门外，东西都有阙门，本来人民可以来往，比方皇城东西两边的人，都可以由东华门顺紫禁城墙往南往西：进东阙门，过午门出西阙门；沿紫禁城，往西往北，便是西华门外。这条路是车辆都不许通过，然人民戴上官帽，都可以随便走，不过因地方森严，没有走过的人不敢走就是了。照规定此处是国民可以随便行走的地方，而门内便是禁地，则此门即古人所说之国门，所以将嘉量日晷，陈之国门，以便人人观览。这是大公无私，而且便民的举动。不过行久便成虚设了。

太和门外，也有一道河，名曰金水河，也叫玉带河，河上有五座桥，即名曰金水桥。大家呼天安门外之五座桥，为外金水桥，呼此为内金水桥。门内即太和殿，俗称金銮殿，凡国内有大庆典，都在此处行礼，例如元旦、万寿、大婚、凯旋，以至会试点状元发榜等等的大礼节，皇帝都要坐太和殿受贺或办公。殿前有大月台，此名曰“丹墀”；三层台阶，即名曰“丹陛”。丹墀下就是一个大院，都是三层砖墁地。由丹墀右角起，到院的西南角，由丹墀的左角起，到院之东南角，各墁两条石块。此石块大约每七八步远一块，每块见方尺余，此即名曰“品级石”，亦曰“品极台”。每逢大朝贺时，官员都在此按品级站班，文官站东边，武官站西边，所谓文东武西；所以文官的补服都是鸟类，而鸟首都向右边，武官补服都是兽类，而兽之首都是向左边，这都是头向皇帝之义。太和殿之后，即中和殿，再后即保和殿。照国家的规定，皇帝办公应该在保和殿，后来因皇帝永在乾清宫上朝，于是保和殿，除乡会试之年，在保和复试之外，就没什么许多的用处了。

乾清门在保和殿的后边，门外有不大的一个院落，此处便极森严了，门外台阶以西靠北墙有三间房，此即从前之军机处，门口挂一白油木牌，上写黑字曰“误入军机者斩”；错走进去，就是杀罪，其严可知。在此屋内办公者，只有军机大臣几人，司官人等有事回禀堂官，须站在门外说话；军机大臣命进，才能进去。台阶之东，靠墙有几间北房，名曰“九卿朝房”，乃各衙门堂官上朝时座落之所。院中西南角，有三间南房，名曰“小军机处”，因军机处的司官名曰“小军机”，故此名曰“小军机处”。小军机处亦名军机章京，满洲话曰搭拉密，故内庭说话通称军机搭拉密。总之这个院中，只有这几个机构，其余各衙门中之司官，倘没有公事，谁也不肯进这个院中来了。

乾清门内，就是乾清宫，俗称乾清殿，乃每日皇帝上朝办公之所。门内两边群房，西边为上书房，曰讲起居注官办公之所等等；东边为南书房，皇子皇孙读书之处。乾清门内，只有这几处，官员可以到达，且可以与皇帝会面。再往后便是宫禁，俗名都叫后宫，乃后妃等所住，平常官员就不许进去了。总而言之，是乾清门以外，都是皇帝与官员办国家公事的地方，所以房屋都名曰殿，偏殿或曰阁。门内乃是皇帝私人眷属住的地方，房屋都名曰宫。紫禁城内之宫，平列又分五个圈。民国后开放的故宫博物院，所谓中路、东路、西路、外东路、外西路等等，就是指的这五个圈。自然中间一圈最大，名曰正宫。前门即是乾清门，后门名曰顺贞门，再往北就是紫禁城的后门神武门了。

皇宫的情形，大致如此，至于宫内，处所当然还很多，好在逛过故宫博物院之人，都可稍稍明了；没有逛过，全靠写也很难明白的了。不过有一些趣味的事，还可以说一说。宫中关于厌胜的事情，有三十六天罡，七十二地煞。天罡者，即宫中之大金缸，缸罡同音。缸为铜铸，外包以金颇厚。乾隆年间，有人用刀偷刮缸上之金被斩，足见其金之厚。缸面口径约三公尺，原为盛水防火之用，各宫殿前多摆一对，如太和门外，阶左右就有一对。据说宫中共有十八对，以足三十六之数。此外又有铁缸若干对，小于金缸；乃嘉庆年间，籍没和珅家时所抄来者，则不在此数之内。七十二地煞者，宫中各院落内都有井一眼，当然是为用水方便，据说全宫中共有七十二眼，便是地煞。以上不过听到宫中所说，两样我都没有数过，不知果是此数否，然如此传说已有几百年了。

九　北平的商业

前几篇写的都是关于国家公共的事情。而民间社会的事情，也必须要谈谈，因为北平虽然做都城六七百年，但风俗朴厚，人心安静，不似上海等城，做了不过百余年的商埠，便特别的嚣张，道德信用，日见沦丧；商界的行径，更是浮嚣。北平则不然。兹先谈谈北平商家的情形。

提起北平商界道德信用来，可以说是堪为世界商人之模范；他们虽然没有世界商战的知识，但有传统的信义、谦和的行径。比方说：上海、广州等城的商家，对于买主客人，太不客气，尤其是从前广州商人，对买主所说的话，常常惹得买主生气口角，其实若按法律来说，他们说的话，哪一句话，都够起诉的资格。另一面说，像犹太人之做生意，又太客气，往往闹的顾客不好意思不买，这是世人都知道的；日本之商家，也有这种趋向，这固然是好，但也有点毛病。须要知道，所谓不好意思不买者，便是不愿买而必须要买，这也算是一种为难的情形；下次再去，就要斟酌，这也是当然的情形，如此则生意也可以受影响。所以犹太人在西洋做生意，是可以极为发达，因为西洋人对于他们这种客气，并不十分重视。中国人则不然，他人对自己客气，自己更要客气，这是中华民族传统的文化精神。他客气我更要客气，自己觉得不买对不起他。说实话吾人到一铺子里头，不见得一定遇到自己心爱之物；非心所爱也要买，这于内心便有不舒服之处，则下次再去是一定要斟酌了。所以犹太人在西洋的那一套，在中国不一定行的开。北平商家的作风，与上两种都不同，像街道摆地摊之小商人，因未曾在铺中受过训练，他们说话不规则之处还相当多，若真正像一个商业的铺号，则说话非常和气，所以谚语有“买卖和气赚人钱”“和气生财”等等这些话。这便是商业传统的要素，不但和气，而且规矩，不卑不亢，说的都是买卖范围以内的话；就是驳你回，你也不会不爱听。各行有各行的话，且是都有训练，最讲究的是大的绸缎布店，说话比其他行道，更显规矩而有道德，兹大略举两三种如下。

先谈绸缎布店。比方对他说，你们这儿货较为便宜，如某号某号较贵的多，倘次一点的铺子听到这些话，他一定很高兴，且必要说别家几句闲话，再自夸几句货真价实。但大布铺则不然，他一定说，“也差不了许多”，这就是不肯说同行坏话的道德，此只北平有之他处不见。

买绸锻挑拣颜色，往往时间太久，老拿不定主意，又怕铺中人嫌麻烦，这种情形往往有之。他看出这种情形来，他必说不必着急，买的时候，多费几分钟的工夫，将来穿着永远趁心如意的，稍一含糊，将来永远是别扭的，再说千灰万紫，颜色深一点浅一点，都要随心所欲，不可含糊。请想他说这样的话你心中当然爱听，而且对他一定是有好感的。挑检许久买不成，临出门他必说货色太多，谁家也不能预备那样齐整，请先到别家看倘不合式，再请回来。

到棺材（寿木）铺说话，就是又一种话了。比方，别的铺子，说客气话，一定说老主顾，不能多算钱，或希望买卖交的长才是主顾呢，等等这些话。但这些话，棺材铺中人万不能说，他必说，您这是百年不遇的事情，怎么能够多算钱呢？

比方吃饭馆子，阔人往往说你们的大师傅（厨役）太差了，他必说，要说比您府上的大师傅，那是比不了，在饭馆子中，我们掌灶的（厨役）也就算很好的了，他这话是驳了你的回，而且你还爱听。

以上这种的话，我从前纪录过几百条，都极有思想而有趣，现只举几条，不必多赘，这可以说是都是世界商人可以为法的。以下再谈谈商家的道德、组织、信用等等，有许多也是世界上少见的。

旧书铺

北平旧书铺的组织法，不但中国其他城池没有，世界各国也是不见的。他除在柜台上售书外，里边屋中总陈列着几张八仙桌，预备人去看书。从前吾国虽有藏书楼的组织，但多系私人所藏，间乎有公共者，然甚少，只有极讲究之书院中，偶或有之，但亦不容易借出，藏书楼中更无供人看书处的设备。则这种旧书铺，颇有现代图书馆的情形，而且比图书馆还方便。想看什么书，他就给送到桌上来。倘自己研究一件事情，记不清应看何书，可以问铺中掌柜的，他便可给你出主意。他铺中没有的书，他可以替你在其他书铺转借。看书时想吸烟，有学徒替你装烟，想喝茶有学徒给你倒茶。你若看书看饿了，他可以代你去买点心；常看书的熟人，有时他不要钱，他还可以请你。这在世界上的图书馆中是没有的吧？不但此，你在家中想看什么书，他可以给你送去。看完了不买，是毫无关系的，比方说自己想做一篇文章，应用的参考书，家中没有，也可以去借；只管说明，我暂作一次参考，你看完了，他便取回。不但此，倘做文章自己一时想不出应用何书参考，也可以直与书铺掌柜商量，他可以代出主意，自己书铺没有，也可以代借，看完了仍旧由他代你送还；他不但由别的商家代借，有难觅之书，他知道某学者家有，他也可以替你去借，因为有该书之家，你不一定相熟，而有书之家，总是常买书，与书铺一定相熟的，所以他去借容易得多。这于学者读书人有多么方便。如果你不认识这种书铺，你可以托朋友介绍，他一样的给你送去，看完了他便取回，也不要钱。

我问过他们，老光看不买岂不赔钱吗？这种旧书铺之掌柜，不但有道德，而且有思想，他说书铺的买卖，道路最窄，平常人不但不买，而且不看。所来往的，只有几个文人，文人多无钱，也应该帮帮他们的忙，而且常看总有买的时候，倘他给介绍一个朋友，做一批大点的买卖，也是往往有的事情，这哪能说是他白看呢？请听他这话，是多么有道德。他不但有道德——且有相当的学问，对于目录之学，比读书人知道的多得多。在前清光绪年间，琉璃厂路南，有一翰文斋，老掌柜姓韩，就知道的很多，缪莲仙、王莲生诸先生都常常问问他。张文襄之洞在他的《书目答问》一书中，曾说过读书人须要常到旧书铺中坐坐，就是这个意思。彼时如张之洞、王莲生、盛伯羲、许叶芬、王闿运等等诸公，都是常去逛书铺子的。

茶馆子

北平的茶馆子，也实在值得谈一谈，他与各大城中之茶馆，虽然相同地方不少，但特别的地方确很多。茶馆子卖茶，自然是他的正业，但北平茶馆可以分两种，一是早晨，一是夜晚。北平人最讲喝茶，尤其早晨更非喝不可，所以早晨遇到熟人，必须要问一句，“您喝了茶咧吗？”大约都是简单着说，“您喝了吗？”若到大街上碰到，则必相约同到茶馆，此定例也。五行八作除有长期工作者外，其余所有工人，大多数都得到茶馆喝茶，一则喝茶，二则也为寻觅工作。北平的规矩，所有承应工作买卖之商家，如泥瓦作、木厂子、搭棚铺、饭庄子、裁缝局子、出赁喜轿铺、杠房等等，答应下工作买卖来，次日一早，便到茶馆中去找工人，所以各行工人也都到茶馆等候。各行工人有各行的茶馆，不能随便进去，因为棚匠若到厨役的茶馆，那坐一天也找不到工作。这个名词叫作“坎子”，哪一个茶馆，是哪一行的坎子，是一定的。而且茶资也极便宜，每人每次不过茶叶钱，大个钱一枚，水钱一枚；倘自备茶叶，则只花水钱一枚便足，任凭你喝几个钟头，也没关系。大个钱一枚，合现大洋不到半分；彼时每一元现洋，约可换大个钱五百枚，请看这有多便宜。这种茶馆就等于人市，有南方之墟，北方之集的性质。有许多商家下市之后，聚谈各种生意，也都是到这种茶馆来谈，这与上海、广州各大城之茶馆，有相同之处。

夜晚的茶馆，则多是书馆。从前生活安定，大多数人夜晚无事，都要到茶馆听说书，所以各茶馆都要特请有名的说书人，前来说书。大约是大茶馆就请大名角，小茶馆就请次路角，每日茶馆门口，也都有大广告牌，写明特请某人说某种故事，以广招徕。因为间有妇人往听，所以说的都是规矩的故事，如《列国演义》《三国演义》《隋唐演义》《说唐》《杨家将》等等的旧小说，都是常说。他们的说法也很有好的，在原词之外，总要加添许多有趣的言词，提神的动作，借以吸引听众；听书的人，多数也很入迷，一天不听，心神便无寄托，每天吃过晚饭，就都赶紧往茶馆跑，其入迷程度，比观剧又高得多。从前最盛时代，北平这样的茶馆，约有一千余处。每一大街，总有几处。大一点的胡同中，也是必有的。每天的听众，最少也在二十万人以上；比戏园中的观众，要多十倍。倘教育界利用这种书馆，给听众输入些新的知识，则于社会一定有很大的益处，惜乎当年学界没有注意到此。当年中山先生使广东之卖药人，讲演关于革命事情，收效就极大，与这种局面，大致相同。

饭馆子

北平的饭馆，亦与各处不同，极有组织，极有训练。所谓有组织者，是馆子分的种类很多，差不多是各不侵犯，如某种人应该吃某种馆子，可以说是一定，但此非仅是贵贱之分，容下边谈之。所谓有训练者，是堂倌等说话之有分寸，不卑不亢，要使人爱听；堂倌又名跑堂的，亦曰茶房，也叫伙计。兹先谈谈饭馆子之种类，及其组织法。

（一）厨行。这种没有馆子没有铺面，只在其住家处门口，挂上一个小木牌，上写厨行二字，专应大活，总是在办事之家去做，如办喜事、丧事、庆寿等等。在家中，在庙中，用多少桌席，他都可答应，少者一两桌，多者几十桌、几百桌乃至一千余桌，他都能办到。因为他手下，有这种种厨役，且有厨房一切应用的家具；就是没有也不要紧，因为单有出赁这种家具的商号，任凭你用多少桌都可，而且是粗细都有。他所做之菜品，与饭馆子不同，大约总是煨炖之菜最多，做出一锅来，随用随盛，不伤口味；或者做好之后，永在蒸笼内蒸着，随时用随时端，更较方便。须要知道，一顿饭之时间，前后不过两个钟头，要同时开几十桌，或几百桌，非用这种做法之菜不可；若多用炒菜，那就不能吃了，因为炒菜，要紧在火候，每勺至多炒两盘，若每勺炒十盘八盘，那是绝对不会好吃的。所以这种厨行也单有他专门的优点，大规模的红白寿事，多找这种。

（二）饭庄子。饭庄子分两种，一种名曰冷庄子，一种名曰热庄子。冷庄的情形，与厨行相近，但是他有院落房屋，大的有十个八个院子，房屋当然更多，有的且有戏楼，以便办喜庆事之家庆贺演戏之用。从前办红白寿事，多在这种饭庄之内，因其宽阔方便也，同时开几十桌，地方也足够。大家愿意在此办事者，因为在家中，事前事后，都有许多的麻烦，在此则说成之后，即可办事，办完之后，就算完事，没有善后一切之麻烦。这种庄子，平常不生火，所以名曰冷庄子。来吃饭者，必须前一二日规定，定妥之后，届时他便生火预备。办事定几十桌，他自然高兴；随便请客，定一两桌他也欢迎。

所谓热庄子者，是平常就有火，随时可以进去吃饭，所以名曰热庄子。但冷庄子三字是常说的话，热庄子三字则不恒用。这种与冷庄子，外表没什么分别，只门口挂有招牌，上写“随意便饭”“午用果酌”等字样；冷庄子则无此。至于办红白事大宴会，则一样的欢迎。从前成桌的请客，多数都在此，因为地方方便，吃一桌饭，可以占一个院，至少要占三间房屋，而且若在饭馆子中请客，大家便以不够郑重，大家说起话来，总是说：既请客就应该在饭庄子上。如今金鱼胡同之福寿堂，前门外观音寺之惠丰堂等等，从前都是小饭庄子。再者饭庄子招牌，都是堂号，如愿寿堂、燕喜堂等。

（三）饭馆子。饭馆子的组织法，种类很多，归纳着来说，可以分为三种。大的饭馆，可以零吃，也可以成席，十桌八桌均可，如泰丰楼、丰泽园等皆是。他也外会，每次几十桌也可以，但这是特别的，且与本柜外面虽是一事，内容则是两事，他永远是两本帐。这种大饭馆，若三二人吃，总是不合式的，最少六七人才相宜。

中路的饭馆，只宜于零吃，偶尔也可以做成桌之席，但绝对不会太好吃，如前门外之瑞盛居、春华楼等是。

小饭馆则只能零吃，绝对不能成席。这路最多，如东来顺等，都是如此；只管他生意好，地方大，买卖多，但他确系小饭馆之组织法，而且菜也简单，除炮、涮羊肉等外，可吃的菜不过几种。

（四）饭铺。饭铺与饭馆的分别，现在有许多人不很明了。大概的说，是以各种面食为基本生意者为饭铺，以菜品为基本生意者为饭馆。这种饭铺的种类比饭馆的种类还多，各有各的拿手，各有各的优点，如馅饼周以馅饼出名，耳朵眼以饺子出名，都一处以炸三角出名，荟仙居以火烧炒肝出名，苟不理（在陕西巷）以包子出名，面徐以面条出名，润明楼以褡裢火烧出名。此外尚多，不必尽举。也分大中小三等。大的兼买菜，且种类较多，如东来顺最初就是饭铺。在这种饭铺中吃饭，是最经济的，不但省钱，而且省时间，因为他食品多是现成的，而且简单，进去就吃，吃完就走，于公务员是最合式的。

饭馆饭铺种类甚多，以上不过大略谈谈，因篇幅的关系，也不能多说了。兹只再把他所谓信用谈一二事，亦非其他城池所有。从前东城隆福寺胡同路北，有一家饭馆名曰宏极轩，专卖素菜，凡认真吃素之人，都往他那儿去吃，买卖异常兴隆，尤其是各王公巨宅之老太太，每逢初一、十五，多系吃素，她们对于自己宅中之厨子信不及，以为他们用的刀勺，常做荤菜不洁净，永远派人到宏极轩去买。所以每逢初一、十五，他门口车马如市，都是来取菜的。为什么大家这样相信他呢？当然也实在可信，每天早晨派人到市上去买菜，掌柜的便坐在门口，买来之菜，他都要详细盘查，不但肉荤等物不许进门，连葱蒜薤韭等物，也绝对不许有；本铺中的人，年之久，连一点葱花都吃不到，这样的作风，安得不使人相信呢？安得不发财呢？

前门外大蒋家胡同路南，有一个宝元馆，他另有一种认真法。掌柜的终日坐在厨房门口，每一菜做出来，他先看一看，才许给客人端去，倘他认为不够好，他便把该菜扣下，使厨房另做；不够水准，不能给客人吃。这样情形去吃饭的人是不会不满意的。但他另有一种作风，他欢迎商界，不欢迎官场。商界每年请同行吃春酒，发行家请门市商，门市商请常主顾，每年每家总要请几十桌，此定例也。彼时每桌光菜钱不过现大洋六七元，不过这是一宗很大的生意，而且商家之钱是方便的。官场人请客，一两月中不见得有一次，而且跟班下人种种勒索，相当麻烦，所以不欢迎。按道理说，他两边的生意都做，岂不很好？但彼时有一种风气，是商人与官员，不能同坐一席，比方我们家有庆贺事，到请来宾入席时，便不能把商人与官员让在一处。不但官员挑眼，商人也绝对不肯坐。因为这种情形，倘该饭馆常有官员请客，则商人便不高兴去。所以不得已，只好得罪官员，不能得罪商家。

以上关于饭馆者只说两件。兹再把商业界的信用，说一件。

从前北平银号，最出名者为“四大恒”，都是由明朝传下来的，所以都在东四牌楼，在明朝东四牌楼是最繁华的地方。同治末年，四恒之一的恒和银号关了门歇了业，但他有许多银票在外边流通着，一时收不回来。彼时没有报纸，无处登广告，只有用梅红纸半张，印明该号已歇业，所有银票，请去兑现等字样，在大道及各城镇中贴出，俾人周知。然仍有许多票子，未能回来，但为信用必须候人来兑，等了一年多，还有许多未回，不得已在四牌西边路北，租了一间门面房，挂上了一个钱幌子，不做生意，专等候人来兑现。如此者等了二十年，光绪庚子才关门。请问现在还有这样的铺子没有。

北平商界，从前优点极多，不过大略谈谈。其余便可想而知了。

十　北平的工艺

北平的工艺，可真值得谈一谈，而且也应该谈一谈。宋朝在杭州有三百六十行之目，我在北平很下过一番工夫，详细调查过，大约有九百多行。我写过一本书，名曰《北平三百六十行》，书名不过用的现成的名词，其中已列有七百多行，后来又多知道了一百多行，尚未列入。然此还只是工艺，只是商业而无工艺者，尚不在内。这话乍说，或者有人不相信，能有这许多行道？其实若说明了，也就不以为奇怪了。比方说，“木匠”这个名词，简单着说，就是一行，不过木匠而已。若细一分，则行道多了，有的还是相去太远。比方说建筑房屋的木匠，绝对不会造车；造车的木匠，绝对不会造船；至于马鞍、寿木，等等，更是专学。兹把各行之情形，大略谈谈如下：

木匠　平常说木匠，只是盖房、上梁、立柱等。

车铺　大车、轿车、人推单轮小车，又各有专行。

轿铺　人乘之轿及宫车（略似轿而异）单是一行。

船铺　万非其他木工所能造。

柜箱　有时兼做桌椅。

桌椅　粗细种类很多。

棺材　又名寿木，永远是专行。

杠房　抬杠之棺罩，及各种执事，更是专行。

硬木作　专做花梨、紫檀等木器，万非平常桌椅匠所能。

小器作　专做盘架瓶座等等，万非他木匠所能。

旋床　专做旋活，如栏杆，等等。

牙子作　门窗桌椅等等所用的花牙子，另有一行，桌椅匠有时亦能做，但价高而不得样。

点心匣　此亦系特别手艺，一个长尺余、高深各六七寸之木匣，每个不过现大洋半角钱，是以非专行不能造。

圈椅　此为北方一特别手艺，他们讲究只有一把斧子，便可造成一椅，连尺都不用；这也有点故神其说，然实在是极简单，每一把椅售价不过两角钱，然美而轻，且坐着亦极舒适，他省没有。

画轴　裱画行用之上杆下轴，以及轴头，非他行所能造。

算盘　此亦系特行，北平平常造的不及南方，但真精的，则比南方好。

木底　从前女子所穿鞋之木底，亦分两行，纤足之底，与旗下妇人之底，完全两事，都非其他木工所能做。

以上不过只举十几种，此外尚多，如箍桶、蒸笼、木鱼梆子、鞔鼓，等等，不必尽举了。请看一个木行，就又分这些行，其他工艺，可想而知，大概是艺越精，则工越分得细，遂又各成专行了。

北平工艺为什么这样发达，当然是因为做了几百年的都城，有几位皇帝，把各省优美的工艺，都招致了来。兹大致谈谈如下。

锡　器

此种手艺从前北平没有，最精者为广西，因广西之锡矿最佳，故工艺亦优。明朝就招来北京，后来北平的锡器，比广西还优美得多，他省更无论矣。

铜　器

铜器工艺，很分几种，家常所用之杯盘盆盂等，都由湖北汉口来；后来也比汉口优良了。

响　铜

北平单有响铜器铺，简言之曰响器铺，如锣、钹、铙、铃、钟等等的乐器，都是用响铜制成。此为中国特别的发明，西洋各国现还没有。西洋军乐队，初无铜钹，在西元一千九百年时期才添入，通通是由中国买去的，我代他们买的就不少。提起来这件事情很伤心，因为中国商人后来造响器，都搀杂铅质，太不经用，一敲就破，非买旧的不可；只好在乡间或庙中去找，很难得到，后来外国人嫌费事，才自己铸造，现在各国都系自制的了。但是他虽比中国的平滑美观，而声音可就差得大多了。这件事情大家是应该注意而提倡的。

古铜作

这行多数在打磨厂西头路南，专门仿造古代的钟、鼎、彝器。按吾国伪造三代秦汉铜器，自宋朝始有之，可是以前清之手艺为最佳。任凭你定制哪一朝代某种器皿，他都可以答应。大致都有模子，因为铸多了，也极在行，某朝某种之钟鼎，款式如何，文字如何，铜质如何，他都有考究。所做平常零卖的货，当然是成色次而价便宜；好的诸事认真，铜质、工作都讲究，这种几可乱真，收藏家、金石学家都往往上了当。而且他们常仿制了殷朝的铜器，偷偷的埋到河南殷墟左右的地下，埋过几年再刨出来，大家便认为真是殷墟出土，这种当然也实在是制造的精良。按这种伪制，在收藏家、考古家，看着自然是很讨厌的，但于我们穷念读的，却有很大的益处。我们想看真的三代铜器是不容易的，有了他仿造的这些器皿，我们便可以随时看到，若形状款式都不错就够了，我们何必问他的真假呢。何况连考古家、金石学家，都能瞒得过去，则为求知识起见，已经是没什么问题的了，所以说这种工艺是应该保存的。因为由他们可以保存古代不少的物器，这于考古的知识，是很有益处的。

亮　铜

本行所谓亮铜活，乃是专指“宣德炉”而言，因为宣德炉之铜，都是亮的，与古代钟鼎相反。

相传明朝宣德年间，内廷宫殿失火，把殿内所存金银铜等器，烧得熔化到一起。皇帝便命把这些混合金类，都铸成了香炉。铸成之后，不但样式古雅，而铜之光彩，于五光十色之中，更饶苍润雅洁之致，赐与大臣者都极宝贵，以得到为乐。社会极为羡慕，于是伪造者便多。

北平单有这种作坊，专造此器，好者亦可乱真，价亦极高；专门收藏此器者亦很多，如叶玉虎先生便是收藏者之一，我在熟人家见到者，约共有千余件之多，真伪我不懂，但都觉光耀夺目，实在是一种雅致的玩器；外国人买的也很多，这也是应该提倡保存的一种艺术。

玉　工

琢磨玉器的艺术，可以说是始自北平。按三代以来，玉器的制造便很发达，而且是孔老夫子最恭维的一种，所以自古便以玉器为重，雕琢也不错。不过彼时之雕磨工，说他雍容大雅，是不错的，若讲玲珑精致，则远不及后来。尤其到了清乾隆年间，皇帝极喜欢玉器，彼时的和阗贡玉，几成一种虐政。最初运来，先运江苏，发交玉工承制；后来又把优良的玉工，招到北京，在内务府造办处工作。所做出来的器皿，无不雅致精美，其形式雕磨工夫，都超过古人甚远。外国人得者亦都极珍重。所以说这种技术，始自北平。到嘉庆帝尚俭，和阗免再供玉，于是玉价一落千丈。然优良的玉工，都留在北平，所以至今还传留着优良的技术。若只按人生说，似乎不是社会中所需要的工作，然在文化中则也是很重要的发明，至今各国仍无这种工作。

汉　玉

中国自古以来就极重视玉器，朋友彼此投赠以玉，两国聘闻以玉，所以用玉代表和好，文字中说到打仗就用干戈二字代表，说到和平就用玉帛二字代表。在《礼记·聘仪》一篇中，孔子有玉赞。古人又云，君子无故玉不去身，因此自古传到现在，贵家文人都是重玉的。尤其是北平，稍通文墨之人，或官吏，腰间多佩带一块玉，多者数块。大家都说，每一块汉玉，都能救人一种灾难，比方你骑马掉下来，按命理本应受伤或致命，但若腰间携一块汉玉，则一定是这块玉受了伤，或破或碎，而人则无恙，意思是这块玉替代人的伤亡。这话可靠与否，不必认真，但人人这样说法。因为人人有这种思想，则汉玉为人所重，自不待言了；因为人人重视，便人人想有一件，哪有那些真汉玉呢？于是假的就出来了。什么叫做汉玉呢？就是汉朝传留下来的玉。因为孔子他们就那样的重视玉，汉朝的人当然也就重视，不但活人重视，连死人也需要。讣文上常写的“亲视含敛”，敛是收敛，穿衣服等等皆是；含者是身上所有孔洞，都要塞上一件东西，免得血往外流，或他物进去，这种多数都是用玉。如鼻中所塞者名曰“鼻塞”，肛门中所塞者名曰“粪塞”。因为在土中埋了多少年，身中之血，当然要浸入玉内而变红，于是就起了个名词，叫作“血浸”（浸亦作沁）。棺中尚有别的物质，如骨中有石灰质，经骨灰浸入而发白者曰“石灰浸”。入殓时恒用水银，经水银浸入而发黑者曰“水银浸”。如此种种，讲究很多，然总以血浸为最有价值，以其鲜红美观也；于是作假者，总想作成血浸。据云他们都有做法，先把玉照汉朝的手工做成，入沸油炸透，趁热放在死狗肚内，埋于地下，约数年之久，即可成功，因热玉容易浸入也。这种工艺，虽不能说只北平有之，但以北平之技术最高，则是毫无疑义的。

拓　片

此艺大概始自唐朝，《唐书·百官志》，“有搨书手笔匠三人”，当即指此，搨亦可写作拓，乃我国最好的一种发明，因为他不晓得保存了多少古碑古器的文字。在照相术未发明以前，这是一种极重要的技术。其拓法是把薄纸水湿铺在碑上，垫以毡或布之垫，用木椎椎之，所以又名曰椎碑。则字画凹处之纸，当然拓下去，乃用布包米糠等物，染墨轻轻在纸上按之，平处着墨，凹处无墨，字即现出。优美技术所拓者，可以丝毫不走样，有万非照相所能及者；且有许多物器不能照相，则更要靠拓片了。百十年来，此技以北平为最精，能将器皿之原形，完全拓出，亦可一丝不走。关于此事，在《主义与国策》半月刊图书馆专号中有苏莹辉先生一篇文章《图书馆藏拓片的编目工作》，言之甚详，此处不必多赘了。

裱 工

裱工又名装潢，俗名裱画铺。北平早已有人，但最好的手艺，乃由江苏苏州传来；已有几百年的历史，可是至今还名曰“苏裱”。按此种工艺，可分为两种：一是专裱新画，一是揭裱旧画。固然彼此都能做，但揭裱旧画的专门人才，则手艺好得多，无论多破多旧，他揭裱出来，总是很齐整的。这种手艺，从前虽有由苏州传来的，但现在则以北平为最佳，这也是应该注意的。

装订书籍

装订亦曰“装衬”，《癸辛杂志》曰“装褫”。这种手艺以北平为最佳，旧书破损，都能补衬，虽补多少层，补处也不显加厚。尤其是金镶玉的装法，更见精妙。此种装法，是把残页修补妥当之后，又把整部书，每页之内衬一张粉连纸（两层），此纸比原书页天地约各长一寸上下。如此则所长之处，当然比原书较薄两层；他又在天地两处，各衬两层纸，技艺之妙，出人意外。如此则该书虽再受磨擦，也只能伤所衬之纸，于原书便不会伤损了。由此便可保存许多古本书籍，真是有功于文化，有益于教育的一种工艺。可惜这种手艺，几十年来已经衰微了，这也是大家应该注意的事情。

墨 工

制墨的工艺，中国发明颇早，最初最盛者为河北省之易州，后才传到南方。徽州是很发达的，但北平的技术也很优良。因为乾隆年间，乾隆把明朝所存留墨之碎烂者，发交造办处重新铸造，而造办处向来没有这种工艺，于是把南方极优的墨工手招了来制造；制造得非常之美，遂留落北平，故至今仍有优良的手艺。然已微矣。

砚　工

做砚石的工人，当然以广东之端溪，浙江之歙县为最多而最好。北平不出砚石，何以有造砚石之工人呢？这也有他的原因。从前一个皇帝的砚台，绝对不许后一个皇帝使用，每一个新皇帝登基，内务府便须特制备二十方砚台，以便新皇帝应用，这种砚台都是内务府造办处所制；平常也不断制造或修理，这种工人之技术，比端歙两处还高。现在琉璃厂还有留传着的这种技术。因为北平不出这种石头，所以他们制造新砚的机会很少，但如果有好砚损坏等等，使他修整，则整理出来，往往比旧的原式还好看得多。这也是一种应该保存的工艺。

小器作

这不但是我国的精致手工，而且是世界上一种特殊的工艺。它也是木工之一，但所制造的物器，万非其他木工所能做到。所做的都是极细致的木工活，种类自然很多，但最普通为大家听见到的，是关于瓶炉的架、座等等。这些座、架，大家虽然常见，但对它有研究的人却很少。没有研究过，便不知道它的好处。这种作坊，都有一本图样，什么样的瓶炉，应该配什么样座架，差不多有一定的，配制出来当然也都式样美观。但这是极平常做法，技术优良的工人，则另有技术，也可以说是学问。平常物器无所谓，凡有价值的器皿，如杯、盘、炉、碗、瓶、罐，以至各种钟鼎彝器，送来配座、配架或配提梁等等，他必须要先审察该物之形式，然后再绘图制座。不但物器之形式与座须配合，连器上的花纹，都要顾到。配好之后，要能够给该器皿，增加几倍精神，方为合格，方算优美的手艺。所做的座、架千变万化，其形式姿态，可以说是无一同者，真是神乎技矣。这种工艺可以说只中国有之，也可以说只北平有之，他处虽有，无此精妙。在民国二年的时候，我曾想把这种工艺，开一次展览会。阔人家所收藏的钟鼎彝器等，自然有许多很好的座架，但此不容易看到。有一个时期，我常到琉璃厂各古玩铺中查看，有不同的样式，我便记下，约看到三百几十种，后有他事，就未再接洽，然至今耿耿，常不去怀。我总想倘能把旧有优美的座、架，搜集了来，开一展览会，必能为我国工艺界放一异彩，亦能为国争光。

鸽子哨

鸽子哨全国各处多有之，多数是用旧纸牌圈一筒，两端蒙以纸牌片，留一洞如平常哨，系于鸽尾之根处，飞时迎风作响。北平则讲究，制此者特有专行，工极精致，声亦极清脆，种类样式很多，有葫芦、筒子、三联、五联，等等的名目，约有几十种，声音亦有不同。按此物亦是中国的特产，《宋史·夏国传》中，已有悬哨鸽的记载。哨亦名曰铃，诗中用此者颇多，唐人诗："清脆铃声放鸽天"，即指此。这种哨最重要的条件是要响亮，然更重要的则是体质非轻不可。我很认识几位工人，我用两个荔枝壳，求他们做了一个哨，是轻而响，且颇坚固，我不知他们用什么法子给制了一下，否则荔壳极脆弱也。一次我又用塑胶制的小儿玩的小球，比乒乓球薄而小，制了一个哨，尤轻而响，他们说塑胶制此哨，实为最妙之品，因为它薄而轻，而且严密也。按《宋史》中之悬哨鸽故事，乃为战争而设，预先装一笼鸽，放在路上，对方军队来时，不知其中所装何物，当然要打开一看，笼子一开，群鸽飞出，便知对方军队已到，乃动兵围之打了一个胜仗。如今各国军队中都养鸽，可以传递消息，名曰军用鸽。光绪庚子，联军到北平，各国武官买的都不少，都是送回本国参谋部研究应用者。我国人则未注意及此，至为可惜。若想研究利用，则非北平之工人不可，因为他们已经够了专行，且技术精巧。其余城池中虽也偶有之，但非专行，手艺则相差太多，不可同日而语，这是不可不知道的。

绣货工

中国的绣工，当然以广绣、苏绣、湘绣，为最优美。北平的绣工，没什么名气，所以知道的人很少。但也很发达，大致说可分三种，最粗的专绣棺罩帏、喜轿帏等，中等的专绣戏衣等，最细的则零星杂物，如女绣鞋、荷包、手帕等。虽然都叫绣工，其实种类很多，如：平金、纳锦、堆绫、打子、戳纱等等，都在绣工范围之内，但各有专行，且另有优良的技术。在光绪庚子以前，几百年的工夫，北平送礼，多用活计。活计者乃用一纸盒，装入许多绣货，如扇珞、褡裢、眼镜盒等物，少者四件，多者十二件。倘家中有婚嫁喜事，总要收到大量的这样活计。活计简言之又曰荷包，从前前门两旁有两道小巷，即名曰荷包巷子，因为其中卖此者较多故名。光绪庚子以后，这种买卖就衰落了，然有一种情形，人多不知，就是大的绣工作坊，还有几家，都在崇文门外、广渠门等处，每家总有几十人。民国以后，又有一种特殊的生意：美国人买的中国绣货很多，但他进口税很大，而他为提倡古物进口，所以乾隆以前的绣货进美国不上税。这一来给了中国绣工界莫大的机会，现在是每一工厂，都能假造乾隆以前的绣物，其大本营多在前门外、东珠市口、西湖营内。说起来这种假造也相当的难，若只是仿造乾隆以前绣工之细，那是很容易，只要能多卖钱，便能加工加细；可是美国很认真，除检验绣工细致外，他还用科学的方法，把绸缎、绣线，以至染绸线的颜色，都要化验一番。乾隆以前的绸缎、丝线、颜料等等，与后来的都不一样，一经化验，真假立辨，不能蒙混。于是北平绣货局子专收购乾隆以前的绸缎丝线及颜料，染好再绣，则美国税关便化验不出来，贩运者因能逃得高税，利钱颇厚。所以这路绣货，在北平价值颇高，获利更多，这种生意，很是发财。本来除了绣工之外，其余都是乾隆以前之物，何所谓假呢，这也可以说是异想天开。此行亦只北平有之。

北平这种工艺很多，例如珐琅、雕漆、地毡、纸花、雕刻等，都比别处精致。不必多写，只看上边写的这些种，其余亦可想像而知了。

十一 北平为中国文化中心

北平建都历史悠久，当然便成了文化集中的地点。旧文化、新文化，都比他处高得多。南京作为都城，虽已有二十余年，各种学校虽也设立不少，但比起北平来还相差很多。因为文化不是骤成的，必须有他的环境及悠久的历史。不必谈别的环境，只旧书铺一种，就万非其他城池所能比拟。

先说旧文化。自有科举开科取士以来，以北京办此事为时最久，不知出了多少举人、进士。考进士的场，名曰会试，只在北京行之，他处无有，是进士都出在北京。考举人的场，名曰乡试，是由各省考取，此省之人绝对不许在彼省应试，而北京乡试则各省人都可应考（备有监生执照即可考），所以北京出的举人也特别多。再如翰林院这个衙门，也完全是一个大学的性质，院中的堂官，不名曰堂官，而名曰掌院学士；所有院中的官员，对堂官不称呼堂官，而呼为老师。朝廷一切的文字，都归他们撰拟，这可以说是最高的学府了。

再谈到新的文化。全国的新式学校，亦以北平为最早。总理各国事务衙门（即外交部之前身），为储备训练翻译人才，在同治二年，特创立同文馆，中有法英德俄日五国文字，教习必须各该国人，科学有天文、算学、化学等门。我便是同文馆的学生。以后广州也有同文馆，上海又有广方言馆，这两馆之优秀学生，都可保送到北京同文馆深造。在光绪十几年，基督教会又创立了一个汇文大学，在崇文门内迤东，专重英文及科学。光绪二十四年，又创立京师大学堂以孙家鼐为管学大臣，家兄竺山在其中充当两种助教，一是德文，一是体操（彼时尚无体育这个名词）。因其中除中国文一门外，所有正教习都是外国人，所以中国人只能当助教，彼时名曰副教习。因家兄偶有事，我还代理过他几天。光绪二十六年毁于拳匪，二十八年又立起来。管学大臣，就是张百熙了。这就是现在国立北京大学的前身。以后几经改变，才变成现在的局面。

到了民国成立以后，北平的各种文化教育机关更是陆续大量增设。这些年来，一直成为全国文化的中心。现在只能把其中最重要的图书馆，博物院和几所大学，分别略为述说。

国立北平图书馆

清末宣统元年，学部筹划设立京师图书馆，到了民国元年才正式开馆。十八年又与中华教育文化基金董事会所办的北海图书馆合并，就成为国立北平图书馆。二十年建筑完成的新馆舍，是在西安门内文津街，近邻北海公园，环境优美。全部建筑为宫殿式，上覆琉璃碧瓦，极为壮观。馆内藏书达一百一十余万册，不仅数量在全国图书馆内要首屈一指，其中精品更是美不胜数。我们现在只就该馆所藏善本图书、唐人写经、《四库全书》、工程模型、名人存书的情形，稍加说明，已经可以看出这个图书馆的价值了。

（一）善本图书。在清末京师图书馆筹设的时期，是先以翰林院、国子监、南学及内阁大库存书为基础。内阁大库的存书，可追溯到南宋时代。南宋历朝的藏书，在元兵入杭州时，运至大都，藏于内府。后明太祖灭元，命大将军徐达将大都藏书送至南京。明成祖又增购遗书，并移藏于北京。清初被收入内阁大库，历年虽然各有散失，但是宋、金、元、明、清各代的善本书和抄本还是不少。除此以外，该馆历年又常有购置，善本图书的收藏更为丰富了。

（二）唐人写经。光绪二十六年，甘肃敦煌千佛洞发现西夏时所藏的古代写本，包括经、史、释、道、摩尼教、祆教的古籍，以及历书、文牒、契约、簿录等凡二万余种。后为英、法、日人取去，并散失不少。到了宣统二年，甘藩何彦升将所余八千六百五十一种，运送北京，经学部发交京师图书馆存藏。其中以唐人所写经文为多，所以称为唐人写经。这是后来北平图书馆收藏的特品。

（三）《四库全书》。清乾隆时纂修的《四库全书》，共缮七部，分藏北京内府文渊阁、圆明园文源阁、奉天文溯阁、热河行宫文津阁、扬州文汇阁、镇江金山文宗阁、杭州文澜阁。后文源、文汇、文宗皆毁所余以文津阁保存最为完整，于民国四年拨归京师图书馆。全书共计一百零八架，六千一百四十四函，三万六千三百本，缮写恭正，经、史、子、集卷帙以绿、红、蓝、灰四色区别。这也是该馆的重要宝藏。

（四）工程模型。明清在平建都，官家有大工程，都是先要绘图烫样，制成模型，然后开工。北平雷氏世掌其业，人呼为“样子雷家”。十九年北平图书馆购得雷氏旧藏建筑模型三十七箱，为圆明园、三海、普陀峪、陵工等。对于研究中国建筑艺术，甚有价值。

（五）名人存书。北平图书馆的建筑坚固，地位重要，所以常有名人学者愿将私有图书寄存该馆。例如梁任公去世时遗嘱，将生平所集图书四万余册、墨迹及未刊稿本、私人信札等，悉数永久寄存该馆。又如费培杰寄存所藏音乐书籍三百余册，乐谱六百余件；瞿兑之寄存藏书二万余册，与图多幅；丁绪贤寄存物理书籍九百余种：又格外增加了该馆收藏的内容。

此外，馆中所藏金石拓片、地方志书、西文整套专门杂志等，也都是极为可贵。

国立故宫博物院

北平建都数百年，历代皇宝文物聚集，精而且多。民国三年内政部将辽、热清行宫所藏珍品二十余万件，运至北平，成立北平古物陈列所，就清宫文华、太和、中和、保和各殿陈列，公开展览。十三年清废帝宣统移出紫禁城故宫，宫内历代宝物又收归国有，就成立了举世闻名的故宫博物院。到了民国三十五年，北平古物陈列所也并入故宫博物院。院中分为古物、图书、文献三馆，现在分别略述如后：

（一）古物馆。所管为磁铜玉器及金石书画。磁器有数十万件之多，历代名窑产品，应有尽有。铜器为散氏盘、新莽嘉量及著名商周彝鼎，就达数百件。玉器如宁寿宫的“寿山福海”及镂刻大禹治河图的“白玉山”，乾清宫的大玉缸及玉马，皆为名贵巨品。其他小品，可以万计。书画大多存放斋宫及钟粹宫两处，共八千余件。其他散在各殿庭的还是很多。如王羲之《快雪时晴》，怀素《自叙》，过庭《书谱》，吴道子画像，宋徽宗《听琴图》，郎世宁《百骏图》等，都是希世的珍品。

（二）图书馆。所存书籍中有文渊阁的《四库全书》，及乾隆时代遗留的《天禄琳琅藏书》和《宛委别藏》等。此外散见于各宫殿的图书，数目也是很多，并且有些孤本和抄本。

（三）文献馆，清宫内所存清代历朝实录、圣训、起居注、朱批谕旨、留中奏摺、内务府档案、军机处档案等，共达千余架。舆图、画像及册宝各千余件。此外舆服、兵器、乐器、模型等，不计其数。所有这些物品，都是研究历史的重要资料。

当“九一八”日本侵略东北事变起时，故宫博物院的贵重珍品，曾有一部分南运，并又转运入川。抗战胜利后，运回南京。三十八年又运来台湾。

国立北京大学

以前曾经提到的京师大学堂，到了民国元年五月，就改为北京大学。自元年至五年，严复、何燏时、胡仁源等相继担任校长，时间都是很短。民国五年蔡元培接掌校务，尽力提倡学术研究，延揽新旧人才。在他任内，不但北大本身有了不少的发展，对于全国的思想界也发生很大的影响。当时的新文学运动、新文化运动，以及五四运动，可以说都是由北京大学领导起来的。

在抗战以前，该校内部有很长时期只设文、理、法三个学院。校址在城内景山东街、北河沿、操场大院一带。抗战胜利以后，扩充为文、理、法、工、农、医六个学院，各院并均设有研究所。校舍也分散到城内外二十余处。

国立北平师范大学

清末的京师大学堂在光绪二十八年附设一个师范馆，后来改为京师优级师范学堂。民国元年又改为北京高等师范学校，十二年改称师范大学。在高等师范时代，校中招生采取各省选送办法，所以北京高师的毕业生散布全国，在各省中等教育界很有影响。另外在光绪三十四年成立的京师女子师范学堂，民国八年改为北京女子高等师范，十五年改为女子师范大学，二十年并入北京师范大学，于是师大的范围格外扩大了。

师大内部分文、理、教育三个学院，并设教育、历史、博物、英文等研究所。还有两所附属中学和两所附属小学，办理成绩优良，在北平是很著名的。校舍分散在厂甸、石驸马大街、辟才胡同及手帕胡同等处。

国立清华大学

清华大学的前身为清华学校，是民国元年设立的。民国前四年，美国决定退还庚子赔款的一部分，借以增进中美两国的友好情谊。清廷政府指定这笔款项专用于教育事业，作为选送学生留美的费用，并且筹设一个预备学校选定北京西部清华园作为校址，也就用“清华”作为校名。因为经费充足，所以校舍建筑如大礼堂、图书馆、科学馆、体育馆等，都是极其现代化。

十四年，清华学校改为国立清华大学。在十四年以前招收的学生，毕业后一律送往国外进修。改大学后，此种办法取销，所节省的经费，每年公开考试，选拔各大学优秀毕业生，资送出国留学。同时清华大学另创办国学研究所，聘梁启超、王国维、赵元任等任导师。虽然仅办三期，但是成绩卓著，为以后一个长时期国内各大学中国文学及史学教师的主要来源。梁启超、王国维去世后，导师难以为继，这个国学研究所就没能继续下去。所以此后清华大学虽然设有文、理、法、工四个学院，但还是以理、工见长。

私立燕京大学

燕京大学是由华北的四个英美教会所设立的五个学校合并而成。这五个学校就是汇文大学、汇文神学院、华北协和大学、华北协和女子大学及华北协和神学院。五校合并的计划，在民国五年。到九年间逐渐实现，燕京大学的名称确定于民国八年。当时分男校和女校两部分，男校在东城盔甲厂，女校在东城佟府夹道。十五年，城外西郊海淀新校舍建筑落成，男女校同时迁入。海淀和西山、香山、玉泉山、万寿山、昆明湖诸胜迹均相距不远。校舍的建筑又能保持原有园林之一丘一壑，因地构厦，采取我国古代营造法式的美观，而充以现代的实用性。所以燕大校园的优美，其他大学很少能与比拟。

燕大设文、理、法三学院及各专科，其教学颇能应国家社会的需要而有创作性。如文学院的新闻系，法学院的社会学系，理学院的制革系，开设都是很早，造就了不少实用人才。

北平的文化教育机关，除去以上叙述到的以外，还有很多。高等教育机关如中国大学、辅仁大学、朝阳大学、协和医校等，规模都很宏大；中等教育和初等教育机关，为数更多；图书馆和其他社会教育机关，也不在少数。因为限于篇幅，不能一一加以述说了。

北平怀旧

炎夏苦忆旧京华

北平消夏的地方情形大致总是分为两种，甲种，是阔人文人游逛或燕会的地方，文人与阔人虽不见得长在一起，但消夏的地方总相去不远；乙种是民众游逛的地方。现由光绪中叶说起，因为以前的情形，只听见说过，没有亲眼看过，故只得从略了。

先说甲种。我所经过最早的，为广渠门十里铺有一庙，但我只后来去访过一次，已倾坏不堪。不过此处在几种记载中，如王渔洋《池北偶谈》等书亦经道过。后来便是广渠门外之架松，即肃王坟。广渠门内之夕照寺，中有某人在壁间所画之松树，极生动，极有名，但是谁画的，我一时忘记，好在此事知者极多，不必一定我多烦琐了。这两处，都是文人常常燕聚的地方，每到夏季，每天总有几拨人在此赋诗谈天，借消炎夏。此外又有广安门外庙中塔院，此处与白云观遥遥相望，且俯视大块农田，风景亦极佳，所谓“千穗谷花红醋醋，万竿粱叶碧油油”者是也，每到夏季游者亦很多。以上三处，在文人笔记诗集中，往往见到。后来这几处渐归冷落，大家多往陶然亭（江亭）、架槐两处。

架槐在江亭之北，不过半里余，每年夏季，都是文人诗酒流连之所，尤以陶然亭景致较佳。所谓“穿荻小车如泛艇，出林高阁当登山”二语，颇能画出该处之风景来。此两处早已出名，如《品花宝鉴》中，已曾提及，但光绪年间，最为发达，每到夏季，酒宴无虚日；尤其张文襄公之洞，最爱在架槐消夏。

以上这些地方，都是阔人文人消夏的地方，不但庙中的和尚势利眼，且路较远非自己有车不易前去。道路虽然不过几里，但乘骡车，连去带来回，总是一整天的工夫。再远则广安门外莲花池，相传为元朝廉公之万柳堂，在光绪年间，尚有池馆，今则几为废墟矣。再远则八里庄塔院。再远则所谓八大处、龙王堂、秘魔崖等等，但从前此为小八大处，不过大八大处的一处。老辈相传，真正八大处有西域、潭柘、戒台、碧云等寺。以上都是阔人每年消夏之所，去一次，就得两三天以上。再早则为丰台，如毛西河他们每艳称之。毛之妾，即丰台人。丰台之所以盛，乃由元朝传下来的，因彼处乃元朝大都之热闹处也，与所谓万柳堂者，相去不过半里余。在光绪年间，前去寻觅遗迹，似乎还可以见到池台的遗意，然亦不过仿佛似之，今则更不能见矣。再者从前什刹海，也是消夏之所，但只够堂官资格，如军机尚（书）侍（郎）等，方可去。“北门听雨”这四个字，在阔人笔记中，往往见到，所谓听雨者乃雨打什刹海之荷叶声，确是别有声韵，翁文恭公同龢最爱此处。以上都是甲种，大多数的平民都去不起。

再说乙种，因平民多无车马，太远之处即不易去，故各城有各城消夏之所。例如内城，北城则多在后海，即什刹海之上游，从前颇热闹，各种笔记中，往往道及。高庙一处，也为文人宴聚之所。后光绪入承大统，旧府他人不许再住，醇王府即迁往后海之北岸，于是后海游人顿稀，乃移于德胜门内迤西，也还相当热闹。内城东城，则多往泡子河，在东城根，北头顶观象台，南头到城根铁闸。庚子印度兵进城，即由此闸进来的。在光绪年间，还有河的形式，夏季因雨水大，所以长流；两岸两行柳树，中间有吕祖堂一所，是最热闹的地方，东城居民多至此乘凉。因我们的同文馆在东城东堂子胡同，离此很近，所以也常去。如今吕祖祠还在，而河形则一些也看不见了。此外在朝阳门外，还有一消夏之所，曰芳草湖，旁有戏馆，曰芳草园。此处到夏天也极热闹，不但城里人去逛，只朝阳门外之人，已不在少数。因从前所有南粮官米，都在此卸船装车，运进各仓，管运管仓的人已经很多，而扛米的工人，约在几万以上。从前商家，有一个齐化门（元朝之名后改朝阳）可以跟前三门抗衡之语。京城亦有“东富西贵”之读，因所有仓库，都在东城，而西城则多王府，故云。城内东北角，有俄国教堂、俄国公墓，亦是左近居民消夏之所。外城，西城，则有黑窑台，俗名窑台，乃从前烧黑琉璃瓦之所，故名。后该窑移于京西房山县琉璃渠，此处遂废。然因地方宽阔，且接近南下洼水塘之岸，夏日雨多，一片芦苇，亦极清爽，实系一好乘凉之所；彼处有几处茶馆，每到夏季，各搭一大凉棚，于是人多到彼消夏，戏界人尤其多。因戏界人多，更能引人注意，所以每逢夏季，总是很热闹的。

东城，则有金鱼池，在天坛之北。夏季亦有搭凉棚之茶馆十几处，一面饮茶，一面看鱼，亦颇饶庄子濠上之乐，所以人争赴之。王渔洋诸公，都有关于此之记载。每到日落之后则争往天桥。彼时由天桥往南，一直到永定门，两旁坛墙之外，毫无建筑，不但无房屋，且不许搭棚，而两旁因当年筑坛墙用土，所以都极洼下，夏季雨多，则变成水塘。坛户私自栽种些荷花，以便出产点钱，因系犯法，不能多种，然总有芦苇，故亦颇饶景致。游人亦甚多，但白天无物遮阳，不能坐落，夕阳西下，则游人如织矣。

以上乃城内之消夏处。此外还有一极要紧之处，即是二闸。运河终点为朝阳门，由朝阳门往下，到东便门，为头道闸，即大通桥；此为第二道闸，简言之为二闸，离东便门有数里之遥。水平，河面亦相当宽，沿河芦苇柳树，荷塘鱼介很多，且有两处庙宇点缀其间，故景致亦颇潇洒雅静，每到夏季，游人极多。这个地方，倒是阔人穷人都可享受。由便门上船，每个人不过大个钱二三十枚，约合现大洋一角，船上且有唱曲说书之人；阔人则自包一船带家眷，或带妓女优伶者，每天必有若干起，至团体自包一船，则更方便了。到二闸，饮食亦很方便，有饭馆、茶馆、饭铺、饭摊、饭棚等等甚多。鸭翅席则可预定，或自带厨役均可。其余如瓜果糖果之类，也很多。亦有杂耍，如说书、唱曲、戏法等等都很全，与宋朝张择端之《清明上河图》相去不远。每年夏季，为该地居民船户等等，一笔极大的收入。此处曾经繁华了几百年，例如《品花宝鉴》中，就很详细地描写过。到了光绪末年，官米由火车输运，粮船告废，此处顿归冷落，然因北京城内无船可乘，只此一条河有之，故每到夏季，还有许多人到此逛逛，第一目的，即是想享受一些坐船的风味。后北海开放，此处便无人问津了。以上乃民国以前，北平人之消夏处所也，如今可以说是都看不见了。

民国后，打破了封建制度，开辟了许多处，任人游览坐落，消夏之所为之一变。例如社稷坛（即公园）、太庙、三海、天桥、天坛、先农坛、什刹海、颐和园、玉泉山、香山等处，总算是给人民添了许多快乐游息的处所。这也可以算是所谓民国的精神。由开放到现在虽然不过几十年的时间，而其中变化，也不小，容在下边来分析着说他一说。

社稷坛，定名中山公园，此处开放最早，在北平的公共事业中，也办理的最好。当开放此处时，朱桂莘先生正长内部，开放时先组织了一个董事会，我也蒙约，每季出大洋五十元，便算董事。我因他故未参加，但也跟着开了两次会。我曾说过，开放此处，固然四季都可游览，但以夏天为最宜。五百多年的古松柏自然难得，但消夏必须有水。大家很以为然，乃利用织女桥之水，并挖了一大池，建一水榭，此为公园最大之工程。水榭自是极雅，但奇热，所以俗名曰开水榭，即沸水之义。因饭馆、茶馆之捐，及门票等等，收入很多，颇有积蓄，遂又建筑了两道长的游廊。我曾讥讽过他们，说你们脑子中，总是只有一个大观园，为什么一个很疏散潇洒的公园，添上这么两条廊子呢？他们说这也有个原故，因为某军已经开进北京，公园中有十几万的积蓄恐怕被他们提去，所以设法赶紧把它花掉，除其他工程用若干外又添建此廊。以后确也屡有进步，游人也一天比一天多，地点又在城之中心，来往也很方便，实为大众最好的消夏之所。日久了，所谓人以类聚，游人便分了派别，大致时髦的人物，都在卜士馨、春明馆一带，因此处有中餐、西餐、热食、冷食，都很齐全，所以顾客总是满的，星期日尤甚。有一个时期，妓女们也恒到此兜揽生意，此处因人多外号叫做“苍蝇纸”。一般官僚绅士派的，则都往来今雨轩；隐士艺术家，则往水榭对过之小岛，尤其书画家，都聚于此。一般规矩，钱少之人，则往北边河沿。后来护城河开放亦可游泳划船。有许多人终嫌公园喧嚣，于是才又开放了太庙。

太庙后亦称太庙公园，原属于故宫博物院，于公园之管理法，未能十分注意，且组织也不够完善，饮食等等，也不方便，所以游人总是不多。然地方确是清幽，故一般好静之人，多愿在此休息休息。尤其每日清早，有许多学生来此读书。

三海，按三海只可以说北海。因中南二海，虽然后来也曾开放，但其中有阔人居住，便禁人进入，如无阔人居住，才可任人游览，是恒开放但不开放，这是有知识的人，最不满意的事情。所以虽偶开放，游人也不会多。说到北海那确是人民消夏的好地方，且是城内惟一可以乘船划船的处所，无论阔人穷人，都是可以享受的。阔人在仿膳斋、漪澜堂大吃大喝，中西冷热饮食，都是齐全的；打算盘的人，在漪澜堂五龙亭等处，喝点茶，吃些点心，也很方便。幽雅一点的人，往往自带冷食，在琼岛阴处大吃大嚼，也别饶风趣。不过后来也慢慢的不及开始的时候了，当最初开放的时候，一片净水，乘一小舟，容与其间，固然有趣，多人乘一大船，各处瞻眺，也更有味。后来许多地方，栽了稻子，许多地方种了荷花，只剩下由漪澜堂到五龙亭的一片水还可划船，往南到金鳌玉桥之路，也就等于一条小巷，其余的地方，都可以算是禁止通行了。管理机关只贪图些微一点税收，闹的人不愉快，这真是大煞风景的事情。按湖沼有些荷花点缀，自然是非常之美观，在从前北方十二连桥赵北口等处，每到夏天，往往约定十位八位的好友，包一小船，棹到荷花荡中，备好鱼虾酒菜，临时现采莲蓬鲜藕，酒则注于一荷叶中，各人一荷梗吸饮之，边饮边谈，实在是一种极幽雅极潇洒的消夏聚会；在北海中，亦未尝不可照此行之；再按新的情形说法，情侣二人，划一小艇，到荷花深处，甜蜜的谈心，更是幽静的消夏办法。但以上办法在此都不适用，因为荷地旁边，这里牵着绳，那里栽着桩，这边写着“游船止棹”，那边写着“不许通行”，这岂不是大煞风景呢！北海的作用，以往不必说，到乾隆以后则只是看溜冰，至划船赛龙舟等游戏，则都在中海，因彼处海面直而长，划船的起点终点，都看得见，所以永在彼处。北海看溜冰也是一些掌故，因乾隆年间西北用兵，适有几人能溜冰，用以传递事情消息，比马快得多，因此得胜，皇帝遂注意此事，使各旗中几个部分，特添溜冰的练习，平时归各长官验试，每逢年终皇帝总要亲看一次，亦有奖赏，所以也算阅兵典礼，后来就废了。

天桥地方本是皇帝郊天躬耕御路必经的地方，绝不许有房屋，且与金鱼池一带，同一泉脉，水皮极浅，甬路两旁永远是水塘，也甚不宜于建筑。当初开放之时，原是为平民消夏之所，也是公园的性质，因社稷坛公园，进门须买票不够平民化，所以特辟此处；最初只不过街西几家茶馆，几处杂耍，后又添建饮馆戏馆，遂大热闹起来。街东专为指定倒垃圾之所。后乃完全建筑房屋，不要说乘凉消夏，连空气几乎都不通，幸又开放两坛可以救济救济。

两坛，天坛开放较晚；开放原义并非为消夏，不过因外国人到北平，都要看一看天坛，而本国人倒不许进去，未免不合，所以特为开放。因其中树木阴森，空气又好，许多人，乐在树阴休憩，于是也开了几处茶馆冷饮室，但因去闹市稍远，走着去太热，雇车去合不来，所以穷人去的很少。先农坛，本就与南横街、虎坊桥等接近，又开了一个北门，可以说是直对着八大胡同，这都是容易繁华的条件。坛里又开了一个游艺园，其中虽然喧嚣，但有露天茶桌，夕阳西下，也很风凉。往南一片芦苇，再往南，松柏成林，也有几家茶馆，所以到此乘凉的人也很多，尤其天桥一带新建筑的居民，因房屋楼小，空气不佳，大多数都来坛中乘凉。这可以说北平贫民惟一的消夏处所。

什刹海，本是三海水源的上游，永远须洁净，所以从前不许在此坐落，以免污浊。民国后辟为夏令的市场，但因地方狭窄，只有海中间一条路；各种杂耍，小生意，饭食棚，布满路上，只中间可以走人，但亦异常拥挤，所以自爱之人，多不肯去。然确是左近居民消夏之处，因各种杂耍小戏，及食品等都比他处价值较低，且有许多完全旗人旧日的习惯及食品，例如莲子粥等，在他处便不能见到。

颐和园，乃往昔皇帝避暑之处，当然是消夏的好地方了。院落又多，湖面也很宽阔，大的宴会，很有几个地方，知心小酌，也有几个地方，寻诗觅句，也有几个地方，棋局谈心也有几个地方；到了乘舟游逛，东南西岸以至山后，更有一天看不完的景致。自己有汽车的固然方便，乘坐公共汽车，也可随意，真可以说得上是上好的消夏之所。按此园本为乾隆年间所建，从前比现在还好，英法联军一火，遂颓废了几十年。洪秀全之战完毕后，西后又想乐和乐和，遂用建立海军之款的极大部分都修了此园。原本想修圆明园，因用款太多，方重建了此处；仍因款不够，故只修了前面；至后面则一工未动，故仍破烂不堪，然亦足供大家游逛了。

玉泉山，本为清内务府所管京西三山五园之一，建筑最早，大致自明朝即为皇帝避暑之处。到清朝，增建香山，圆明园，畅春园等处后，此处遂不为皇帝所重视，不过偶尔临幸而已，故一切宫殿均未增建。但他惟一的特长，为他园所不及者，即是有一大泉。此泉在明朝名曰丹棱沜。明清两朝皇帝，所饮之水，都是每日由此运进宫去，至宣统犹然，所以名曰御泉，通称玉泉。后来虽然开放，但游人并不多，一因他房屋少，只有几所旧殿座，并不凉爽，所以说是无处坐落，二因虽有几个池塘，但太小，不够小舟之划行；因水刚由山底流出，太凉，不能游泳，且此为惟一的饮水，亦不能弄得太脏。这可以说，虽有池塘而无用，凡去游者都是为饮此泉，阔者自带冷食，买壶茶围坐畅谈，下者则坐茶桌只喝碗茶，最打算盘者，喝一口刚出泉之凉水，也就算达到目的了。

香山，三面环山，中又多树，西北风不能侵入，冬天颇暖，本为皇帝避寒之处。故其中之宫殿，有几处如栖月崖、唳霜墀等，都是寒景的名字。据太监及内务府人相传，乾隆皇帝到此，总要吃烤羊肉。民国后，把它开放，想着造成一个阔人的避暑山庄，虽然是起了一个时期的哄，可是总未发达起来。第一较为齐全最好的一所双清，归熊希龄君独占，第二所有各殿座，虽经租出，租用者当然都是一群有钱之人，而所建之房，都是非驴非马：住着舒适与否，不敢断定，但看着则没有一所顺眼。这也难怪，各殿宇虽然全毁，而殿座之基础则都还清清楚楚，在那儿摆着，照原基础建筑，用款自然太多；新的设计也不容易，有的盖了几间中不中西不西的所谓洋房，这样的房，看着先有一点别扭，原盖房之人住之尚无所谓，再想转租是不大容易的。

以上这些消夏的地方，都是我几十年来所经历过的，在这炎热的时间，偶然忆及，不禁神驰，这些地方，到目下不知还是能都存在否？但是就使他们都好好的存在，我远在台湾，也没有法子再享受去。

一年将尽夜　万里未归人

我想现在有这样感慨的，不只我一个人，不过我更厉害。因为我们家是一个大家庭，我们老哥儿仨，一个八十多岁，两个七十多岁，连子女二十余人，都在一块住。北方土话，叫做一个锅里搅马勺。外国人不相信这些人可以同居，所以常常有各国朋友到我家来参观。他们以为必有苦恼，我说惟独我们家，有快乐而无苦恼。因为下一辈的人，结了婚，女的固然是走了，男的也是愿离开就离开，愿回来就回来。几时也可在家中吃住，可是他们挣多少钱，家里也不要，所以毫无苦恼。每顿饭，总是三四桌，尤其过年，更热闹。因此现在更常常想到从前的过年。

按北平从前一年没有放假日子，尤其是官场，端午、中秋，工界或放，官商界则不放，惟独年节，则非放不可。官场则于腊月二十或二十一日，由监印官带领吏役，把印洗净，由堂官（尚书）包好，装入印匣，把它供于案上，燃好香烛，全体堂官，全部官员，行一跪三叩礼，毕，再把它加以封条，这名词叫做封印。从此便不办事。除强盗、放火、人命等重大案情外，虽管地面的官员，也不办公。各衙门及各省，都是如此。一直到次年，正月十九二十日开印，始才照常理事。开印的礼节，与封印一样。在这一个月中，年前是忙于预备，例如扫房。北平之屋内，是一年大扫除一次，名曰扫房，且必须拣黄道日，更非过二十三祭灶之后不可，以前不许扫房。

吃腊八粥，粥之熬法，至少须八样。此时粮店，一定卖粥米，配好八样，干果铺卖粥果，也是配好八样。买时，不必自己出主意，最省事。皇帝派王公，监督在雍和宫熬粥，用以在各庙上供，且分赐各大臣。贫苦家，亦须八样，或十六样，有钱者，往往用八八六十四样，且须吃八八六十四天。吃几天之后，冻好，晾干，每天煮饭，放入少许，六十四天吃完。并且说，虽腐败喽，吃了也不会有病。自然那一大锅饭中，放上一小块，再煮许久，虽坏，也不容易出毛病了。而大家则以为不出毛病，是用腊八粥的关系。吃完粥之后，接着擦洗供器，香炉换新灰，贴新灶王、换门神、贴对联，买过年应用的东西。此时大一点的学生，多要在街上摆一张桌，写春联售卖。北平从前有童谣曰“买春联，取吉利，万年红（纸名），好香墨。铺眼联（商家），现嵌字。一百钱，一付对。买横批，饶福字”（小人臣辙）等等这些话，北京除贴春联外，还要换门封，贴门封吉条。

换门封者，凡是官宦人家，影壁上，都有木架，中糊红纸，把所有主人的官衔，都写在上面，一种官衔一条；先人的，也可以写，不过顶上须加原任二字，有把明朝先人的官衔，也写上的。这种一年一换，所谓门封吉条者，是凡在衙门当差之人，无论大小，均发给印好之封条，白纸墨字，上写“奉某部某衙门谕，禁止喧哗”等字样；此条长丈余宽尺余贴于门口两边。又有四块，约一尺五寸到二尺见方，亦白纸墨字，上写“禁止喧哗，勿许作践，如敢故违，定行送究”等字样。御史之门口则多四块，上写“文武官员，私宅免见，一应公文，衙门投递”等字样，虽都是白纸黑字，贴于门口，不但不嫌不吉利，且极以为光荣。

买年画，年画大约都是吉利画，美人、戏剧的等等，吆喝的极好听，都是七字句四句，我记的很多。例如画的黄鹤楼，他便吆喝："刘备过江发了愁，抬头看见黄鹤楼，黄鹤楼上摆酒宴，周瑜问他要荆州。"比如画的农家秋忙，他便喊"庄稼忙，庄稼忙，庄稼才是头一行，老天岁岁如人愿，柴满场来谷满仓。"比方画的胖娃娃，他便唱："这个娃娃胖搭搭，大娘抱着二娘夸。姥姥家蒸的肉馒头，吃着一个抱着仨。"比方画的美人，他便唱："美人好似一枝花，买回家去当成家（结婚），小两口儿睡了觉，爱干什么干什么。"如此种种，我曾抄录几万首，有吉利性的，有箴规性的，有诙谐性的，也很可观。家家都要贴几张，有的贴满墙壁。所以北京竹枝词，有"臭虫一见心欢喜，又给来年搭了窝"之句。

买够年货，就该买吃食了。这是最重要的一件。因为正月十六日以前，铺子都关门，什么也买不到。在初六以前，连油醋花炮都买不到（临时小摊不算）。我曾见过一个小姑娘，正月初一，出来买醋，买不到，立在铺子门前，哭的可怜，我把他叫到我家，把我家的醋，给了他一碗，请看有多严重。所以各家，都得预备够半个月吃的东西才成，这叫做预备年菜。年菜这个名词，很普通，乡间都讲包饺子，北京则讲做年菜。年菜的做法，大多数与平常不同。平常之菜，现做现吃，一凉就不能吃，再一热，便走了味。年菜则做好之后，现吃现蒸，不会走味，因为都是特别做法。他为什么要这个样子呢，因为北京风俗，新正初五以前，不许动刀，灯节以前，都要放假，玩玩逛逛，无暇做菜。所以必须如此。富家总要预备几十桌，当然自己有厨役，贫家也要巴结着做几样，中等以上人家则多是现找厨役，至少也要做七八桌，多至一二十桌。北京单有厨行，平常无事，专揽婚丧寿事的大买卖；应好大生意几百桌，几千桌都可。他再约人，几十个几百个厨师，随时可以约到。至于碗碟杯筷，以至厨房应用家具，都有专门铺子出买。这些厨师，每逢过年，都是专给人家做年菜，盘碗由他赁来，过年用完再还。至晚除夕，所有菜都须做好，正月间，有客来，蒸一蒸就吃，很方便。所以北京从前有请吃年菜之举。

一切预备齐整，到除夕，家家悬灯结彩，祭祖，祭神，吃喝欢乐，这是各处相同的，不必多谈。北京商家，亦有特别的举动，家家除夕，多燃灯烛外，门口都要立上三根竹杆，悬挂一挂百子旺鞭，大铺子鞭炮长则用杉高，两旁架一对写本字号大纱灯，此亦名曰官衔灯。在从前没电灯时，此极壮观。所以从前北京人都说，除夕最像过年的景致，就是各铺门口之灯笼、鞭炮，这话也实在不错。才把一年之帐目结束完毕，即放鞭祭神。铺子中祭神，有三种：一财神，二关公，三灶王。祭财神，当然是为发财；祭关公，是因为他义气，希望保佑同人，永远和美，如桃园之结义，意至善也；灶王，与住户人家不同，只有灶王，没有灶王奶奶。他们说一群男子，供一位奶奶，有些不便，所以北京有一句歇后语，曰："铺眼里的灶王，独座。"祭完神，即睡，初一日大致多不起来，只派学徒到左近各街坊，投一字号片拜年便妥。住户人家，自元旦起，都要拜年。尤其官员，到堂官家中拜年，必须在除夕，此名曰辞岁。因为堂官家中，在初一就不收名片了。

拜年一事，在北京相当苦，而也有趣。尤其大宅门，来往多，拜年更费事。堂官本人除最重要的几家外，当然都不用自己走，都是用子侄亲戚替代。较亲近的用子侄，其余泛泛的，就用亲戚。这种人，平常每月也拿薪金，可以算是雇用员，俗名曰

“车楦”。此二字，在从前是极普通的名词。大宅门，家家要聘或雇这样的一二人。因为阔人应酬多，生日、满月、婚丧等事，饭局（北京有人请吃饭，曰有一个饭局），聚会，不能不到，本人又没有工夫都到，所以必有人代表。这种人，若用外人则不合适，必须用本家或至亲到场时，该叫老伯姻兄等等，都可直呼，显然是本主的子弟。若用外人，则不能如此。倘遇自己家中有婚丧事之谢客，或拜年，都是遣人投一名片便妥。因为这路事，不许请：因为请进去，他除了叩头道谢外无他事。所以除非至亲至友外，绝对不许请。倘要请人下车，那是人家要挑眼的。拜年到门口由跟班或车夫，递一名片喊声“请安道新喜”，门口人接过名片，高举，喊声“挡驾不敢当”，便算礼成。车中人绝对不下车，但车也不能空着，必须有一人在内，此人便名曰车楦，意思是把车楦满不空就是了。倘本家没车，或车不够用，可以现雇车，讲妥价钱之后，附加条件。第一，车夫须戴官帽，加钱一吊，平时把官帽放在喂骡子的车筐箩里头，讲好价，便戴上，这便像自己家里的车，不像雇的。第二，车夫须代递名片，也加钱一吊。这个名词，叫做“戴官帽递片子”，因为虽不用进门，但自己递名片，总要下车，不但白费事，而且失官体，所以由车夫递片。照样喊一声“请安道新喜”，便算完事，又省事又体面，才多花两吊钱，约合现大洋一角。大宅门应酬多，由几个车楦分路去拜，往往拜到正月过二十日才完，因为骡车慢而路不好也。

再说到家庭之乐，正月不禁赌，家家多耍钱，不过高尚商号多不许，总是大家打锣鼓，从前很风行。高尚人家，像斗牌，掷骰，打天九，推牌九等等，也不许，大约多是掷升官图，或状元筹等等。旧升官图，种类也很多，我收藏的有十几种。我友人傅君，藏有三十几种。状元筹之类，玩意也很多。有围筹、渔筹。一是打围，都是兽类。一是得鱼，是鱼类。我每种都收得一份，但不好。我给梅兰芳每种买过一份，那是真好。围筹又分三种，一是鸟兽合打，一是兽类，一光是鸟类。此外尚有战筹，我只见过几张，未见过全份。闻尚有山岳筹、江河筹，惜未见过，不知如何组织法。现在回头一想，正月里全家子女，再加上亲眷，吃吃玩玩多么快乐。不但吃玩快乐，就是年前之各种忙碌，也是极有趣味的。

按北京新年，游会最晚，是二月二日天坛东边之太阳宫。据老辈的记载，说太阳宫并非为祭太阳，因明崇祯皇帝之生日，是二月二日，所以遗老旧臣，都于此日，假借祭太阳，而祭崇祯皇帝；以免清朝干涉，才建筑了这个庙。我们明年此日，是不能祭太阳了，盼望后年去祭一祭，大概是有望的，但又须再来一个“双鬓明朝又一年”了，噫。

欣逢春节话故都

“故都”和“春节”，这两个名词，本是相等。按说这两件事情，都是不应该系恋的。

但是关于系恋的事情，也有两种说法。若按保存文化美术，及研究学问，推行教育等等，恐怕还是以北平为最为重要。因为南京，在南朝宋、齐、梁、陈时代，固然曾有相当的文化，但以后几百年间，未做都城，于是一切文化，都衰败得等于零了；经明太祖稍一扶植，虽然渐有起色，但一经燕王破坏，再经清初及洪秀全之焚毁，更是一败涂地，虽经曾文正公等极力设法恢复，但总未能达到目的。国民政府建都南京，眼看蒸蒸日上，又被日本毁了个稀溜花啦。是南京几几乎没什么文化可言了。北平虽然也毁了不少，但因为他做了六七百年的都城，又经宣德、康熙、乾隆等皇帝的提倡，吸收了许多各处的文化，大家是知道的，即小小的美术工艺等等，由各省物色来的，也是很多。

兹随便说一些，例如：

装璜裱褙：是由江苏去的，所以至今仍名苏裱，但比江苏裱的好得多，裱旧字画，任凭破碎到零块，他都能裱。

抄纸：南城白纸坊，最初是由宣州传去的，从前北方无白纸。

铜器：是由云南、湖北传去的，但已比原处做的好。

锡器：是广西传去的，至今仍曰广锡店。

绣货：是由广东（曰广绣）、江苏（苏绣）、湖南（湘绣）传去的，这三种北平皆有之，以康熙，乾隆两朝最盛。

玉器：是由云南、和阗传去的，但比原处的手艺，就好多了。

古铜：是由河南传去的，他们保存古铜器的款式很多，至今你想仿制哪一朝的铜器，他都可仿制。我对这一行人最恭维，所以同他们很熟。有些人说，他们专作伪，但这种作伪，也很有价值。按收藏古玩说，这种赝品自是一文钱不值，但若只按研究学术的，于古人的物器，只能知其款式，也就够了，何必非真的不可？再说讲历史的穷念书的，哪里有钱买真的呢！

地毯：是由甘肃、宁夏等处传去的。

砚工：是由端、歙两处传去的，而款式雅致，早就胜于原处了。

象牙鳅角等工：是由广东传去的。

雕刻：这行名曰“小器作”，专造各种瓶炉座、碗碟架等等，雕镂精绝，意匠亦优。当年乃是由江苏传去的，目下江苏手艺差多了。

髹漆：是由福建传去的。

这种情形，书不胜书，尤其前清内务府附设的造办处中的工艺，还有几种外面没有的。总之，全国出类拔萃的美术工艺，北平都有。

再说历法：新历，又名曰阳历。旧历，又名曰阴历，因为它兼管月圆，每月十五日，必须圆一次，所以才叫阴历。有人说阴历有关农业，所以又名农历，是万万不能废的，因为废了阴历，农业就没办法了。现在各报上，也都写为农历。其实这是最没有考究，最不通的一种说法。为什么要说这样武断的话呢？因为千余年以来，国家、社会无论何事，都是遵用阴历，惟独农事一门，是遵照阳历，而不管阴历的。这种事情，由农人的谚语最能证明，他们的谚语，永远是说阳历，而不说阴历，阳历是什么呢？就是二十四节：所以由今年立春，到次年立春，永远是三百六十五天五点钟四十七分四十八秒（大致是此数，记不十分清了），与阳历一样。所以从前钦天监的谚语，有一句曰："今岁要知来年春，只多五日仨时辰。"意是三百六十天之外，又多五日仨时辰，因中国旧语，总是说一年三百六十天，故钦天监如此说法。

兹再谈谈农家谚语。这种谚语，全国南北当然是各有不同，现只说河北省的谚语：

清明高粱谷雨谷，立夏芝麻小满黍。意思是到了清明节，就可以种高粱了，谷雨谷等意同。

小满三天见麦芒，芒种三天见麦碴。意是麦子到小满节就秀，芒种节就该割了。

九九种蒜，立夏分瓣。意是立夏节，就可分开瓣了。

去暑找黍，白露割谷。意是去暑节即割黍，白露节谷即熟也。

白露早，寒露迟，秋分麦子正当时。此言种麦子之时也。

小雪不耕地，大雪不行船。或云小雪封地，大雪封河。

立秋十八天，寸草皆秀。

……

这种谚语，在台湾，一定也很多，书不胜书，都是说节气，而不说月份，因为倘赶上一个闰月，则今年之二月，比去年之二月，可以差一个月，农家是没法子凭借的。总之，是凡朝廷或家庭，祭祀、庆祝、吃喝、婚乐等等的礼节，都是按阴历，惟独农事，是照阳历，不信请看，一年节日都是如此。例如：正初一、正月十五、二月二、三月三、四月十八、五月五、六月六、七月七、七月十五、八月十五、九月九、十月初一、腊八、二十三等日，都是节日。如此说来，这个旧历年，是更不应该存在的了，但也不然；若说他是旧历的年，那是绝对不可以的；若说他是一个节，还没什么不可以？因为这个节字，并没什么神秘的意思，不过只是如同竹竿一节一节的分开，就是把一年，分了多少节，这不过是春天的一节就是了。

而这个日期，又是若干年全国人民，由祖上传留下来的一个纪念日，一时是不会忘了的。这让他们祭祀庆祝一次，吃喝娱乐两天，于国历也没有什么妨害；于国体也没有什么伤损。古人的文章诗词中，凡一家团圆，都是极满意而愉快，不能团圆便是伤离感慨。平时是已经如此，但感想尚轻，每到节日更甚，所谓“每逢佳节倍思亲”者是也。平常过节，还容易过去，惟独年节，倘除夕前赶不到家，便异常悲痛；除夕能到家，便异常愉快。这样的感想，早已深深的印入每一个人脑海中。我在民国初这几年，禁止家人不许过旧历年，家人尚可，惟独下人女仆等等，觉得非常委屈，他们背地里说：“你们怎么过新年，我也看着他不像个年。”他们这种思想，一时是不容易改正过来的。

我到民国以来，对于旧历年，确很漠视；可是到了台湾之后，每逢春节，则不禁有许多感念。不过我这种感念，是又有一种转念，是怎么一种转念呢？我在国历过年，当然要想起大陆上的亲戚、朋友、同乡、本家的许多人来。但是再一想，这些人中，大多数不会想我：他们想我的时候，一定是春节，因为多含旧思想的老人及没受过教育的一般人，他们是注重春节的；如此，是我想他们的时间，他们不会想我，他们想我的时间，我不会想他们——连彼此想念的时间，都搞不到一块，这与古人所谓"相隔万里共此明月"思想，大相违背；这个俗名叫做单相思，剧中《打樱桃》有两句话，曰："我想平儿，平儿不想我。"未免白想。按情形，光靠想念，是于他们毫无补益的，不过在一个时间，彼此互相想想，也希望冥冥中有个心心相印就是了，这是我对于春节，有点系恋的一种情绪！

古来相传，人类不是好名，就是好利。用名利二字，就可以包括全数的人类。所以诗中有"借问路旁名利客"等等这些句子。其实是为利的人，诚然很多，而为名的人则较少；多数好名者，只有文人或官员等等，像工、农、商各界就少得多了！所以又有"三代以下惟恐不好名"等等的这些话。那么，国民都是好什么呢？国民所好，是非常正当的，他们所希望的，第一是幸福，当然包括健康长寿在内；第二是发财，这也是几千年来传统的思想。如经书中所谓九五福，一曰寿，二曰富，等等，这样的话很多，不必多写。这种思想，从前过春节，最足以表现。

所以从前元旦，便有些歌谣，许多人都是夜间一睁眼，不说一句别的话，便先念此种歌，尤其是老太太们，更是如此。这种歌谣很多，兹写几条在下面，便可以知道国民普通的思想了。

起五更，拍炕头，银子钱，往家流。（亦有地方说二月二的）

起五更，拍炕帮，银子钱，往家装。（二月二日亦说此）

起五更，摸席缘，有的是银子钱。

起五更，摸水瓮，喝凉水，不生病。

起五更，摸摸锅，吃饱饭，子孙多。

元旦书红，百事亨通。（此文人所为）

元旦书春，诸事遂心。

子孙逢吉，五福临门。

这样句子，书不胜书，请看他们的希望，都是幸福钱财，而尤注重元旦，夜间起来不说别的话，光说这个；拿起笔来，不写别的，先写这个，几几乎等于佛教之净口咒。不但此，就是拜年见面，也必要说，见面发财，一顺百顺，等等的话。这是关于语言的。

还有关于行动的，例如初一日，天不亮，便要跑到前门，摸一摸前门的钉子。这种门钉，本来很圆很高，所以摩挲的相当滑亮，相传摸此，可以一年不生病。摸完之后，步行到天桥，要在桥走两趟，这叫“走百病”。以上两趟，很见过几种记载。因为摸门钉不得病，所以各饭馆，都预备门钉，他的“门钉”是什么呢？就是豆沙馒头，形式与门钉相同；他为什么要如此做法呢？因为有许多人，无暇去前门，尤其是妇人，更不能去，饭馆子预备此种馒头，使顾客人人可以摸到，就等于摸到真的门钉，取个吉利。所以有许多老太太，遇有子弟去吃饭馆，总要嘱咐买几个

“门钉”来，大家一吃，每人一个，连吃带摸，也算吉利。也有人不吃饭馆，专买些豆沙包子回去，博老太太喜欢的。所以从前各饭馆，在正月初六开市以后，此种馒头，是很大的一批生意。光绪庚子后，这种风俗，日见衰减，大家不但不这样做，连知道这层的，都不多了。然而如泰丰楼等饭馆，至今对豆沙馒头，仍叫“门钉”。不过是怎么回事，他也不知道了。再者，朝阳门外，有一座东岳庙，是明朝的建筑，神像乃明朝大名鼎鼎的塑像师刘兰所塑，故极有名，因之人亦以为极有灵应。每年由元旦起，关庙半月，所以每逢元旦，成千成万的男男女女，于天未亮，便都赶去烧香，无非是求福求寿。彼时有关于此事的歌谣，兹只录一首：

大年初一庙门开，善男信女走进来，叩头并无别的愿，不生疾病不生灾。

该庙中，有两处神位，使我极为注意：一是庙后院，屋内有一铜铸骡子；一是月下老人庙。我为什么特别注意这两处呢？这个铜骡子，铸工很精，高与人齐。相传凡有病之人，自己何处有病，便用手摩摩骡子的该处，便可得愈；倘没有病，则摩什么地方，则自己什么地方便不会生病，尤以元旦摩为最灵，于是摩的眼、耳、鼻、口等处，都极为光亮，且时时刻刻总有许多人抚摩，挤都挤不上去。头部光亮，是看得见有人来摩，而生殖器部分，也异常光亮，但是永远未见到有人摩挲，于是引起我年轻好事的心情：一次元旦，天未亮，我就跑去等着看，立了几个钟头，结果也未看到一人去摩。有人说，是庙中的老道摩的，但他们也不会有这许多人；这当然是患花柳病的人所为，可是始终不知他们是什么时候摩的。问庙中老道，他也说不知，并且说，他既背别人，当然也要背老道了，此事至今是一个疑问。

再说月下老人庙。柱有一付对联，是“愿天下有情人都成眷属，是前生注定事莫错因缘”。上联乃《续西厢》中语，下联是《琵琶记》中语，对仗之工，可谓巧不可阶，真是古人所说，“文章本天成，妙手偶得之”了。因有此联，所以此庙，也极有名，因之大家也就以为神极灵，元旦这天，香灰总是落得满地成堆。我也常去调查，看看有青年男女烧香的没有，结果大多数，都是老太太们，大概都是为儿女求婚姻，绝对没有青年男子；有时倒是有姑娘，可是也都是由母亲领去，逼他叩头，他不肯，往往同母亲吵起来，结果姑娘自己先走了；也有姑娘叩头的，这大概母亲不告诉他，这是什么神，只命他叩头，他也就叩了。当时遇见这种情形，真是看着好笑。我为什么要写这些闲篇呢？一则因为他是每年元旦的风光；二则足见花柳病多，而不肯告人的坏处；三则老年人为儿女求幸福，心情之热烈；四则叹从前风气之不开。以上乃初一求幸福的种种情形，下边再说求发财的事情。

初二日，广安门（俗称彰仪门）外财神庙开门，这是北平最出名的一件事情。烧香人的拥挤，比任何庙会都多得多：一因别的庙中烧香的人，大概只是住户人家，此则有许多商家，也要前去；二因别的庙，都整天可烧，此则只讲一早。许多人的思想，是晚一点烧香，就没有用了是的，所以每逢初二日，多数是夜里两三点钟就起来，由珠市口出广安门到庙中，这样远的大街，都是挤满了的车辆。从前在行的人，都是在该庙中买香，外行的也有许多自己带香去的。这也有个分别，因为财神庙的香炉虽大，可也容不下这些香，所以烧香的人，把香插在香炉内，即刻就有人把它夹出，掷在下边大香池中，随插随夹。有许多人特别嘱咐夹香人，说晚点夹我们的香，让他多烧一会，但是夹香的人有偏心，你若买他们庙里的香，他就夹的慢一点，若是外边买的，他就夹的快一点，所以有许多善男信女，都要在庙中买香，这是庙中很大的一笔收入。此外就是卖纸元宝，由纸铺中定做成千成万的元宝，运到庙中，供于庙前，烧香人多都数买一个回去，但此不名曰买，只是“给香钱若干”，便由庙中赠送一个，这可比外边买贵得多，所以民间对此，也有些歌谣，兹只录一首。

只为人人想发财，山堆元宝笑开怀；刚从纸店运出去，又被财迷取进来。

以上是从前北平人于初一、初二两天所做的事情，一是求福，二是求财，自于一年开始的两天，必要做到的。而大家的心理，总是如此，恐怕全国人也都是如此。至于求得来，求不来，那另是一种说法。但是多数人，倘能于初一、二两天，把这两件事情做到，不问身体多累，而心里头，总是愉快的。

饺　子

从前过旧历年，北方家家必要包饺子吃，这是几乎全国皆知的。几十年来我搜罗到北方各处关于饺子的谚语民谣等等，有五百多条，可惜我所记录的那一本册子，没有带出，兹就记忆所及，写出几条来：

好吃不过饺子，自在不过倒着。（按："倒"上声，睡卧也）

饺子两头尖，吃了便成仙。

白面为皮肉做馅，给个神仙他不换。

头伏饺子二伏面，三伏烙饼炒鸡蛋。

钱在包，要吃饺子就烧刀。

白面为皮肉为馅，胜他玉液金波宴。

小孩听说是好的，姥姥给你包饺子。

吃一碗，盛一碗，他做神仙我不管。（按：听说即听话）

小小子，是好宝，给他包顿白肉饺。

吃一口，香一口，乐的小孩乍沙手，也不淘气也不扭。

老天爷，你别旱，麦子收他一两石。（按："石"音"旦"或书"担"字）

天天给你饺子吃，牛羊猪肉麦子面。

老天爷，下大雨，收了麦子给你包饺子。

你吃瓤，我吃皮，剩下麸子喂小驴。

灶爷上天说好的，给你包顿肉饺子。

先吃饺子后吃糖，嘻嘻哈哈见玉皇。

没牙的俩老的，给他包顿肉饺子。

街坊见我能行孝；说我是个好媳妇。

当家的着我去挑水，我是折了担仗顿喽筲；

当家着我去倒粪，我是破喽木锨钝喽镐；

当家着我去铡草，我是铡块木头崩喽刀；

有人问我因何故，头伏包饺我没摸着处。

（按：此系小曲）

银子拿到手，肉煮饽饽不离口。

姐儿你是吃煮饽饽呀，你是穿裤子？（这是形容旗人之爱吃煮饽饽，他以为比自己女儿穿裤子还要紧，固然不见得有此事，但这种话是常听到的）

以上几条为北平俗谚，不必多写，请看上边这几条，就可以知道当地人自己爱吃还不算外，他们哄小孙也用它，孝公婆也用它，对付灶王也用它，供奉上天也用它，甚至工人要挟主人也用它；最有趣的是，虽女孩子没有裤子穿，也还要吃它，可见饺子对人的魔力了。饺子既有如此魔力，所以过年就非吃几顿不可，倘若饺子吃的好，则他们不但以为这一天没有白过，甚至连这一年的工夫也没有白过；倘若吃不到饺子，不但这一天难过，简直是终身之憾，一生不会忘掉的。

吾乡从前元旦，必须到各家去拜年，拜年的方式，总是成群结队，大致自己近支有服的几家，都约会一起去拜年。一次，我们有三十几个人，到了一个姓王的人家，主人是老者，他出来招呼我们，大家见他脸上有泪痕，于是问他有什么事，于此一问，他越发哭起来。他说："咳，因为小孩们的原故！我是一年三百六十天喝粥，过年也吃不起饺子，只好把粥熬稠一些，小孩们大乐，说今天粥米多！我说：别人家都吃饺子，你们吃不到，只把粥熬稠一些，你们就这样喜欢！我说完了这句话，自己觉着对不起孩子们，忍不住就哭了。"他说完这话，大家都表同情。于是有十几个人，不再拜年，各自回家去了，不约而同的给他送去许多白面肉菜等等，大家要帮着他包饺子。他一看又大哭起来，大家说，赶快给小孩包饺子罢，不必伤心了。他说："我这次哭，跟刚才不同，我这哭比乐还高兴呢。我常想，我没有做过伤天害理的事情，没有对不起老天爷的去处，怎么大年初一，连顿饺子也不赏吃呢？就是一样，可就真对不住灶王爷了，一年价，跟着我受苦受饿，这次包喽饺子，得先敬他老人家一碗！"

请看这一件小事，就知道人民对于饺子的思想之严重了。所以每年至少也要吃一顿。平常人家过年，吃六天，即元旦三天，元宵节三天，最多的吃十六天，共三十二顿，这是别的地方的人想不到的；北平也讲吃饺子，惟最多者吃六天。皇帝在元旦，也必须吃饺子！饺子之中，一定有一个里头包着一个小金饼（民间则包一文钱，后来包一角钱，谁吃得谁有福），上镌"万寿无疆，天子万年"字样。要看皇帝吃第几个时才吃到，但总是第一个就吃到，于是太监、宫女等，都叩头庆祝。他为什么第一个就可以吃到呢？因为这一枚饺子，永远放在碗面之中间。故宫中从前元旦有四句歌：

> 风从艮地起，主人寿年丰。独得无疆寿，谷花满地红。

这四句歌怎么讲法呢？从前每年元旦，钦天监必上一奏摺，这个摺的词句，必定是：今晨子时，风是从艮地起的，主着人寿年丰。皇帝元旦看奏摺，第一件，必是这个摺子，所以有前二语。

第三句，是前述吃饺子的情形。再者，皇帝起床盥洗之后，必是正值宫女等掷围筹，其情形与状元筹相同。不过，状元筹是以状元为首，其次就是榜眼、探花、进士、举人、秀才等等；围筹则以麒麟或龙为首，其余就是百鸟百兽。民间亦有此戏，但以旗门中较多。皇上见宫女做此戏，必要抓起骰子，也掷一次。此戏以红为贵，红即是四，皇帝所掷，一定是六个四，名曰满堂红，亦曰满地红，此第四句之所由来也。他为什么能够准掷六个四呢？因为永远暗中预备一付骰子，六面都是四，所以有此把握。

以上乃北方吃饺子之大概情形，至于他为什么要吃饺子，这也有他的原因。要想解馋或请客，必须要多做几样菜，但是若烧煤炭，或小炉子，做菜可以方便，而北方乡间都是用大锅，每锅往往可容二百斤水，小者亦几十斤，用这个锅，就烧这个锅，做菜当然极不方便，这才创出吃饺子的办法来：把肉菜和到一处，用面包裹之后，几时吃，几时煮，甚为方便，于是便风行开了。这种吃法，不知始自何年，然唐朝段成式食品中所说的汤中牢丸，大致即此。而饺子的种类，也多得很。先说饺子皮，北京所用者，只是麦子面一种，而乡间所常用者，则为麦子面、高粱面、荞麦面、绿豆面，其余各种粮食之面，差不多都可以用。说到它的馅，那就更多了，我所吃过的总有一百多种。北平最讲究的，为鸡肉馅、火腿馅、蟹肉焰、三鲜馅等等，都是大家知道的。此外尚有三白焰，即是用烤猪肉之肥者，加白口蘑丁、冬笋丁，因为都是白色，故名。从前西单牌楼有一饺子铺，名曰“耳朵眼”，后移至煤市街，他有一种口蘑馅滋味也美得很。乡间则不外牛羊猪肉三种。至于水菜，则没有一种不可做馅的；又有鲜菜干菜之分，比如白菜、茴香、茄子等等，鲜着吃固好，晒干以后，则另有一种风味。前边说一百多种，听者或以为太夸，其实不然，不但某一种菜可以为馅，彼此混和，则又另有其味，如再外加粉坨、豆腐、干粉、蘑菇等等，则味道又不同了。不过菜类之中，有宜于猪肉的，有宜于牛羊肉的，惟白菜、韭菜两种，则各肉皆宜。再者，同是一样东西，做法不同，则味亦各异，兹随便举出几种如下：

同是羊肉白菜馅，若把它通统剁烂拌好，自然也很好吃，但若只切不剁，羊肉切细丁，白菜也切细丁，晾微干而不挤。如此和好，其味尤觉清香。

同是猪肉韭菜馅，若把肉剁碎，先炒熟，再加冬天河间府一带所用之野鸡脖韭菜，其味更美。

同是猪肉茄子馅，先把猪肉白煮熟切丁，再把茄子切丁，入沸油一炸，两种和好，其味更佳。

总之，馅的拌法太多，非有专书，不能说尽。现在想起从前在家乡过年之享受来，不但家乡之饺子吃不到，一切一切的事情，都看不到了。但是，我们不在家乡，而在此地，还可以吃得到饺子，所差者不是家乡风味就是了，而饺子则如故，且仍随意自制。

元宵花市灯如昼

过了旧年，一晃又到元宵节了。这些年来，国人谈话或写文章，关于节日，多注重元旦、端阳、中秋这三个节日；对于元宵，则较为轻视。其实千余年以来，中国最大的节日，乃是元宵。这话诸君乍听，或者不以为然，容鄙人解释解释，便知不是胡说了。

国人过节，都是做什么呢？不过是祭祀、庆贺、吃喝、玩乐四件事情。请看元旦这一天，祭祀、庆贺、吃喝，三件事情都是有的，可是玩乐就差了。因为年前便忙，一直到除夕，更是紧张，已经忙了十几天了，到元旦祭祀庆贺，是忙的个不亦乐乎，不用说玩乐，连吃喝都稍差。所以千余年来，在元旦并没什么娱乐的组织，就是皇帝，也没什么娱乐的举动，大概也是因为只祭祀各处，已经就忙的不得了了。

端阳，这天祭祀庆贺，虽然也有举行的，但很轻微，吃喝亦很简单，娱乐一层，南方尚有斗龙舟之戏，北方则绝少。中秋，这天祭祀很简单，庆贺、吃喝两种，相当可观，所谓瓜果盈庭；至于娱乐则很简略，且此节不过一晚，故亦不能有多少玩乐的事情。其余如二月二日、三月三日、六月六日、七月七日、中元节、九月九日、十月一日、腊八日、祭灶日，都是节日，但过的情形更简单。

元宵节则热闹得多，一切规模都大得多，先说祭祀。其他节日，祭祀都是一种意义，惟独元宵是两种意义，一是此夜乃是一年之中的第一次圆月，所以名曰元宵，当然要祭月神，这是关于祭月的，与过年无干；二是送神，从前旧历年的礼节，除夕是迎神，意思是把祖宗及各神位迎到家来，既迎回家来，当然要祭祀，以便祖宗神位享受，元宵为送神，意思是祖宗神位，在家中停留了半个月，与家人盘桓够了，送他们各归原位，这是关于过年的礼节，与月圆无干。庆贺，在中秋大家固然有彼此拜节的礼节，对于月，则只有玩月赏月；在元宵，则加一庆字，所谓庆赏元宵。至庆贺的方式，参看后边的玩乐。吃喝，国人过节，都讲吃喝，然能大排筵宴者，以元旦为最，中秋次之，其余更次之；可与元旦相比者，只有元宵。历朝宫廷，也是如此，并除大宴外，夜间还要特别吃元宵。按元宵，亦唐朝段成式所谓汤中牢丸之一；制法，南方与北方不同，南方多包成，北方则都是摇成，没有包的。

玩乐一层，是最热闹的，汉唐宋明之鱼龙曼衍，所谓百戏，多在元宵举行；所有皇帝大酺的礼节，也多在元宵举行。尤其宋朝之灯节，更为重要，此见于记载的很多，《水浒》一书，便屡屡书之，所谓大放花灯与民同乐。到了清朝，大酺的礼节，虽未见举行，可是鱼龙曼衍，仍照旧举行之。例如龙灯、狮子、高跷、太平车、跑旱船、耍花坛、花砖、花钹、踩绳、扛箱、中幡、盘杠、纸鸢等等，都是汉朝就有的；后来又添上五虎、少林、钢叉、秧歌、鞑子摔跤、踢毽子、抖空筝、十番、十不闲等等。以上所有的，都名曰会，又曰游艺会；因其多办善事，又名善会，都归掌仪司管辖。每年元宵，都要玩耍几天，有庙会，更是少不了的。在清初几十年在东安门外，搭许多席棚，归官宦人家坐落，除饮茶吃点心外，便看这些游艺会戏耍，所谓百戏鞺鞳者是也。此亦从前大酺之义，故有许多商家，也现搭席棚出卖物品，此元宵前后几日之情形也。

此外尚有灯彩。家家都悬灯结彩，燃放鞭炮，所以元宵，又名曰灯节。如北平人说话，总是“过了灯节”怎样，没有说“过了元宵的”，盖元宵便成文言了。这种风气，见过记载的，以宋朝为最盛。清朝也还很兴旺，各商家都要悬灯，至少在门口，支上两个写着本铺字号的大纱灯。大商号则多有特制之灯，照自己的门面房屋制成。灯上之画，也极精致，有画山水花鸟的，有绘戏剧小说故事的，有绘各种箴规成语、嘉言善行的，各各不同。工部户部也均有灯，尤以工部之灯多而且精，游人都要瞻仰瞻仰，大家都呼曰“工部灯”，已经是一个专门名词了。最特别的是各庙中之冰灯，这种灯以后门外各庙为最好，因他接近什刹海用水方便。于年前腊八的时候，用一大筐绑上树枝及各种景致，再用水浇其上，冻成许多冰锥，俨如山景，其中楼宇、虫鸟、草虫，等等，很齐全别致。又有冰火判灯等等说也说不清。

各处也都燃放鞭炮、花筒、花盒等等，此时燃放鞭炮，与除夕元旦不同。彼两日乃专为祭神之用，此乃专为玩乐，故灯节前后三夜，都是整夜炮声不绝。街上亦游人如织，古人所谓“金吾不禁”“游不夜城”等等句子，都是形容这日的情形的。这种风气，明朝也很盛，由明末某公的诗：“不顾满城飞炮火，深宫犹自赏春灯。”就看得出来了。总之，不论宫中宫外，官商各界，男女老幼，都是欢欢喜喜，如疯如狂，满街挤满了人。所谓游人如织，肩摩毂击的乐这么三天三夜，过了十六晚上，就止住了。可是十七这天，也还有一些人家没有收拾清的，这叫做灯尾，俗话叫做“还有个蜡头儿”，言其是一支蜡三夜未点完，十七剩了一个蜡头，还要点点。请看哪一个节日，有这样的热闹。所以说，一年之中，以元宵节为最大。

还有一层，因为它娱乐的情形较重，所以古来的文人诗人，对于它都有特别的好感。例如遇到除夕、端阳、中秋、登高等日，大多数的诗词，都有感慨或寄托，而惟独元宵较少。可是，我今年对于元宵，则特别的有一种感慨，一面写，一面难过：在此地过灯节，还真是够得上一个“金吾不禁”，想起北平来，不禁就想哭出来了。

北平小掌故

灯前谈往

开场白

《大华晚报》副刊编者，嘱为写一些关于掌故的事情，鄙人才疏学浅，安足以知掌故？不过，鄙人于光绪二十年入同文馆肄业后，因该馆为总理各国事务衙门所创立，即附属于该衙门之内（总理各国事务衙门简称为总理衙门，原外交部的前身），所以关于当时政事，尤其外交的一部分，时有所闻。

光绪庚子前后，正是外交吃紧的时候，来回公事尤多。到拳乱后，外国联军进京，李鸿章为议和全权大臣，他幕府中有一于晦若先生，名式枚，与先君至交。因彼时各国联军总司令为德国瓦德西元帅，在交涉事件中，德文更为重要，于晦若先生特到舍下，约愚弟兄担任德文翻译事项，当即允其不要名义，不支薪俸，但有事必当极力襄助（后乃专用英文）。因此，便常往李合肥寓所贤良寺走走，于是彼时交涉的情形，也略闻一二。

在那几年中，有好些很大的事件，都是对国运极关重要的，而当时都是因一两句话，便成了定局。现在追忆，把他简单的写出来，大家看了，或者以为有些趣味；且或者有所警惕。又因为是想起哪一件来就写哪一件，所以事迹先后，是没有次序的，阅者谅之。

南彭北纪

清乾隆皇帝每年秋季总到木兰地方行围，驻跸热河，他的生日又正在九月，每年重九,一定在那里开筵庆贺。彼时，宰相大臣多半是很有学问的。纪文达公晓岚，固甚渊博，而彭文勤公云楣也不弱。一年，他们都随皇帝到热河，文勤拟撰一联上寿，借博皇帝之欢，乃撰上联曰："八十君王，处处十八公道旁献寿。"因是年乾隆八十岁，且该处松树最多也。久不能得下联，乃与纪晓岚写了一信，说明情形，求其代对。文达接信笑曰：云楣又来难我耶？乃在信尾空处书曰："九重天子，年年重九日塞上称觞。"彭公便把此联给乾隆看，乾隆大喜，赏了他许多东西。彭公说：这东西应该赏纪某，因为下联是他对的。乾隆说：你应该领赏，再另赏他就是，于是又同样赏了一份。彼时号称南彭北纪。

合肥对常熟

光绪中叶，合肥李鸿章为文华殿大学士，这可以算是首席的宰相，常熟翁同龢为户部尚书。适该时有几年荒旱，于是尖酸的文人撰一联曰：

宰相合肥天下瘦，司农常熟世间荒。

虽没有什么意义，而联语则颇新颖工稳。

大权旁落丫姑爷

南皮张文襄公之洞，在两湖总督任很久，确很锐意维新，励精图治。乃晚年精神稍衰，公子留学日本，毕业回来，刚进衙门，便坠马而死，因此，意志更觉颓丧，于是把不十分重要之事多靠张彪处理。在一个时期，正是端方为湖北巡抚，与文襄为世交，又系晚辈，且对文襄之学问又极佩服，一切政事多尽文襄做主。故当时有一联云：

端拱无为，一事依违老世伯；
张惶失措，大权旁落丫姑爷。

因张彪曾讨文襄之丫头为配，故下联云云。

"批李掌"对"拔花翎"

光绪甲午之败，李合肥受责，特降谕旨撤去黄马褂子，拔去三眼花翎。一日刘赶三演戏抓现跟说：你们以后要好好做事，你们看我把黄马褂撤了，三眼花翎也拔了。适有合肥后人某君在楼上观剧，登时用茶壶打上台去，并派人到后台非把赶三带走不可。幸经许多人跪求哀告，把赶三打了几个嘴巴，才算完事。由此可知，在中国演戏，不容易用现在的事迹。其实，彼时德国曾演过一剧，名曰《黄马褂》，其中自然也有人去李鸿章，这在中国是万不能行的。本来，倘有人在台下看见有人装他的祖若父，那怎么能够不怒的呢。彼时有一部小说名曰《东海传奇》，中有一回专述此事，题目为"闷受两腮批李掌，恼闻三眼拔花翎"对仗也很工稳。惜该小说后来未见出版，然手抄者，鄙人却见过三部之多。

啥是个恽南田？

张作霖得胜到北平，手下人劝他讲风雅，买书画，因此琉璃厂古玩字画商大为活动。一日，一人持恽南田画条求售，告以此是南田的画，张曰："啥是个恽南田？不要！"又有人持去李鸿章之字，张大为欣赏，因他知李之名也，乃大买而特买。在琉璃厂中，李之字并不多见，且无赝品，因向无人收藏。至是乃群起作假，多发一些小财。张走后，又没有人买了。抢先造假的人，统统得售，以后的人，则皆未售出，又而赔了不少的钱，投机的人，往往如此。投机在多事的时期，扰乱社会安宁，在太平时期也足以坏人的心术。

保清灭洋

西后最初也不见得深信"拳匪"，他所以重用者，只为"拳匪"大旗上之"保清灭洋"四字。按康有为最初主张，本是君主立宪，逃到日本后，西后当权，他知道无法立宪，乃改为"保中国，不保清朝"。有人奏知西后，西后大怒，下过两三次上谕，说康有为"保中国，不保大清"，以为这个罪名加于康之头上，必然全国痛恨无疑的了。岂不知许多有志之士都是赞成的。西后更怒，乃派旗人庆宽号小山，到日本谋害康梁。因日本警察保护，未能下手，西后恨极，然亦无法；但"保中国，不保大清"一句话，时时记在心中。

适山东"拳匪"作乱，被袁世凯赶到直隶。时直隶总督为裕禄，大为欢迎。按“拳匪”成立最初，只以教案为借口，号召无知人民，故旗上大书“消灭鬼子”。后裕禄为改“保清灭洋”四字，“拳匪”也很以为然。裕禄便将此奏知西后，大喜，以为此四字正针对“保中国，不保大清”七字，于是重用“拳匪”，并派王公大臣等督办练拳，遂成庚子之祸。

新名词就是新名词

张文襄公之洞之学问，在清末首屈一指，惟最不喜欢人用新名词。

一日，在部中看公事，见一卷公事中有用“之”者，乃批其旁曰：“此系新名词。”俟该公事送回科中，科员有路君孝植者，路润生先生之孙也，见之颇不以为然，即又批其旁曰：“新名词三字，亦是新名词。”当即将该公事置于架上，过了些天，已经忘了。

一日，文襄忽又要看此卷，遂由司长往架上取出呈堂，文襄刚一打开，司长在旁即看见路所加之旁批，大为惶恐，然亦不便说明，只好俟堂官发落。文襄见及后只默然不语，若有深思，旋即问曰：“路某乃润先生之孙耶？”对曰：“然。”文襄曰：“不愧为名人后裔。”据司长云，文襄所以默默移时者，盖默读旧书也。倘旧书中曾有“新名词”三字，则路君或将受惩罚，也未可知。

吾国人无论任何一种学问，多数都是守旧，其实无论哪一种都是日有变更，不必说周朝的文与现在不一样。就只说周朝春秋时与战国亦大不相同，又何必非旧不可呢？这话又说回来啦，如今的新人物，则以为旧的一概要不得，他的毛病与此正同。

过了河拆桥

光绪戊戌政变，废掉八股的考试。西后专权后，对此事并不十分重视，因为他听见说在康熙年间曾经废止过一次，所以他问各大臣，此事应如何办理。一群佞臣当然都主张仍考八股。尚书徐某曰：八股文章乃歌颂功德，润色太平的工具，岂能废掉？

又一位曰：这是翁同龢过了河拆桥。

西后问：何谓过河拆桥？

乃奏曰：康有为不见得真意反对八股，因他没能力中进士气不愤（气不愤乃北方话），所以想废了他；翁某进士出身，而也想废掉岂非过河拆桥吗？

西后说：既是大家都不愿废，那么我们还要把桥修给大家走，为的大家方便。

有此一语，八股又闹了三年，到庚子才废掉。总因风气不开，大众都想得个举人进士的功名，于是仍行考试，但改八股为策论耳。遂把改革的风气压迟了几年，国民的知识无形中损失了不少。近几十年来的科学进步，晚一年就要吃大亏的。

海水不能用

光绪戊戌变法，康有为逃跑，西后命务必拿获，康已上了外国船出口。西后又命用军舰急追，乃该船已去远且船到公海，就是军舰赶上也是无法可施。该军舰只得说：该船去远未能追上。

西后问：何以军舰赶不上商船？

大臣奏曰：只因军舰奉命紧急速开，未曾装煤装水，以致煤水两缺，不能再往前开。

西后问：煤可以说短少，水海中多得很，为什么也说短少呢？

大臣说：海水不能用。

西后不语，即退朝回宫。时犹怒不可遏。自言曰："不是海水不能用，是海军不能用。"还特使太监在外边察访：是不是海水果不能用？然太监亦未有敢明言。

西后的知识不过如此，不必说船到公海不能随便搁阻，这一层他不知道；就是海水太咸，他也不知道。

后来屡有官员奏请扩充海军，他绝对不答应，他不答应的理由，固然不止一端，但"海水不能用"五字，关系也很大。

智利海军

光绪甲午，日本攻打朝鲜，侵略中国，龚兆屿守旅顺，不过两个钟头就跑了。北洋的海军，不过几天也就完了。西后大恨，她所以大恨者，为国家的观念尚小，最重要的是她想高高兴兴的庆祝她的万寿，刚筹备就绪，花钱很多，竟被日本搅扰了，所以特别难过。

西后每天嘱光绪，催军机处设法挽救，于是群议赶紧添练海军。这当然不是容易事，当时有德国人汉纳根者，在中国海军中服务，颇得信任。由秦皇岛只用一个火车头把他载到北京，专为商量添练海军之事。他听得之后，即回与德国公使商定。次日，由公使到总理衙门对诸位堂官说：添练海军非一二年内所可办到。诸位堂官说："有什么办法没有呢？"他说："若想从速，则军舰可以买现成的，但驾驶也须有人。"堂官问："可以雇吗？"他说："最好是雇智利国的船员，因为他们驾船的技术好，且或肯应雇。"堂官将此奏明皇上，告知西后，西后大喜，以为这个国“又智又利”，必能如愿成功，催着赶紧照办，惟日期不久，就割地请和了。

以后，太监中恒有谈及此事者，说太后常说“可惜太晚，智利事来不及了”。按德使建议雇智利人员一事，翁文恭公日记中亦载之。

皇上没有病

光绪戊戌后，西后独揽大权，看着光绪如同仇人，天天想把他害死。但因为有许多人恭维皇帝一时未敢动手。乃把他囚于南海之琼岛，四面是水，只北面一桥，永远吊起，且有亲信把守。过了一年多，乃设法谋害，说“光绪病了”，天天使太医院官员发表光绪的脉案，说皇上病势如何如何，情形一天比一天沉重；照脉案说，绝对活不了多少日期了。

忽英、法公使，与总理各国事务衙门交涉，欲荐一西医代为诊治，西后不得已请其医治，看过之后，将情形报与英法公使。次日两公使来到衙门，堂官问其看着皇上病势如何？怎样治疗？英法公使答曰：皇上没病。总理衙门奏闻西后。西后大怒，然亦无法。但自此不敢骤然谋害。可是仇视外人之心日深一日。适山东“拳匪”作乱，袁世凯把他赶到河北省。西后与端庄两王商议，遂决定利用“拳匪”，杀尽外国人，以解心头之恨。于是乎就闯了一千九百年几乎灭国的大祸，其最大的原因，就是因为“皇上没病”一语。

佛爷帽花太沉了吧

前清西后垂帘听政，国事日坏一日。

当时咸丰皇帝亲弟兄三个王爵，若同心协力匡扶谏阻，也未尝不可补救，但三人德行都不错，可是心思不大一样。醇王是一味恭维西后，不肯得罪他。恭王是很想做事，而不肯太阿谀太后。惇王是一味正经，不苟言，不苟笑，总说西后不爱听话，所以西后最不喜欢惇王。惇王每日到军机处，坐在一隅，与谁都不交一言。各军机大臣未到，往往他来在前头，朝事已完，他方走。因此各军机大臣也不敢不小心办事。他虽然一句公事不谈，可是于朝政很有益处。

一日，惇王进内见到西后头上所戴红宝石帽花特别大，他很不以为然，乃说："佛爷的帽花太沉了吧？"西后面微红，强言曰："可不是嘛！我很喜欢它。"

由此西后越不喜欢惇王，以致连军机处也不常到了。按西后固然不敢骤然不许他过问军机处，但处处不给面子，使他大为灰心，便懒得去了。由此政治更日坏一日，这也可以说是为了这一句话。

宁送朋友不给奴才

光绪戊戌政变正吃紧之际，西后在颐和园召见亲贵商议。西后说："听见人说，不久西洋人将要把中国给瓜分了，你们听见说这样话了没有！"

某人奏曰："各国都是友邦，哪能如此呢？这不过都是汉人想着抓权，所以造出这些谣言来哄皇上，以便稳固他们地位。"

某亲贵奏曰："洋人虽然可恶，也不见得如此。且中国这样大，也不容易就会分了。再说，西洋人也有真正是我们的朋友，佛爷请想（佛爷二字乃宫中称呼太后普通的话）：我们要修炮台，他们就给我们修，要买枪炮兵船等等，都也卖给我们；他们要真想灭我们的国，他们肯卖给我们这些东西吗？我们岂不可以拿这些枪炮，打他们吗？”

西后一听，这话真有道理，该亲贵又奏曰：“西洋各国总是朋友，汉人总是奴才。”

西后闻言大为兴奋，乃言曰：“宁送朋友，不给奴才。”以后，便以此八个字为宗旨，乃翻然把光绪赶走，将许多人问罪，依然守旧如故，于是国事更一天比一天坏下来了。

为刘坤一轿夫

前清，每年的大庆贺日期，为冬至、元旦及万寿三种。每逢这三天，各省官员都须到万寿亭去，对着万岁的牌位行三跪九叩首礼，礼至重也。

刘坤一一次行此礼毕，出堂刚要上轿，见四个轿夫都戴红顶，且有穿黄马褂，戴花翎者。刘很惊异，遂问其故。盖四人在讨洪秀全之时，都因功得过头品顶戴，并有赏穿黄马褂及赏戴花翎者，后事平，裁兵，就都退伍，没有法子只好当轿夫。

刘问：何不早说？

答曰：倘早说恐怕大帅就不用我们了。

问：今天为何又穿戴起来？

答曰：今天见大帅非常高兴，我们又喝了几杯酒，一时高兴，也就穿戴起来了。

刘即检查询问都是实情，于是另眼相看，请四人吃了一顿饭，亲身作陪，畅谈往事，每人送了一二千两银子，请他们回家过安定日子。

按这样情形，在从前皇帝时代，时局不靖，则招募军队，乱平则退伍，本来是很平常的事。不过在前清的时候，旗兵没有退伍之说，不打仗也照样吃钱粮。汉人则无此待遇，退了伍就须自己谋生。从前的军人多数都不识字，一经退伍，便无事可做，既无恤金，又无养老费，社会中也无辅助这些人员的组织，自己又无技能，只有靠自己气力吃饭，便当了抬轿夫。说来也很可怜可叹！现在可比从前好多了，政府都有奖励，社会又有慰劳，报纸也给宣扬，是何等的荣幸啊！

你们要你们的

前清光绪庚子（一千九百年）“拳匪”之乱，固然由于仇视教会，其最大的原因，还是西太后想借此把光绪干掉，而各国公使，却帮光绪之忙（此层另详）。西后大怒，乃使“拳匪”攻打使馆。待八国联军进京，与李鸿章议和时，最初该括的条款，才十几条，送至李鸿章处，意思是认可这些条，便可商议，否则，即进兵至西安。

该若干条中，当然是要求惩办祸首及赔偿等等。但是，头一条，即是要求西太后须将政权交还皇上（所谓归政）。其实这一条，倘若应允了他，对于中国，也未尝没有很大的好处，因为彼时光绪是主张维新的。而西后则守旧，并常听太监及小人之言，糊涂万分。倘光绪主政，则或可能逐渐维新，就说革命，也或可少流些血。而李鸿章不敢，何也？因为他知道西后必不肯应答，在他与西后之间，便要费许多的话；倘议和破裂，外兵必要往西赶上去，如此则不但人民多遭涂炭，且李鸿章便有逼宫的嫌疑，他当然不肯做这个难题。当他看了那些条之后，并未动色。次日，各公使前来会晤，他第一句话便说："你们要你们的。"言外之意，是你们不必管我们的事；且语气说的很坚决。各公使也以为只要于他们自己国家有便宜，又何必干涉这些事呢？于是当时即把此条废去。

按这一件事情，在李鸿章于旧礼教中所谓臣节二字，总算无亏，可是因废去此条之后，当然又添上了些别的要求，则中国暗中吃的亏比西后归政恐怕大的多。所以办政治的人，应该在大处着想，不要老拣容易的办。这层在外交界中，尤其重要。老奸巨猾四字，鄙人绝不敢加于合肥的头上，但避难就易之心，确是有的。鄙人很希望现在政界诸公，不至如此。

有饭大家吃

民国以后，遇到有钱的差使，所谓肥缺，都是彼此相争相夺，可是应办的事情，却没有人去管。到黎黄陂当总统，各位官员仍然如此。黄陂曾说了一句话："有饭大家吃。"于是舆论翕然，都以为他这一句话公道而仁慈，和平而正直。

按这一句话，在那争夺扰攘的时期，似乎也确是不可多得，实在未可厚非的。但是身任大总统，所以训谕属下者，仅为大家吃饭，终归是令人失望的。国家设官分职，拿着国民膏血换来的钱，是为替国民办事的，而不是专为吃饭的。倘果真吃饭能公平，便算尽职，这未免有背公仆的道理。可是这些年来，自然有此现象，为了一笔外援，你争我夺，结果人家都不肯给了。为公服务的人，如果目的在于有饭大家吃，哪里还能望好处去想呢？

可是这话又得说回来，在铁幕里头，那是只许一个人或极少数人有得吃，别人不但不许争，且不许问。

最高的恭维

张文襄公之洞总督两湖时，一日，他的生日，大家宴集，文襄亦在座。此时，本是不拘礼节的。有人提议：今天大家应该各做一诗恭维督宪，不必庄重，可杂诙谐，谁恭维得最高，谁算第一，不但大家要庆贺他，督宪也该有奖赏。诗成，易实甫考第一，他的诗是：

三十三天天上天，玉皇头戴平天冠。

平天冠上树旗杆，中堂乃在杆之巅。

左文襄公撰戏台联

左文襄公宗棠与曾文正公平江南后，接着又平定新疆，功高望重，拜相封侯，汉人在清朝之有勋业者，总算前几名了。左公在甘肃兰州建一会馆，中有戏台，文襄亲自撰联云：

都想要拜相封侯，却也不难，这里有现成榜样；

最好是忠臣孝子，看来容易，问他作几许工夫？

句句是说的戏，可是句句是说的自己。不过，随便丢失地方之人，总是不应该封侯的。

姜段秋操

袁世凯时代，曾经举行过一次攻防战的操演。甲方面司令为段祺瑞，乙方面为姜桂题。备有大宗的奖品，以奖优胜之军。俟演习毕，判断者以为段占优胜。

姜不懂而不服，非要得奖品不可。评判员当以操演之详情告之，云：汝某某处破绽太多均已失败。姜云我并未败。评判员云：此系假设，如某处汝未设防，某处炮兵阵地已失等等。姜仍不服，于是大家解和另战一次。姜应允，仍以姜为守军，改于夜晚演之。又被段攻入。评判员又要把奖品给段，姜抗议曰：为什么又算他胜？评判员曰：他已攻入。姜曰：我四周埋了许多地雷，他们兵早被轰死无遗，怎说已经攻入？评判员说，你事先并没有埋地雷的工作呀？姜说：这都是假设安用真埋呢？不由分说，带人将全部奖品搬走。

段生气亦无法，后由袁又备了一份给段才都算完事。段之鼻梁本稍歪，人云是由姜气的。

按现在情形说，无人不笑姜之无知，但此系时代的关候，现在我们所做的事，将来难保不被人目为有如姜桂题之所做者，实在值得警惕。

哪有七十多岁的老头子革命的呢？

前清大臣中知道世界大势的只有两人：一即北洋大臣李鸿章，一即南洋大臣刘坤一是也。当合肥任直隶省督时，革命前锋唐君才常几位，到天津谒见合肥，合肥当然知其来意，乃使幕府某君代为接见。某君问：应如何答复？合肥曰：哪有七十多岁的老头子革命的呢？于是大家都知道他不反对革命，只不过他自己不肯革命耳！

后唐君等到湖北，不幸遇难，但革命在北方流血甚少，暗中合肥与有力焉。由此，西后不喜合肥，后乃去职，一切差使完全开缺，只剩下一空桶文华殿大学士，此清朝未有之前例也。

英商等于徐桐

徐桐字荫轩，在光绪时代，乃一极顽固之大臣。一次派他为总理各国事务衙门之大臣，他说：以堂堂天朝大臣，不可与鬼子打交道。竟不奉旨。朝中因其年老，亦未加以处罚；而舆论大为赞扬，说他有正气，因彼时人民之知识，不过如此也。徐桐之住宅，在东交民巷台基厂南口，现在之比国公使馆即其旧址，斜对面为法国使馆，往西隔数家为德国使馆。在庚子前，洋人很想买他那一所房子，出价颇高，而他不卖。他说：如果真想买，则非两万万两银子不可。盖甲午赔偿日本之数字也。这原本没什么不可以，独是到庚子"拳匪"围攻交民巷，各使馆戒严，并出布告各居民如在使馆界内无事者，可及早搬出，以免日后缺乏饮食。亲友劝徐迁居，徐云："义和团乃仁义爱国之民，不会仇视中国人，我们有何可怕。"后围较紧，断绝交通，他才搬出。一应细软，大致已装车，而戒严兵丁催之甚急，乃不得已而去，半路被"拳匪"抢去了许多。到达处所之后，他又催车回去运箱柜等物。下人说：现在就有多要紧的东西也不能往运了，运出来也是被抢去。他不信，还大闹脾气，亲友闻之，以为笑谈。当时我也很笑他，现在才知彼时笑的不对。为什么呢？请看四月七日各报所登英商代表已经请求其外交部要求北政府在三英里公海内实行护航，以便使船只将必要的物资运往上海的话。所谓护航一层，暂不必论，独是他们还想把必要的物资搬运出来。以堂堂自称先进国的英商，还有这种思想，则笑徐桐者可谓所见不广。这两件事情性质不一样，情形则相同。

有碍风水

光绪庚子后，义大利国占的地方，正是前清之堂子，在东长安街斜的角上。其后无线电发明，他就在那个角上竖一根大电线杆。最初还不是铁的，不过一根木杆，自然也相当的高。

一日，钦天监衙门上了一个奏摺，说：该电线杆于宫中风水，大有妨害，应令其拆去。西后告知总理各国事务衙门即以此意照会义国使馆。义公使便与各国公使谈论此事，大家都说这样的公事，无法驳辩，也无法判答，置之不理可也。于是义公使对此事始终没有回答，日久西后也没敢再问。

按各国外交，此国与彼国函件，万无不答之理，此事可算创闻。于是国家面子丢完了。

中国人最会作弊

民国初年，北平中央公园落成，中置一磅秤，任人自量体重，立在磅上以一枚铜圆纳入口内便妥。此本系极平常的事情。

一天，余与几位友人同游，见之，一人曰：此当可作弊。一人先上纳入铜圆，俟针动后，第二人再上，不意针即不再动，再陆续上几人，也不动。大家便以为不能作弊矣。

余戏曰：若用相反的办法或者可能如意。

三个人一同上去，纳入铜圆，果然针指三百多磅：一人先下磅，针即缩至二百多磅，再下一人，又缩至一百多磅，如此递减，则三人之体重皆可以知道了。

大家大乐。余曰：中国人作弊之能力甲于天下，由今起，我也在其内了。

没想到大清锦绣江山会毁在方家园

恭亲王为人确有思想，有见识，倘光绪时之政治交给他，则国势当有不同。但因他不肯阿谀西后，所以西后想用他又不敢用他，对他好一阵，坏一阵。

一日在惇王府谈天，恭亲王大发牢骚乃言曰："没想到大清锦绣江山，会毁在方家园。"

方家园者，乃西后与光绪后之娘家也。此语不知如何传到宫中，西后更怒。从此便不用恭王矣。前篇所说海军衙门报销一案，所以派他者，因为该案无人敢做报销，就是报上来，有恭亲王在旁，部中也不敢核准。西后于是派他前去，暗中便有服软相求之意。因他一出头，便无人肯驳饬也。他无法，只好应允，该案遂销。以上乃惇王第五子载津告余者，当属可信。

杨三对李二

光绪甲午之败，割地求和，全国归罪于李合肥。其实，他总算冤枉。可是，人人骂他为汉奸。

在那个时候，正有一个昆曲大丑脚，名曰杨鸣玉，人称杨三的，死去以后，昆曲丑脚遂绝。王长林得其百分之一二，现在叶盛章亦不过得王长林之一二；至于罗百岁、刘赶三等等，则不过皮簧中的名丑耳。

所以，当时有一对联曰：

杨三已死无昆丑，李二先生是汉奸

以杨对李，以三对二，已死对先生等等，可以说是无一字不工不稳。按从前无情对中最有名的是："树老半空休纵斧，果然一点不相干。"而其对仗之工稳，则不及此联。后遂传遍全国。

不会加到一两二吗？

给国家做事花钱，无论事之大小，钱之多少，都得要报销，这是人人知道的。前清光绪年间，却有两个极大极难报销的案子。

第一是湘军案。曾国藩用兵多少年，花钱自然也很多，这个案子报过一回，都被驳回。以后便没有再报。当局本想觅几位大法家，来承办此事，但没人敢担任，一直到了清朝亡国，这个案子也没有报，乌乌涂涂的也就完了。

第二便是海军案。为创立海军，筹了一大笔款，只买了几条船，其余都被西后用它修了颐和园。但这个案子，必须要报销，而且只能说是用于海军，不能说是用于修颐和园。已购得的那几条船，花钱有限，且与外国定有合同，款项等等都有收据，不能加多，又不好意思与外国人共同作弊，所以好几年没有报销上去。西后特派恭亲王办理此事，所有款项只能摊派在该衙门公用款项里头，但款之数字太大，无法摊派，办了一个多月，未能将案办妥。

恭亲王着急问曰：何以许久尚未办就？承办官员回曰：实在没有法子摊派。恭王说：只把所买物件之价，通通的多加上些就完了。承办官说：一根纸媒（吸水烟所用者）已经加到一钱二分一银子，其余都是如此，不好再加。恭王曰：能加到一钱二，就不能加到一两二吗？

这本是气忿而无可奈何的话，但有此一语，该案遂即报到部中，大家都知道是西后的意思，谁敢驳回？轰动全国的大案，轻轻松松的就结束了。现在还有这样的公事没有？

畅行无阻

有许多人说中国文人好咬文嚼字，这话自然有之。但凡研究正经正史讲真正学问的人，都不如此。如此者，都是对于无聊的文章。若关于政治外交等，则绝对没有这样的人，且正需要这样的人。比方《辛丑条约》成立后，中有一条，是外国人由大沽到北京，必须能畅行无阻。有几位读书人议论这一条很容易应允，因为没有这条也不会拦阻他们。街谈巷议，也有同样的话。当时，我对友人就说，西洋人的文笔不会那么简单，尤其关于外交的文字。这些话，当时不过是闲谈天。后来一拆交民巷水关城墙，政府不高兴，大家也议论。他们专横，他们说这是条约规定的。政府人员说，条约并未允许拆城墙。他们说，如果中国把城门一闭，我们何以能够畅行无阻呢？

从前许多事情都是如此，现在自然比从前好多了，但我们仍应时时小心。

文章与口令

在民国十几年的时期，四川一省最为扰攘，带兵者各自为政，各自为界，谁也不知道谁和谁一伙。余友某君，虽非军人，而于政治上颇多活动。所以各带兵者，多与彼有联络。

一日，余友夜间欲到某军部，路上适遇守卡之兵，问以口令。某君自以为连我都不认识还要问口令，不觉大怒，随口骂曰：混帐！守兵即随放过。俟到军部，与长官述及此事，长官说守兵何以连阁下都不认识，真是对不起。某君又问曰：他既不认识我，何以骂他一句便许通过呢？长官想了一想，大乐曰：今日口令为“文章”二字，你骂他“混帐”，你是南方口音，混文二字之间有些相似，他一定是误听为“文章”二字，遂放你通过了。某君一想亦不禁大乐。

以角洋为门照

前清末年，保定府立有“武备速成学校”，后改“军官学校”，曾经热闹一时，因有许多阔人也入校受训。当时城门禁令颇森严，夜间关城之后，如持有“门照”，始可叫开门。其时有许多当教员者，城内城外学校多有兼课，夜间出入恒感不便，倘无门照，或有门照而忘却携带，则走到城门，势必碰壁。于是大家聚议，设法与城门警员作弊，但不知能否办的通。

一日夜间，由一人持纸包几角银洋，即行叫门。门警问：有门照否？曰有，随即持纸包隔门交彼，彼曰：这是门照吗？答曰：那不是门照是什么？说时语气很硬，门警遂开门放进。以后，大家便放心，虽无门照，亦不至碰壁了。

今夕只可谈风月

五代的时候，有一个宰相（恕偶忘其名，案头一本书也没有，无法可查），于上元夜大宴僚属，与众同乐。乃属员有欲由此接近宰相者，多谈公事，希望援引。宰相一看事情不妙，乃发言曰：今夕只可谈风月。于是大众不便亦不敢再谈求援之事。结果尽欢而散。

清朝翁常熟相国，以宰相兼户部尚书，亲撰客厅楹联云：

喜听四座谈风月，闲共三农话雨旸。

上联切宰相，下联切农部，语意闲雅，对仗亦工，颇为传诵一时。

五十余年以来，此事已成陈迹，五代时事，更不容易再看到了。不意此次杜鲁门总统招待我们李副总统，大有这样的意味，真是梦想不到有如此巧合事情，乍听之下，为之感叹者久之！

咱不会拿吗？

承德府原名热河，在有清一代，是最重要的地方。当满清进关的时候，大多数的兵马都是走的山海关，其中一部分乃由热河来的。于是知道这是一条较近的路，乃在热河大修行宫，其原意乃是倘在中原失败，则可由此路撤回。故各位皇帝都是常常游幸热河，尤其乾隆，每年必到一次。于是行宫中的陈设，也特别讲究，凡北京宫中有的，差不多那儿也都有。

其后若干年，因为皇帝未曾去住，所以里头的东西散失的很多。

有熊君者，曾主持该处，偷拿些东西自是难免的事情。袁世凯时代又派姜桂题带兵驻守该处，熊君即以宫中摺扇几柄送姜，当然是有意义的。

该扇扇股的书画雕刻，扇面的书画，都是当时的名人手笔，而姜不懂。幕府中人为之讲解，姜问他这是哪儿来的？对以当然是由热河行宫中拿出来的。姜曰：咱们不会拿吗？此语可谓痛快之至，虽然不算正当，但比偷了国家的东西还装好人的那一群人，似乎还差强人意！

盗跖庙联

某县有盗跖庙，每年黄梅时节，香火极盛，但烧香者多系妓女。某名士撰楹联云：

歧路等亡羊，说什么为忠为孝，为圣为贤，大踏步跳出了礼仪范围，独让我柳下惠兄光青史；

世途堪走马，哪管他成佛成仙，成神成祖，小法身得享此春秋祀典，但看那花间小姐祭黄梅。

这种对联极难措辞，盗跖不能恭维，而给他的庙做楹联，也似乎不能贬。此联语意，纯以诙谐出之，颇觉巧妙。有人说：为什么盗跖还有庙，且有人给他烧香呢？这话问的自然不错，但也很容易回答。北方这些年以来的贪官污吏，准比盗跖好的了多少吗？固然在报纸上，也时时看到骂他们的文字，可是也有许多人巴结他们，恭维他们，这不就等于给盗跖烧香吗？不过，前边说给盗跖烧香的多是妓女，现在恭维贪官污吏的不一定是妓女；但细细按之，性质也差不了多少。

库丁歌

北平从前有库丁歌曰：

浑身脱得净光光，偷得金银无处藏。伸脖摇头打响嘴，蹲身劈腿手伸张。

按前清户部银库，必用库丁，又名库兵，凡搬运堆放银两，都归他们担任；每日工作完毕，必须赤身走至官长面前，两手旁伸，两腿劈开，再用舌打一响嘴，以证明嘴内，肛门内等处，都没有夹带藏掖，方许穿衣出门。其实，库丁都是很发财的，头目尤富，都是预先和交库之炉房等通同作弊；有时和库官合作，有时也背着他。大致工人阶级最发财的就是这项人了，所以北平从前地痞土棍，常有抢库丁的举动，抢了去使他花钱来赎，就等于现在的绑票。

虎神营

前清旗人的军队，都是生长于满洲、内蒙等处，身体都非常的强壮，不但进关的时候所向无敌，以后平定新疆、西藏、内外蒙古等处，也全靠他们，所谓八旗劲旅者是也。后来国内外无战事，就渐渐的废弛了，兵丁都变成吃喝玩乐游手好闲的人，军额虽然还有那样多，但完全不能用了。咸丰、同治以后，感觉外国兵太强，自己所有的兵敌不住人家，乃又练新军，仍然全用旗人。因国人都呼西洋人为洋鬼子，所以新练之军，赐名曰“虎神营”，以为虎可吃洋，神能制鬼也。这个名词，自然是很可笑，但中国多年以来，许多事都讲厌胜，只要能认真好好的练兵，再能效法西洋用科学制军器，则虎神二字也未尝不可用，但若专靠虎神两个字，则可以说是糊涂极了；后有人建议，就这两个字不雅，才归并为神机营了。

金汤永固

天津大沽炮台修成后，西后派醇亲王前往察看。醇亲王不但未见过外国的炮台，且未见过外国的军舰，以为这样炮台，一定是不任什么样的船，也不能进口的了，大为兴奋。回京后，把各种情形奏知西后，末尾结句一语曰：金汤永固矣。

这一句话不要紧，把中国毁得不轻。西后本是一个不安分的浮躁人，在洪秀全、英法联军等等情形之下，闹的他当然头昏，所以建海军，修炮台等等的政事，也很努力。不过他永远没忘了乐和，但是一时不敢耳。这次听见说金汤永固四字，他可放了心了。于是决意要乐和乐和。

彼时，慈安太后（东太后）早死，他更为所欲为。最初主意，先想重修圆明园，因工程太大，未敢动工，乃改为重修颐和园，还是只修了前半面。瓮山（后改名万寿山）的后面没有修，可是就把全国筹备练海军的一笔款，花了个河落海干。按说那一宗款项，就重修两个颐和园也是足够的，不过政治腐败，都入了私囊，当然就不够了。

把住大门就是了

前边所提的重修颐和园，动用海军款项一层，也是因为一句话的关系。

当西后想重修颐和园时，因南方用兵十几年，库币空虚，这宗巨款实无法筹措，想来想去，想到建立海军这一项较为现成，不用费事。但英法联军进京的恐怖，还未忘遗在心里，故未敢骤然动用。可是修颐和园，乃内务府人员及太监等发财一个大好机会，他们怎能不极力设法促其实现呢？于是大家商议多次，说：我们建立海军乃是为的打鬼子（洋人也），现在大沽炮台已修好，便是大门已经关好了，只要把守住了大门，他们进不来就够了。至于他们的军舰来了，也不过海里闹腾闹腾，有什么要紧呢？

于是告诉西后，西后大喜，连说：把住大门就是了。遂决定用了海军衙门之款。我国海军从此便未能前进一步。按说这件事情，倘若当时各位大臣能一齐反对，便不见得不能阻拦过去，然而一群大臣，都是专讲逢迎谄媚之辈，谁也不肯为国家民族设想及出力，以致闹得中国多少年，不能翻身。

我甚盼望，现在执政之人，不至于此！

三不许考

北平有数年学风最坏，办教育者外行，又不肯用心，闹的各大学里上课的学生很少。

一日，教育部派人去查学，有几处简直的没有学生。到北大第二院，有一教室，居然有学生，然亦不过十几人，去足数尚远。可是手中都没有书，查学者相当的满意，——及一细看，多数都是小说。

一次北大年底大考，学生来考者，多未上过课。校长出告示，有许多学生不许考，于是有某报登了一段新闻，说某大学之学生，有以下三种情形者，便不许考。

一、当初学校招考时未报过名者，不许考。

二、已报名而无故离去者不许考。

三、学生虽尚在校，必须亲自到校，若拿一名片来者，不许考。

此当然是一种讥讽的话，但考试时，学生确未上过课者，则大有人在。

伯理玺天德

现在明了这个名词的人，恐怕很少了，在前清则是常用的，在外交文件中，尤其时时可以看到。因为彼时尚没有总统这个名词，所以把 President 翻成了这五个字。如在公文照会中，都称大清国大皇帝，大美国大“伯理玺天德”，绝对没有“总统”两个字的。

历朝中国人翻译外邦的文字，都是检不好字眼来用，或加一口字旁。自与西洋各国有来往后，由西文译来之文字，多半由外人主持，中国人助理者，亦皆迎合其心理，故皆用较优美之字，如美、德、法、英等等是也。这“伯理玺天德”五字，也是如此。伯，乃五霸之霸字；理，是有道理；玺天德三字更容易明了。于是中国人便看着这个名词非常神秘，旗人尤甚，他以为“玺天德”，乃是继续上天之德行的意思，所以他们对此非常之重视，以为能继续天德，似乎比天子二字之意义还高一等。

为什么忽然说到“伯理玺天德”这个名词呢？这也有个原因。

戊戌变法，大多数旗人自然都是极反对的，但彼时康有为等与翁同龢诸君，联合想扶助光绪，推倒西后而已，并未想打倒满清也。在旗人中，也有一部分人爱戴皇上，不满西后者，这些人，最初对康有为并无十分恶感。

一日，康与同人闲谈，说到共和国怎样好，共和国没有皇帝，只有伯理玺天德。有人问他：如果成了共和国，你也可以当伯理玺天德吗？康答曰：那是自然。

此本是闲谈，但这话传出去，旗人大为惊讶，赶紧跟到颐和园告知西后说：这就是康有为大大的罪名。西后也很以为然，所以后来西后的上谕中，曾特别提出此语，以坐康之罪。她以为这个罪名，可以算罪大恶极了罢，把他加在康的头上，一定可以镇服人心的了！

都是一样

中国全国未有铁路之前，先在北京西苑修了一条小铁路，由中海瀛秀园到北海，专供西后游玩乘坐，乃英国人所以修筑此者，为的引起西后兴趣，好准其包修各省铁路也。西后乘此，当然觉得新鲜有趣。

一日问英国人曰：你们国中的铁路，也是这个样子吗？

英人答曰：是。又问：民人也可以乘坐吗？

英人答曰：都是一样。

西后默然，乃顾左右曰：都是一样，那太没有高下等级了，足见外国没有礼法。

因此一句话，全国铁路之兴修，又多迟了几年。其迟修的原因，固然不止一端，但这句话，也很有关系。此系听见某一太监说的：当有可信。

朝阳门外广安门外两石路

这两条路的性质约有两种。一系皇帝观操，从前每逢年终，炮兵都到卢沟桥去演，一直到清末尚如此；明朝及清初则往往到东苑（此事余另有文述之）。又兼全国所有北平以南各省之货物，通通都经过长辛店或通州，再由骡马车运往北京。因这两种关系，所以都特建筑石路。后来，有了铁路，两条路就都用不着了。到“七七”事变以后，日本人修建平津公路，才把朝阳门外旧石路拆完。至广安门外之石路，则系因为用石头，也使零碎拆去了。回想起当年长辛店及通州两处，是何等繁华，从前北京南货发行店招牌都写“照通发”，意系照通州之价钱也；长辛之街，号称五里地长，则其热闹可知。以上各路是日本人给拆的，可是拆了之后又修成柏油路，意义如何，暂不必管，足见人家日有更改，时有进步。

三十年前吾国人就有一种议论，说外国人动工是为工程，中国人动工是为自己。譬如一段马路，外国人看着这一段破坏太甚，于行人运输都不方便了，便赶紧请求上峰修理；中国人是计算计算这段工程共需款若干，其中私人可赚若干，他以为值得动工，便上签呈请修，倘款数太少，他便不屑请修，至于行人如何，那是第二层。以上这些话自然有些过甚，但也绝非完全谣言，在前清有许多事情都是如此。就只说河工一节，算是举一个例。黄河开了口子，便是河工官员发财的机会；倘有几年不开，则官员无法大量赚钱，乃设法自己挖开，即上奏摺，报称决口，则国家必发帑堵口，于是各官皆得从中渔利，大发财源矣。按决口后该河工总得处分，大致是革职留任，以观后效，这些字眼；但打堤合龙之后，则必恢复官职，只不过几个月没有顶戴，为时甚暂，而财则可大发，故皆乐为也。现在各事虽不至如此，然有时也有这样的嫌疑。

北平的街道

北平城内，从前只有由前门到永定门一个大街为石头道之外，其余都是土道，名叫甬路。各大街之甬路，都是高与人齐，矮者也有三四尺高，两旁的便道也很宽，但除小商棚摊之外，其余都是大小便的地方，满街都是屎尿，一下雨则都是水洼。甬路上头，浮土都是一二尺深，步行可以说是万不能走，所以北平有两句谚语："无风三尺土，微雨一街泥。"又有两句是"不下雨像个香炉，下了雨像个墨盒"。这话现在听着仿佛有点新奇，其实从前确系如此。所以皇帝出来，必须现修街道，所谓黄土垫道。

光绪年间，外国的公使，屡屡要求修建石子路，最初是建议，继乃请求，后乃要求，但政府商议多次，都说皇帝出来才修土道，岂有给外人修石子路之理？恐于国体有伤，所以始终未准。到甲午以后，国势大弱，各国气焰一天比一天高，要求非修石子路不可，政府不得已，才于光绪二十五年把由东交民巷至东堂子胡同一段修成石子路。但只修到总理各国事务衙门门口，以便各国公使到衙门时，走着平坦，该胡同东半截则未修。这可以说是真正是为外国人修的了。朝中大臣知识如此，你说可笑不可笑？

到光绪二十六年以后，各国占了北京，才提倡修路，最初还是日本人提倡的。今来台见此地大街之路，都修的很好，所以想起了北平的旧式街道。

北小街之石路

明朝不必说，有清一代，北京旗人上至王公宰相将军督统，下至兵丁以及满汉文武百官，都是吃的南来之米，所谓俸米是也。此米产于江浙等省，经由运河到北京，贮于各仓，所谓京通十七仓。此种仓由通州起，沿路都有。因北平地势高于通州者数丈，船不能直达。沿河有闸四道，船到闸下必须换船，换船之处多设仓廒。永久存米者，则多在北平城内。朝阳门南只有一仓，曰禄米仓，其余如南新仓、北新仓等等，都在朝阳门以北。因由朝阳门外河边运到仓内，须用牲口拉着大车，故特把此街修成石路，以利运输。后来到了“七七”事变，日本占据北平，才把它给拆了。

按运米这件事情，对于北平的官员人等，自然是有益的，但确为清朝极大的虐政。在南方每年由地方官收米时，其成色之名词曰“干圆洁净”。这四个字就给了收米的地方官，一种大大贪污的方便，交米之农人，把钱化到了，就容易交纳；否则便多方挑检毛病，多好的米，也交不上。于是农人就被欺侮了二三百年，但日久了，大众也就忘了他是虐政了。以上是就接收米一方面而言，至于放米的一方面，似乎不应该有什么虐政了，可是其弊更大。按这种虐政，还是光绪庚子年，日本人给解除的呢。此事说来话太长，当另有文详述之，兹不赘。

北平几条石路

北平城内外有几条石头道，现在已都拆去，一是朝阳门内北小街，二是前门至永定门，三是西直门至颐和园，四是朝阳门至通州，五是广安门至卢沟桥。

这些石路有明朝修的，有清朝修的。在刚修好前些年，当然是很平坦，后来经车轮辗压，便成了两道深沟。车轮坠到沟里，是不要想能出来的，兼以石块的软硬不一致，年久了，有的尚如原样，有的已残缺。很多更是高低不平，坐轿车走路，一不留神，便碰的头疼发昏，远不及在土道上走较为舒适。而又永远不再修补。吾国从前的政事，多是如此，幸而目下是这几条石路都已拆去，改为石子路或柏油路了。

当年之所以修，后来之所以拆，其详细情形，都有些历史的关系，有的是与国运有关的，有的是与国际有关的，其详当另为文逐一细说。

前门到永定门之石路

这条石路有两种用处：一是为皇帝祭天上天坛，二是为上南苑。南苑又名南海子，明朝就为皇帝春冬秋狩猎之用，里边养着许多鹿、黄羊子、四不像子等等。到清朝康熙，每年在苑中总住两三个月，故里边有四处行宫。一为旧宫，在苑内东北。二为新宫，在西北角。三为团河，在西南。四为晾甲台，在东南。后雍正时代，特修建圆明园，以后皇上就不到此处了。至光绪十几年，永定河决口，把南苑围墙冲倒，各种兽跑了个干干净净，虽经捕回不少，然永不在此狩猎了，可是每逢冬至大祭，倘北口来的兽类祭品及赏赉不足数时，则仍由此处补充。

迨光绪二十年前后，西后才知道西洋人都住洋楼，大为羡慕，想亦建筑洋楼，而宫中无此章程，乃改扩充中海；但国库空虚，无款动用，于是包建该工程之申昌木厂，代出主意，把南苑内之地卖为农田，所得之款，足够建筑几座洋楼之用。西后即如此办理，乃将苑之地完全售出，建了几所。如怀仁堂、居仁堂等，都是此时所建。但是楼的建筑之土气，则足见当时出主意的人没见过世面了。南苑售出之后，此段石路就算完全没有用处了，然亦未拆去，俟“七七”事变后，才翻为柏油路。

西直门到颐和园之石路

这条路是自明朝就有的，清朝雍正年间，又重修了一次。明朝的骊宫都在西山，所以有此石路。惟明末清初，所有宫殿，大致毁完，雍正年特建圆明园。皇帝所以爱住骊宫者，因宫廷规矩森严，皇帝也不能太随便。譬如吃饭，皇帝及皇后、贵妃、妃嫔等等，都是各人吃各人的，皇帝想召一位爱妃同吃，便不容易。若在骊宫，则可随意。惟康熙时，尚未修建，因故宫的记载，康熙永是住南苑，雍正以后才大事兴修，乾隆时建筑更多，如瓮山、御泉山、香山等处，都有行宫，所谓三山五园，但石路只到御泉山。雍正以后，四个皇帝都是住圆明园，大约每年总住七八个月。咸丰尤乐住此地。有四个爱妃，都是江南人，且都缠足。此节见过记载，兹不赘。英法联军进京，把几个园通通抢了，也烧了。咸丰死后，未再修，因之，各石路也都毁坏。光绪年间，西后修颐和园，而石路则未大修，只找补了找补，可是在路两旁栽了两行桃柳，由西直门高梁桥，一直到颐和园公门，隔一株柳树，夹一株桃树，春天颇为美观。西后死后，又冷落了。如今柳树尚多，桃树则存在的很少了。石路亦日坏一日，到“七七”事变，日本人把它拆去，完全修成柏油路，如今柏油路又将坏了。

第三编　中国馔馐谭

一　官席与火候菜

近几十年来，各国人尤其是美国人，有许多人欢迎中国的饮食，于是也有许多人想研究中国的烹饪法。不过有一层，大家不可不知，就是西洋人吃过中国菜的固然不少，但吃的都是冠冕堂皇的菜，真正中国讲究的细致菜，还没能吃过，就是有吃过的，也是极少的少数，这是敢断言之的。因为外宾来到中国，我们请他们吃饭，总是官席，如烧鸭、鱼翅等等，这些菜当然是中国最贵重最好的菜，但离细致特殊风味的菜还相当远。因为这种做法的菜，其口味虽与西洋不同，然做法尚差不了多少，口味不同者，虽不止一种原因，但大分别则是黄油与酱油：比方红炖猪肘、红烧鲤鱼等等这些菜，可以说是完全中国口味了吧，可是你若不放酱油，改放黄油（其他作料都照旧），立刻就可以变成外国味道。至其烹饪法，则不过是煨炖而已，烹饪的时间及方法，都与西洋没什么大的分别。所谓细致菜者，则讲刀口、烹饪、时间等等。所谓刀口者，切得要合适，大也不可，小也不可。烹饪者要讲方式，该用大勺颠的，不许用小勺搅；加作料的情形及先后，都有分别。时间者，烹这种菜的时间，要以秒计，时间不足，或稍过，则口味都不合适，此层容在后边稍详论之。

这种细致菜，可以说是家庭菜，只宜于阔而且细致的家庭待客，或几位讲究吃的好友聚餐尚可，最不宜于官席，就是勉强用上，也万做不到好处，就是做得好，也吃不好。因为官席往往一开就是三两桌，或十桌几十桌，而且吃饭的时候，等于行礼，不许随便夹食，必须等让两次，才许拿筷子。这种菜吃的是火候，故中国亦名火候菜，一勺只可炒一盘，最多炒两盘，若一开三四桌，那是万万不会做好的；这种菜做出来就得吃，过几秒钟，便过时不适口，若大家谦让半天再吃，口味一定要退败的，有这种种原因，所以官席不能用。这种火候菜在台湾家庭中当然尚有，在饭馆子中，就很难见到了。不必说台湾，就是在大陆，在南方饭馆子中，也不容易见到，而江浙一带，则家庭中多有之；所以在前清时代中，江浙人请客多在家庭中，此看袁子才他们的笔记，便可明了。饭馆子中有这种细致火候菜者，首推北平，因为它已经做了七八百年的都城，一切事业都很发达，饭馆子不但不能例外，且更特别发展。北平饭馆子种类极多，我另有一文详述之，兹不多赘，只说饭庄子与饭馆子两种。

饭庄子规模较大，凡到饭庄子请客者，都是成桌的菜，因为多不卖临时的菜，非预先定菜不可，他有院落有戏楼，所以凡到彼请客者，多是生日、满月、婚丧、庆寿、团拜，以至请春酒等等，多则几十桌，几百桌，少亦十桌八桌，就是接风、送行等事，至少也是一两整桌之席。所有的菜，如大海碗则不外：

红烧鱼翅　红烧海参　清汤燕菜　清蒸整鸭　红烧鲤鱼　清蒸炉鸭　烧鸭　等等

大碗的菜，则不外：

四喜丸子　干贝肚块　青汤鱼肚　青汤海参　川三片　东坡肉　米粉肉　等等

盘中之菜，则不外：

> 糟煨冬笋　锅塌豆腐　糟溜鱼片　虾子海参　烩虾仁　溜黄菜　烩生鸡丝　等等

以上这些菜，都是极讲究的菜，也都是很好吃的菜，来到中国的外宾，大多数都吃过。不过都是所谓冠冕堂皇的菜，没有火候的关系。做这些菜的时间，差几分钟，毫无关系，而且有许多种，可以做一锅，现吃现往碗里盛，也有的可以前一天做好，吃时现蒸现热，虽然也都很好吃，但与细致火候菜，口味大大地不同。简单着说，这些菜的要点，是讲“香软”二字，火候菜则讲“鲜嫩”二字。

饭馆子规模较小，前边所谈各种菜品，它也能做，但非其所长。它的长处，是专备现做现吃的火候菜，固然也有火候不十分重要，但烹饪法，则与前边所谈者大不相同，所以在行的人，来此吃饭，不会要整桌之菜。他所常备之菜，大致如下：

> 花溜里脊、糖醋里脊等。花溜可以切丁切片，糖醋则都切片，做好吃到口中，只用舌头轻轻一压便烂，绝对不用嚼，如此方算恰到好处。
>
> 酱爆鸡丁、酱爆里脊丁等。这种也必须到口中就烂，绝对不须嚼。
>
> 油爆肚仁、盐爆肚仁、汤爆肚仁等等。肚仁用猪羊肚均可；不去草刺亦可，但名曰爆肚，不曰肚仁。此种只用轻轻一咬便烂，要脆而软。

川双脆。此系用肚仁及鸡肫，入高汤川之，火候极为重要，工夫稍久，便咬不动了。这种是不讲软而讲脆。

糟鸭泥豆腐羹。此亦极重火候；豆腐丁固然没什么关系，鸭肉虽剁极碎，但火候稍久，则类似有米性而不适口，且不成为泥了。

清炒虾仁。此与前边之烩虾仁不同，烩者有汁，火候稍久，口味还差不了多少。此则是清炒，稍有些汁，也须很清；火候稍久，便不能松而软了。

清炒豌豆。也可以说清烩豌豆，要极嫩的豌豆，火候至关重要，火候稍久，也不致怎样硬，口味也可以很好吃，但那完全是烹调的作料香，至豌豆中原来的清味、甜味、香味等等，就完全消失，则变成另一种口味了。

干炸肫。亦名清炸肫。平常恒作软炸肫肝，那就是将就着吃：肝永远可口，因为他多炸一会儿，少炸一会儿，没什么大关系，肫则大致多是硬不适口。清炸肫，因为只是肫，不能含糊，非恰到好处不可，且是干炸，没有面糊陪衬；清、香、酥、软，是最重要的条件。

以上所举几种，都是极细致的火候菜，炒时须以秒计算，稍久口味便差。此外如：

糟溜鱼片。此亦是火候菜，但差几秒钟，还没什么大的关系，但这种菜要看手艺，鱼片溜熟之后，还要保存齐整，不许破烂，行话日见棱见角；若一破碎，那就成了烂豆腐了。

糟蒸鸭肝。好的白鸭肝，加糟，入蒸笼烹之，既是用蒸，则火候当然可以稍有出入，不能像烹炒那样严格，但时间也极重要，最好是吃时，还似乎有点血，乃是最恰当的时候。生平所吃过的，以北平东兴楼为最好。

盐爆鳜鱼条。此要松而稍脆，火候一久，便软而面，不能清口了。

芙蓉鸡片。此是用鸡肉棰扁而不断不烂，加鸡蛋白蒸之，口味要软而松；火候稍久，便觉有脆意，不适口了。

酱汁鱼中段。鲤鱼中段蒸熟，外加酱汁，口味要松软；火候稍久，便要发散。

以上亦只举几种，这些种火候不像前边那样严格，然所差也不过十秒二十秒钟，再久就不对口味了。此外尚多，不必尽举。再者中国精致特殊的菜品，火候自是极重要之一点，但也有许多菜，并不一定在速成的火候，而也另有特殊的口味，为什么能够如此呢？就是因为中国菜样子太多。我自民国十一二年起，到民国二十一二年，十来年的工夫，搜罗了全国各省各地饭馆子的菜单二百多张，每张菜单以一百种菜计算，便有两万多种。其实菜单中还不止此数，固然其中犯重的很多，但在民国以前，无论何处的饭馆，都不印菜单；民国之后，饭馆中不印菜单者仍很多，则不在菜单的菜，还不知有多少。尤其是人家家庭私有的菜，不但不能上菜单，而且都不往外传，这种的菜，为数更多，而且都好，都有特别的烹法，更无从知其数目。照这样衡计起来，全中国不晓得有多少万种，尤其是家庭中的菜，更都有其特别的烹饪法。它的种类既这样多，则烹调的种种做法，自然就有了极多的变化，极多的发明，则我国烹饪法种类之多，也是自然的趋势。这还是只说现在的，以往遗失了的做法，还不知有多少。中国菜何以这样发达呢？说来话可真是太长，兹在下边，大略谈谈。

二　中国菜的种类

——西菜主纯，中菜主和

中国菜的样数多，固然是因为原料的种类多，但最重要的原因，还是烹饪的方式多。其实西洋烹饪的原料，比我们或者还多，但他们的烹饪法，则较为简单，他所差的是关于作料；至于烹饪的方式，则变化较少，此层当在后边再略谈之。中国菜样为什么这样多呢？来源固然很远，原因可也很多，大致分析如下：

（甲）

中国吃饭之菜品，自古就讲套数，各种菜都要分组，自三代便是如此。例如《礼记·内则》篇所载：

> 膷、臐、膮、牛炙，为四豆，是第一行。
>
> 醢、牛胾、醢、牛脍，四豆，是第二行。
>
> 羊炙、羊胾、醢、豕炙，四豆，是第三行。
>
> 醢、豕胾、芥酱、鱼脍，四豆，是第四行。
>
> 雉、兔、鹑、鷃，四豆，是第五行。

二十种，共为五组，这还是大夫家享的。公侯王帝，当然更多。只举此一事，不必尽举，此看历朝祭天祭孔等等的规矩，便可明了。这种风气，一直传到清朝，还是如此。比方官场待客，旧日名为官席者，总是如下：

四干果。简言之曰四干：如核桃仁、花生仁、焙杏仁、瓜子等等；讲究的，加入蜜饯，如蜜枣、桃脯等等，然亦有时另有四蜜饯者，但是少数。

四鲜果。简言之曰四鲜：葡萄、苹果，各种鲜果等等。

四冷荤。亦曰四凉盘，这一组之中，也有炒熟的，也有生拌的，如炒酱瓜肉、拌海蜇等等，都是恒用的，总之都可凉吃。

以上这三组，在官席中是不能缺少的。而且是必须要先摆在饭台上的；客未入座之前，这三组都得摆好，故亦名曰压桌菜，倘未摆好，则万不许请客人入座。客人入座之后，才上现做之热菜，如：

四炒菜。大致总是用盘，有时只用两盘亦可，自这一组起，以后的菜，都是一个一个往上端的，端上一样来，才能让客开始饮酒，此菜不来，不能让客饮或吃。

四大海。海者海碗也。然有时用盘不用海，故亦曰四大菜。大致总是三样咸的，一样甜的，如燕菜、鱼翅、鸭子、鲤鱼、海参、莲子、八宝饭等等。这一组倒是很活动，最讲究的用四件，可是三件两件一件都可。不过是两件以下，则每件必须另有副佐着的两个烩碗，或每件四个，则两个大海，便须八个烩碗，都是用小碗；如烩生鸡丝、溜黄菜、糖烧栗子等等，都是现做之菜。

两道点心。这种都是带馅的面食，甜咸蒸烙都可。

六饭菜。四样亦可，亦名曰押桌菜，押尾之义，都是用大碗，多是预先做好之菜，如东坡块肉、川三片等等。

两粥菜。有时用四样，都用盘，且都是现炒之菜，专为就粥吃者，但无此亦可。

请看这一桌席，共有四十来种菜。凡官席者，不见得都是这样讲究，但最少也得有二十种，比方四个凉盘，四个热盘，四个烩碗，八个大碗，这就是最简单的了，否则便不够官席。所谓官席者，不一定是官员所吃，总之是够一种讲究冠冕的局面就是了。一桌菜自是不会犯重的，然日期不久又请客，则亦不愿犯重，再者甲请乙吃的这样，则乙请甲时，是不会再用此，一定要有些变化，例如同是鱼翅，有红烧、白汁、桂花、芙蓉、蟹黄、清汤、清蒸等等。只是鱼翅，便有几十种做法，其余一切都是如此，菜样当然就是越演越多，这乃是一定的情形。

（乙）

西洋民族，发达于寒带山岭地区，宜于牧畜，不宜于农业，出产牛羊等等的肉类多，出产植物较少，肉类充足，养成了一种吃肉的习惯，至今都是以肉类为主要食品，植物则不过辅助品。中国民族则发展于温带，最初在山西陕西一带，近于寒带，且多山岳，牧畜也相当发达，所以中国人也有吃肉的习惯及嗜欲，三代以后，渐渐地往南发展，到了黄河流域，山岳少，平原多，宜于农业，不宜于牧畜，肉类渐渐地减少，越往后越不够吃，所以就不能不在植物中想法子，于是植物在食品中，就与肉类并重了。故《礼记·内则》有：

> 饭有黍、稷、稻、粱、白黍、黄粱等种类。
> 蔬有葱、芥、韭、蓼、薤、蘐、藜、藿等种类。

《诗经》中见过的水菜更多，不必尽录。

固然周朝时代，关于饮食的记载，还是以肉类为主，但以上这些物品，已经与肉类并重了。此无他，只是因为肉类不足，不能不借重植物来帮助，以后越来越往东南发展，离西北之山脉越远，牧畜越感困难。虽靠海之区，可以得鱼类，所谓鱼盐之利，但彼时海中打鱼的方法尚未发达，所得亦不很多，且难得运往远处，则中原一大片土地之人民，都难得肉食矣。既是难得，便要设法俭省，于是不能再像周朝以前大块肉的吃法了（西洋吃肉，至今仍是大块）。乃设法切片、切丁、切丝、切末等等，以便配合菜蔬；及变换烹饪法，某种宜于切片或切丝，某种宜于烩或烹，某种宜于慢成或速成，种种变化，越来越多。这也是中国菜样多的重要原因。总之，肉类是人类最喜欢吃的，不能足吃，便要想法子解馋。此在黄河以北有些地方最看得出来。尤其是吾乡一带若干县，离山远，牛羊肉难得；离海亦远，海鲜等更难得；全靠河中所产之鱼，绝对不够，于是肉类乃专靠养猪。当然也不能足用，可是有客来吃饭，又不能没有肉，于是便创出种种办法。在乡间夏秋两季，正是农忙之时，难得有客来吃饭，兹只说冬春两季。在这两季中，北方天冷，菜蔬种类也不多，大约总是下边的若干种做法：

猪肉丝炒白菜丝（这样肉丝都是生的，下同）

猪肉丝炒韭菜　猪肉丝炒菠菜　猪肉丝炒豆芽菜

猪肉丝炒黄花或木耳　猪肉丝炒鸡蛋（此名曰炒木须肉）

猪肉丝炒豆腐　猪肉丝炒豆腐干　猪肉丝炒青豆粉

猪肉丝炒锅炸　猪肉丝炒冻豆腐

以上是用生猪肉丝，种类尚多。总之任何水菜，都可合炒。

此外尚有用熟猪肉及拆骨肉等的做法，可以类推，总之可以说都是西洋没有的。以上乃是吾乡一带的情形，其余各省各处，又各有其特别的办法，总之，多是为节省肉类，又要解馋，才创出这些办法来。这也是中国菜样多的重要原因。

（丙）

西洋的烹饪法主纯，中国之烹饪法是主和。所谓主纯者，是讲纯粹，不愿弄得太乱糟喽，比方牛羊猪肉等等，多数都是大块，吃时现切，鸡鹅等类也多是整个。有时因不易分取，切成块再烹调者，然亦是大块，吃时每人一两块。所有配搭的菜蔬，如胡萝卜、扁豆、豌豆、菠菜泥、土豆等等，总是各别端上来，任食者自取。煎牛肉饼，往往把洋葱丝都放在盘子边上，不肯和在一起。这样的吃法，固然也可以说是别有风味，其原因则是肉类足用，仍以肉为主食，菜蔬之多少，则听客人自己随意取食耳。然而这样的烹饪法，终不及混在一起者，因各物混在一起，则发生化学作用，味道又有很大的变化也。中国之烹饪法之主和盖以此故，然自古以来，历两三千年之久，才变化到了这个样子，此看《礼记·内则》中所记之：

> 春宜羔豚，膳膏芗。夏宜腒鳙，膳膏臊。
> 秋宜犊麛，膳膏腥。冬宜鲜羽，膳膏膻。

等等这些句子，便知道它的做法，虽然相当简单，仿佛只是大块的肉类，各用各种的油煎一煎而已，但它已经讲究用各种油质，与原物配合，此已是一和字的意义，再证以前边所记如“淳熬”“淳母”等八珍的烹饪法等等，则和的做法，便相当显亮了。汉唐以来，历代笔记中，也往往见到关于此事的记录，无须多述，一直到明清两朝及现在，还是如此，且有越演越复杂的趋势，如爆三样、炒三丝、烩三丁、川三片、烩三鲜、烩杂拌、烩杂碎、八宝酱、烩什锦、全家福、一品锅等等，写不胜写。以上还算是阔的食品，连乡间的食品，也是这种情形。比方说猪肉熬白菜，只是猪肉白菜两样的时候很少，有的则加豆腐、粉丝、片粉、海带等等，总之多一样则口味总有些变动，这就是“和”字的功用。有人说俄国之菜汤，则完全是由中国熬白菜传去，这话相当靠得住，因为西洋没有这种混合做法也。因为这种和的做法，使菜样越变越多，乃是有一定的道理的。比方前边所谈的炒猪肉丝，同是一样肉丝，因为和的菜蔬不同，就可以变出一百多样来，有的加一种菜蔬，有的加两三种，而味道则各有不同。猪肉丝如此，其余一切一切，都可类推，中国菜样，安得不多呢？

三　中西宴席之差别

西洋可以说是有烹而无割，中国是割烹并重。割者切也，西洋之肉类，多是大块，无所谓切。吾国在周朝对于切法，虽然尚未重要，但《礼记·内则》篇中，已有“细者为脍，大者为轩”等等记载。《论语·乡党》中已有“脍不厌细”之语。以后历朝恒有这种记载，如唐人《西阳杂俎》中亦有“蝉翼切”等名目。以后越来越发达，所以有：切、剁、削、剜、片、剔、劙、划、剩、割、剖、旋等名目。到了明清两朝，又发达了许多，尤其是北平稍大之饭馆，割与烹已经分了工。可以说是割已比烹较为重要，总之是割的不管烹，烹的不管割，俗语便是“切的不管炒，炒的不管切”，管切菜者，名曰案上的；管炒菜者，名曰灶上的。

案上者，因其工作都在案板上也（即古之俎），每一种菜，应用什么菜类配搭，某一种应用多少，如何切法，都归他拿主意，所以也叫配菜的。总之一切固体的材料，都归他管，都备妥之后，交予灶上的，以后的做法，他就不问了。一个大饭馆，需用几位，最好的曰头案，次者曰二案，或帮案。

灶上者，因其工作都在炉灶上也，每一种菜，应用什么作料，如酱油、醋等等，或用多少，以至如何烹调法，归他出主意，总之凡流质的材料，都归他管。大饭馆子，要用几位，最好者名曰头灶，次者曰二灶，或帮灶。

割与烹分工合作之后，有人说割比烹还要紧，固然不敢说一定是如此，但切也很重要，则是毫无疑义的，因为切得不对，则万不会好吃。比方若把肉丝，都切成竖丝，那任凭炒得多好，也不会好吃。各种物质，有各种的切法，切得不对，口味就差。比方说，葱之一物，在烹饪中，永远是在于作料的性质，不够正式的质料，然其切法，已有几十种之多，北方统名曰葱花。怎样的烹调法，便应该有怎样的切法，几乎是一定的，倘切得不对，口味便差，兹试举种如下：

葱烧海参，这种葱，便应"整"葱不破，切一寸多长之葱段。

炰羊肉，便应切长二寸上下之斜段，可以稍宽。

炒酱瓜肉，便应切一寸余之斜丝，且须细。

拌洋粉，便应切长寸余之直丝，可是越细越好。

炒鳝鱼丝，便应切一寸多长之斜丝，也应细，须比酱瓜丝之葱稍粗。

炒猪肉丝，大致等于炒鳝鱼丝，但又须稍粗。

炒鳝鱼段，便应切一寸多长之宽斜丝，亦可名曰斜段。

炒猪肉片、炰三样等等，便应切长一寸多之斜段，不成为丝。

油爆肚，便应切三分上下之横段，尚不能名曰葱末。

汤爆散带，或爆肚所蘸之佐料，如酱油、香菜、麻酱等，此中之葱，便应稍近葱末，但不许太细太烂。

炒肉末，便应切很细之末，然亦不许烂，与剁馅不同，总之，只许切，不许剁。

以上只举几种，不必尽举。不但葱如此，其余一切材料，无论肉类菜类，都是如此，切时固然有块、段、条、片、丁、丝、末等分别，而同是一种，亦各有不同，例如块之切法，就有下边种种分别：

方块：有长方、斜方之分。

象眼块：有直象眼、斜象眼，冷拌之品多用此。

菱角块：形似菱角，素烩、素炒如冬菇、胡萝卜、面筋等片，合炒者，多用此种。

棋子块：扁圆者，如白萝卜、胡萝卜等等，多切这种块，有半棋子等名目。

骰子块：四方形，比块较小，比丁较大，如烩鸭腰中之豆腐、糖溜倭瓜、炒茄生等等，都用这种切法。

滚刀块：胡萝卜、土豆、山药等等，恒切此块；拔丝山药及炖肉中所用各根菜类，多用此种。切时一面切，一面滚，切出来的，都是不规矩之块，故名滚刀块。

劈扎块：白菜、芥蓝菜等等，往往用之，如醋熘白菜、芥菜白菜等是也。木匠用斤斫木，俗名曰锛，所出之木屑；又以斧断若木，永按一线去斫，难得斫断，永远是斫处稍宽，以便斫出木片，此名曰出扎，即曰木扎片，这种切法类此，故名。

以上只举数种，略以见意，无须多举，且各省各地，名词各有不同，亦不能尽举也。总之无论何物，应该怎样切法，便要怎样切，则烹炒出来，一定好看而适口，否则口味便差。因为兴出来了许多切法，便添了许多菜样，尤其是切丝，更为重要，大多数速成的菜，都是由切丝来的，因为无论肉类菜类，若用大块，那是无法速成的。说起切法来，也相当难，有许多物品，极见技术，我问过许多厨师，哪一种东西最难切？他们说很多，比方黄花鱼切丝，十个厨师，便有八个切不好。因为切法发达，研究出来的菜样更多。再者，切与剁便另有一种风味，比方说，包饺子用羊肉白菜馅，这在北平是平常的食品，可是肉与菜，都是用刀剁烂，此名曰剁馅。又有一种名曰切馅，则肉与菜都不许剁，都用刀切成细末，如此则拌出馅来，口味是清香的，与剁馅之香腻者不同，这种情形，人人吃得出来。再如韭菜、茄子等，若想用以做馅，那是非切不可，倘一剁，那就成泥而无法吃了。各种瓜类，又非擦不可，这又算是切法的另一种。

中国人自古就好宴客，西洋人自然也恒有宴客之时，但他们宴客无论公私，或讲排场，或不讲排场，都与中国完全两样。大致是西洋的讲究法，是在食品以外着意，如桌椅之摆设，桌单之缎或绸，器皿之样式，酒类之繁多，花卉之陈列，等等，都极端研究，甚至为请一次客，而特画图样，特制器皿者，至于食品则仍只不过一汤、两三道菜、一道点心、咖啡、水果等等而已。当然也有极讲究的，但它菜样太少，不会有什么极显亮的变化。中国宴客，其注意力全在食品以上，至食品以外之陈设，自然也相当讲究，但不过只有桌围桌帔、金银酒杯、象牙筷子而已，桌上向不摆花，也没有其他点缀品，更不许铺桌布。因为从前的礼节，客人座位的高下，要看桌面之木纹。平常可以说是，西洋客座之位，离主人越近越高，中国是离主人越远越高。可是从前则不是这个样子，比方以北为上，方桌面之木纹，各是横摆，则是北面之两座最高。但这是家庭或社会间之私宴。若官场之宴会，则桌面之木纹，须竖摆，即是南北向，则东面北边之一座，为第一位，西面北边之一座为二位，东面偏南者为第三位，西面偏南者为第四位，北面左为第五位，右为第六位。此在各省，上至督抚，下至州县衙门，宴客都是如此。桌面上虽然不讲究，可是食品，则都是争强斗胜。所以古人在外边请客宴会时很少，大致多在家中，此看古代的记载，便可明了。如在记载中所写的五侯蜻（注："五侯鲭"之误。五侯，西汉成帝同日所封之五位王姓母舅；鲭同"肛"，由鱼和肉合烹而成。《西京杂记》："娄护丰辩，传食五侯间，各得其欢心，竟致奇膳，护乃合以为鲭。"后世因称美味佳肴为五侯鲭。——编注）、韦陟郇厨、羊固家馔（见《晋书》）等等。唐朝此风更盛，如《酉阳杂俎》中，萧家馄饨、庾家粽子，以至杨国忠兄妹家之宴客等情形，都可以看得出来，总之都是家厨。大致是亲戚朋友，互相请客，谁也不肯被他人比下去，在亲戚家吃的菜好，自己请客时，必要盖过他的才好，于是请客之前，便须与厨役斟酌，甚而自己也要出主意。彼此竞争，每次请客，必有新样菜品，如此者日期一久，当然要创出许多新鲜菜来。看各种笔记，到宋朝以后，饭馆始行发达，饭馆为争生意起见，当然也要各自研究烹法，多创新样品，以广招徕。由这种情形，创出来的菜样也不少，但此与西洋之饭馆情形，大致相同，无须赘述，不过中国北平尚有一种特别情形，倒是值得一谈的。

清朝两百多年中，北平的风气，客来随便吃饭，都在家中，若正式请客，则可以说是都在饭馆中。因为大家的思想，在家中宴客，不够郑重，不够恭敬。所以北平饭馆饭庄等等，特别发达。尤其是在光绪中叶以前百十年中，旗门中的人员，到饭馆子中，不能要现有之菜品，果如此则以为自己不够劲，必要自己出主意现做，方够面子。比方肉或鱼，怎样切法，过油与否，加何种水菜，何种作料，怎样勾法种种，厨师照他主意做来，大家一吃，都极赞成，特别叫好，如此则点菜之人，方觉面子十足；所有客人，都要如此。不过这种风气，只是旗门中有之，汉人则极少见。但由此创出来的菜也不少。

请看以上情形中，国人本来好请客，到现在仍如此，再加以菜样多，每次要有新鲜菜，这固然不能算是一种好风气，但多创出许多菜来，乃是势所必至的。还有一种特别情形，更是西洋没有的，因为家家竞争，都想新颖斗胜，于是又创出下边特别的席面来：

全猪席　一桌菜几十样，完全要用猪身上之件，不但不许用其他肉，大致除作料外，连水菜都不许用，因为太多，则有喧宾夺主之嫌。如炒猪肉片，加上几许白菜片则可，若用猪肉熬白菜，那就算是以白菜为主了。可是如果主人有特别嘱咐，则亦可通融，然按规矩则不许。这种席民国以后，在北平西城砂锅居还能做。

全羊席　一席几十样菜，都用羊肉，其情形与全猪席等。

全鳝席　一席几十样菜，全用鳝鱼，其情形亦等于全猪席。这种席江浙等省有之，北平则不见。

全素席　全席不许用肉类，虽虾米等物都不许用，严格的则连葱蒜等都在禁止之列。分两种做法：一种是随便的做法，佛教中人多用此；一种虽是素席，可是一切照肉席形式来做，如鱼翅、燕菜、鱼、鸡，等等，都要像真，甚至炖肘子、烧海参，等等，口味自与真者不同，而样式则与真者无异。所用的原料，大致不外面筋、粉坨、粉丝、腐皮（即油皮）、豆腐皮、锅炸、洋粉、豆腐、豆腐干、各种蘑菇、各种笋、各种瓜果水菜等物。这种菜现在能做的还有人，可是从前最出名的，是北平隆福寺宏极轩，专做素菜，非常认真。每逢初一十五两天，吃素的人多，各王府大员家之老太太，都派人前去取菜。因为她们以为自己的厨子靠不住，锅碗刀勺，做荤菜素菜一同使用，怕他洗不净，所以非到宏极轩去买不可。可是该轩也真认真，铺中同人一年之中，连葱花都吃不到。

此外尚有全豆腐席，我还吃过全茄席，所有的菜，都用茄子做成，也很适口。前清光绪年间，在北平西山戒台寺，吃过一次便饭，十几样菜，都是老倭瓜，好似台湾之南瓜。这些种虽微末不足道，然创作食品，则有同样的功用。

中国吃饭与西洋有许多处都相反，如中国先吃干鲜果后喝汤，西洋则先喝汤，后吃干鲜果。此外还有两种是大两样的，一是西洋是各吃，每人一盘菜，中国是合吃，一样菜大家共食，这是人人知道的。二是西洋是酒与面饭同时吃，一面饮酒一面吃，中国是酒与面饭分食，不能同时吃，这一层就有人不大理会了。可是这两种情形，都与中国菜样多有极大关系，大致略谈如下：

一是各食与共食的分别。各食是每人一份，例如黄焖鸡，每盘一两块，倘有十人，则十盘便须两三只鸡方足。中国菜每一大海碗，不过盛一只鸡，三只鸡则已有三大海之多，三样菜便是九大海，再加上汤及点心，质量已经很多，也就不能再多加了。中国菜则大家共食，有许多菜，如炒爆之菜等等，每样菜每人不过吃一口，十样菜每人不过吃十口，离饱当然还远得很，如此则菜样不能不多。前边所谈的大海碗，只是冠冕堂皇的局面方有之，若知心要好的亲友聚餐，则往往菜样要多，而不用海碗，如烩生鸡丝、烩鸭舌、烩鸭腰、炮鸡丁、炮肚仁、溜鱼片、炒鳝丝、溜里脊、拌鸭掌、烧茭白、烧冬笋、芙蓉鸡片、酱汁鱼等等这些菜，则每样每人至多不过两口。就说现在风行的炸春卷，从前每桌七八个人，则永远是炸十枚，绝对不够每人两枚。量既太少，则菜样不能不多，也是必然的情形。以上所谈，乃民国以前的规矩，民国以后，盘碗等器已较以前加大，尤其在台湾，又大了许多，每桌菜有八九样也就够吃了。

二是酒与面饭不能同吃的关系。西洋宴会，是入座后就吃，一面吃一面饮酒，一顿饭自始至终，都是如此。中国则不然，喝酒之时，不许吃饭，所以在宴会的席上，往往有客人说，酒已够了，拿饭来吃吧。主人必拦曰，早呢早呢。即使下人端上饭来，主人也可以使他端回去。客人要吃饭，而主人不许吃，这不能不算一种怪现象。结果客人无法，还得接着喝酒，再争执一个时间，客人又要吃饭，主人或者说，壶下酒（壶中酒也），喝完了就吃，甚至说，门前酒（已斟于杯中之酒也），喝完了就吃。在西洋绝对看不到这种情形。他所以如此者，固然是希望客人多饮几杯酒，但也因为早就有这种习惯，所有的菜，就有喝酒与吃饭等等的分别，所以平常行文或说话，就有某菜能下酒，某菜能下饭等分别。比方一桌菜，共有几十样，可是各有各的用处。如前边所说：

四凉盘 又名四冷荤、四酒菜，此专为佐酒，故做法也极讲究，有时八冷荤，也有时用四拼盘，虽然只四盘，可是每盘两样菜，摆置得也极美观。且有的厨师，专长于做冷荤，我见过一位，可以做一百多种，口味都极美。

四炒菜 都是现炒之菜，有时用六个八个，都是酒菜。

四烩碗 有时用八个，汤汁或较多，故都用小碗盛，亦是酒菜。

大海碗 有初海（较小）、中海、大海之分，用一个至四个，此为随便吃之菜，可以佐酒，可以就饭。前三类到吃饭时，无论吃得剩下多少，都要撤去，此则不撤，是亦可用以就饭也。

两点心 此是解饿之品，意思是喝了会儿酒，虽然有菜，但无面食，恐怕客人已饿，故此特上点心。且上此必在两海碗之间，如只有一海碗，则此后便上，因稍晚则离吃饭太近也。

四大碗 或曰四饭菜，有时用六个八个，此菜一来，便不许喝酒了。

两粥菜 此都用盘，如无粥则不用此。

因为所有的菜，都是各有各的用处，所以菜样须特别多。这也是中国宴会菜样特别的一种大原因。

中国特别有汤菜，西洋没有，西洋只有汤，汤是汤，菜是菜，不能混乱；西洋之汤，等于中国之羹（说见后），与汤菜完全两事。中国之汤菜，乃带汤之菜，也做汤喝，也做菜吃，与西洋比较起来，乃是很特别的烹饪法。其做法，不外熬、炖、煮、川、高汤、清汤、乳汤，几种名词，至各名词做法之分，容在后边详之。

熬　猪肉熬白菜、茄子、海带，丸子熬白菜，虾米熬白菜、熬冬瓜、熬豆腐等等。

炖　炖肘子，炖鸭子，炖鸡，炖海参，肉炖豆腐，火腿炖冬瓜，炖牛肉，炖羊肉，炖鱼。

煮　干贝萝卜球，干贝肚块，萝卜丝煮鱼，煮干丝。

川　川三片，羊肉川黄瓜片，川丸子，龙井川虾仁，川鱼片，川鱼卷，川散带，菊花鱼锅。

高汤　燕菜，鱼翅，鱼肚，肚块（猪肚），芥蓝菜，鱼唇。

清汤　燕菜，鱼肚，翅子，海参，银肺，竹荪，银耳。

乳汤　鱼肚，鱼唇，鱼翅，白菜，萝卜，肚块，油菜，鸡块，肥肠。

此外尚有烩及卤煮两种做法，但不一定是汤菜，故不必另列。如烩三鲜、大素烩，等等，汤菜也；烩鸭腰、烩海参等等，则非汤菜。卤煮肉、卤煮炸豆腐，汤菜也，此两种北平街面小贩卖者很多；卤煮肫肝、卤煮鸭膀，等等，则非汤菜。到北几省乡间，这种菜就更多了，大致多是熬一锅菜，则汤与菜都有了，做着、吃着，都省事。吃时每人一碗，吃完再盛，且无物不可熬，如白菜、倭瓜、茄子，等等，都是常常熬食之菜。熬时不止一样，如熬白菜，则豆腐、冻豆腐、粉丝、粉坨、海带，以至肉片、丸子，等等，都可加入。熬菠菜，则加虾米、粉丝、豆腐。熬倭瓜，则扁豆、茄子等等，亦都可加入，尤其是乡间吃热汤面、面条之外，倭瓜、茄子、豆角，等等，都要加入，如此则连汤带菜以及面食就都有了。俄国之白菜汤，就是由中国传去，一顿饭，一盘汤，一两片面包，就吃得很饱，不必再有他菜。原因就是连汤带菜都有了，与中国之熬白菜，毫无二致。

四　道地的中国食品

（甲）中国菜中的甜食

中国特别有甜菜。西洋吃饭中间之点心，也名曰甜菜，但只不过是点心性质，没有菜的意味，样式种类虽很多，但范围则很窄。中国则性质各有不同，有的是冷盘性质，有的是盘菜碗菜性质，有的是点心性质，有的是大菜性质，有的是汤菜性质，有的是面食性质。可以说是应有尽有，于酸咸之外，另立了这么一套，这也可以算是中国菜样多的一种原因。

这里说的只是厨房现做之品，若点心铺中之各种点心，干果铺中所制之蜜饯糖果等等，均不在内，举例如下：

凉盘性质者　炒红果、山楂糕、玫瑰枣、蜜饯温朴、蜜饯海棠。

盘菜性质者　糖溜锅炸、清炸锅炸撒白糖、拔丝山药、拔丝苹果、高丽豆沙、炸元宵。

碗菜性质者　糖溜百合、糖溜白果、糖烧栗子、糖溜倭瓜丁、糖溜荸荠、蜜汁山药、糖烧莲子。

点心性质者　芸豆糕、栗粉糕、江米藕、枣糕、荸荠糕、豆面糕、油酥盒子、艾窝窝。

大菜性质者　八宝饭、炒三泥、蒸山药、糖莲子、糖百合、薏米饭、山药泥。

汤菜性质者　冰糖银耳、冰糖燕菜、冰糖葛仙米、冰糖莲子、冰糖百合、汤圆、各种鲜果羹。

面食性质者　豆沙馒头、千层饼、枣泥馒头、蜂糕、水晶馒头、栗子面窝窝头、开花馒头、各种花糕。凡面质所做之品而干食者，北方都呼曰饽饽。北平则饺子亦曰煮饽饽。水晶者，脂油丁白糖也。

以上所举都是厨师现做之品，点心铺、干果铺以至街面小贩所售者，均未列入，以其非菜品也。这些食品，与西洋情形大略相似者，固然也有些种，但中国一席菜中，可以用一两样甜菜，乃至十来样甜菜，而西洋是断乎没有的。

因为中国人有这样吃甜菜的习惯嗜好，于是又创出了介于咸甜之间的菜，如糖醋鱼、糖醋里脊、糖醋瓦块鱼，等等，已经是咸甜并重了，然尚有醋为媒介。此外又有糖熘皮蛋、糖熘肉片、糖溜丸子、冰糖火腿，等等，则完全是甜与咸直接配合了，因此菜样就又多了一部分。

（乙）中国菜中的面食

中国特别有一种面菜，其原料都是面质的物品，如面筋、锅炸、粉丝、粉坨、粉皮、豆腐、豆腐丝、豆腐干、冻豆腐、腐皮、山药、甘薯，等等。这些物品，都是面质，与各种水菜不同，然由此做出来的菜样也很多。这些菜欧洲、美洲都没有，意大利则有几样，闻最初也是中国传去的。兹把各种情形，大致略述如下：

面筋　乃麦面粉中之纤维。有硬筋、软筋等等之分。硬筋者，即洗好面筋，即时蒸熟。软筋者，用热水微泡（水渍也），惟不能用沸水，因太热就反而不软了。又有烤麸者，乃加发粉，使微发酵。由这种种做出来的菜很多，如冷拌面筋，炒面筋，渡面筋，烩面筋，烩软筋，烩烤麸，罗汉面筋，烩面筋泡（过油炸过者）等等。与各种肉类水菜，合做之方式更多。

锅炸绿豆　用水浸去皮，连水磨下，不去纤维，煮熟，即名曰锅炸。亦极见手艺，有糙、细、澄浆等等之分。吃法很多，但糖溜锅炸，或炸锅炸白糖，则非澄浆锅炸不对味。此外有炸锅炸、溜锅炸、炒锅炸、炒锅炸泥、熬锅炸。与肉类水菜合做时更多。

粉丝　是北方极普通的食品，多数名曰干粉。用绿豆、高粱、玉米、白薯、土豆，等等，都可制，都是用水浸透，连水磨下，滤去纤维，光剩淀粉即妥。种类很多，有粗粉、细粉、宽条粉等等的分别，最好的是绿豆粉。吃法很多，有拌粉丝、煨干粉、炖干粉等等，与肉类菜类合做时最多。

粉坨　此与粉丝大略相同，吃法亦大致相同，不过彼系漏成丝，此则凝成坨耳，但彼可晾干致远，此则是现制现吃。

粉皮　与粉丝亦同，此则旋成薄片，亦可晾干致远。吃法与粉丝亦大同小异。

豆腐　此全中国极普通食品。黄豆用水浸透，连水磨下，滤去渣滓，煮沸倾于布包槽内，把水分挤去，便成豆腐。豆腐的种类极多。滤出之后，煮沸者，便名曰豆浆，稍加盐卤（俗名曰点），不榨而滤去其水者曰豆花。点石膏不去水者曰豆腐脑。点卤带水分吃者曰老豆腐。豆腐榨稍干便名曰豆腐干，把豆浆分层泼于布上榨干便名曰豆腐丝（因其吃时多是切成丝），亦曰豆腐皮。豆浆煮沸，俟汤面稍平，用小杆挑出一层油质者，便名油皮，亦曰腐竹。以上各种，又都有各种吃法，目下最受欢迎者为煮干丝，余不多赘了。

山药　白薯、芋头，等等，也等于面食，但与近几十年来西洋吃土豆，大致相同，不过又多了许多种做法，此处不再多赘。更为西洋所无。

又有用面粉直接做的许多介于菜与面食之间的菜品，如褡裢火烧，炒面片，油炸果，炸油条等等。

（丙）中国菜中的动物腑脏

中国人爱吃动物肚腹中的东西，西洋则否。在六七十年以前，猪羊腹中各物，西洋阔人都还不吃，虽不是都扔掉，但总不是高尚的食品。中国古人亦不重此，但几百年以来，则成了珍贵食品。平常席面以猪肉为主，再高则鸡鱼。最冠冕堂皇的菜，则是海味鸡鸭，至于猪肉就很少用了。在北平从前牛羊是上不得席的，但前边所说的，还都较为官式的菜。若所谓细致菜者，则大多数是肚腹中的东西了。比方猪肺可以算是粗品，然清汤银肺，便是细致菜；溜肥肠便是粗品，九转大肠便是细菜。炒腰花是平常菜，腰丁烩腐皮便是细菜。炒肝尖便是平常菜，盐水肝便是细菜。盐水肝者，把肝用白水煮熟，用手掰碎，不许用刀切，再用好高汤泡透便妥。鹿尾是用猪肝、鸡蛋、麻酱三种研极细，拌以作料，灌于猪大肠内蒸熟，色须雪白，味极美，此种砂锅居还能做，但做不甚好。以上两种，因吃过的人较少，故特注明。拌肚丝、干贝肚块等，都是平常菜，烩银丝、清汤银丝、乳汤银丝，则都是细菜了。银丝者，把肚片极薄，切成极细丝，烩出来须雪白，方算合格。

羊肉在清朝时代，除全羊席或锅烧羊肉一两种外，是不能上席的，然肚中之品，则早就是细致菜品，如爆肚、川散带，等等，很有几种，不必多赘。

到了鸡鸭肚中之品，那就更是贵重菜了，如烩鸭腰、槽蒸鸭肝、软炸鸭肫、爆鸭肠、烩鸭舌、烩鸭杂碎等等，都是极细之菜。鸡鸭肠一物，在五六十年前，还是废弃之品，近来做得也很可口，做法大致与肚或散带差不了多少，如盐爆鸭肠、汤爆鸭肠，要脆而嫩，有时比散带还好吃。北平以全聚德做得最好，台湾没有会做鸭肠的。其实此地所做的散带，没有一家，也没有一次够格的。固然是手艺不好，而原料也不对，说是羊肚羊散带，其实都是牛散带。牛散带在北平是绝对不能上席的。以这样的菜，给外国人吃，还说是中国出名的菜，实在是一件丢脸的事情。

此外连鱼肚中之物，都用得不少，如鱼白、鱼子、鱼肠等等，做法也很多。总之由肚腹中之品创出来的菜，样数也实在可观，也都是西洋所没有的。

菜样之多，原料固然很有关系，但还是做法关系大得多。这也可以说是进步，兹在下边把做法的变化，再大略谈谈。

五　中国菜的烹饪法

前边所谈的，都是中国菜样之所以多的原因，其最大的原因，还是烹饪法，不过烹饪法样多，则菜样自然更多；但因需要菜样多，所以才创出许多种烹饪法来，乃是当然的事情。总之互为因果就是了。

全国菜样之多，本难尽述，就说四川某家所做之太牢，即用整个牛头，连皮焖软者，口味则极美，他处则无之。又闻孙沂方先生说，一种面，乃用面粉与鸡蛋和成，切成极细丝，入笼稍蒸，上加火腿各种作料之细丝再蒸，再加一层面丝再蒸，如是者几次，味则清香可口。此面我没有吃过，一听说便馋涎欲滴。总之各省各地，都有他处没有的特别菜，所以说难以尽述。各处有各处的特别烹饪法，这是毫无疑义的，不过，最大的分别，而又为中国特别情形者，则是慢成与速成之分。这慢成与速成两个名词，乃我由经验及调查所得，特创的两个名词。各种烹饪法，都有这两种分别，这也是比西洋进步的地方。西洋烹饪法虽也很多，但都是只有慢成，而无速成的。

从前虽无慢成、速成这两个名词，但也有这样的说法，即是慢火的菜、快火的菜两种。快火的菜，也说吃火候的菜，亦说火候菜。因为有快慢之分，则一切做法，也就都特另起了一个名词，一看名词，便知是速成慢成。不过有的分得很清，也有些名词，快慢做法都可，兹分开谈谈如下。不过，这些都是北平惯用的名词，因为说法各省都有不同，例如北方曰做饭做菜，南方曰烧饭烧菜，其他省份又另有说法，书不胜书，只好以北平为代表了。

冷食的部分

冷食之菜，造法也有几种。最普遍是腌菜，乃是中国的特色，全国各地都有，为乡间及贫苦人家不能离的主要菜品。日本也很风行，但是效法的中国，在第二次世界大战以前，德国曾派专家来研究过这些食品，盖因中国腌菜能久存，用以备军食也。腌菜确能保存很久，例如腌萝卜，用盐浸渍，一个月后便可吃，可是日期越久越好，腌十年二十年都可。我家在北平，自己便有十年以上的腌菜，乡间富足人家，家家有之。这种腌法，也分慢成速成。

腌　凡只说腌字，都是慢成，有时亦说老腌，又分两种：一是只用盐，一是用酱。这种又名酱菜，各处都有。

暴腌　现腌现吃者，都曰暴腌，这便可以说是速成，如暴腌白菜心、暴腌黄瓜丁，等等，时间稍久，便塌了秧不好吃了。

冷拌的部分

前边所说的腌菜，只是用盐，不用他物，暴腌者有时加少许花椒，且所腌者都是生的水菜。冷拌之菜，则很复杂，以原料说，有肉类、有水菜等等，以作料说，有盐、醋、酱、酱油、麻油、麻酱、葱、蒜、姜、芥末等等，可以说是复杂至极，不过有时用彼不用此就是了。也分慢成、速成两种，略述如下：

早拌 慢成也，从前只说喂上，意思是把各种作料拌和在一起，以便原料可以吸收各种味道，如拌腰花、拌肚丝、拌海蜇、芥末白菜等等是也。

现拌 临吃之时方拌，速成也，如拌黄瓜丝、拌白菜丝等等是也。这种要拌好就吃，时间稍久口味便差。西洋速成之菜，只有此一种，如拌生菜，稍久便不好吃。讲究的饮宴，总要由主妇在桌子上现拌现吃，时间稍久，生菜一塌秧，口味就差多，这也看主妇的手艺。

熟食的部分

这种做法，当然很多，也分慢成速成两种。慢成的做法，与西洋大同小异；速成的做法，乃为西洋所无，可以说是中国特创的烹饪法，略论如下。

慢成的部分

煨 此字有两种用法：一是用煻火干煨，如古人之煨芋等等；一是有汁，慢火致熟，如肉丝煨干粉、糟煨冬笋、糟煨茭白，等等，须有汁而不许多，且时间较短；又有煨炖之说，则时间较长了。

卤 凡卤之菜，汁较少而较咸，且必用酱或酱油，时间亦较长，如卤肫肝、卤鸭膀、卤肚等等是也。

烧 北平凡说烧的菜，都是先过油一炸，所以另有一种香味。有干烧、糟烧、红烧等做法。干烧者，汁较少，如干烧冬笋、干烧鲫鱼等等。糟烧者，汁较微多，且加酒糟，如糟烧冬笋、茭白，等等；与糟煨的分别，只是过油与不过油的关系。红烧者汁又较多，且加酱油，使其色发红，故曰红烧，如红烧鲫鱼、红烧肘子，又红烧白菜，亦名珊瑚白菜，因白菜帮切成细长块，过油炸红，再加汁，故有此名。

烩　这是一个后来造的字，古代无之，大致是稍煮熟的一种做法，也可以说是介于慢熟快熟之间的菜品，须有汁，且较烧煨两种稍多。火候有时须慢，如烩海参、烩三丁、烩万鱼（即鱼子）、烩豆腐、烩各种蘑菇等等是也。有时须快，如烩鸭腰、烩豌豆、烩生鸡丝、烩猪脑等等是也。

焖　慢火，久煮，锅盖严不使走气者曰焖，如焖牛肉、焖羊肉、焖猪蹄等等是也。大致都是虽焖的时间很久，但汤不许多，汤多便名熬炖，不得名曰焖了。只可有汁，不可有汤，且颜色要红。又有名曰黄焖者，则酱油较少，如黄焖鸡、黄焖鳝鱼段、黄焖豆腐等等是也。

以上这些做法，虽然是慢火之菜，但时间亦不能太久，大致可以现做现吃，北方到饭馆便可以要这种菜，若用时间太久，则非预先定妥不可，否则来不及了。西洋各种菜的做法，大致近于这些种。

速成的部分

炒　置食物于大勺中，以小勺频搅者曰炒，如炒花生、炒栗子等等都是，意思是干炒熟，不加任何物质，因其须用勺或他物搅动，所以曰炒。若菜品之炒，那就复杂多了，可以说，是任何肉类、任何水菜，都可以炒食。而且可以说是任何肉类水菜，都可以合炒，甚至三样四样，炒在一起，亦无不可。所以炒字用得也极广泛。不过重要的性质，必须有汁，否则不算炒。可是汁须极少，稍多便名烩或煨，也就不叫作炒了。炒固然是速成之菜，但情形亦各有不同，有的时间可以稍有伸缩，炒熟肉片，炒豆腐，炒白菜，炒茄丝等等是也。有的时间很严格，时间稍久，便不适口，如炒鸡丝，炒各种肉丝，稍久便硬不能食。炒豆芽菜，稍久则水分散尽，只剩纤维了；炒腰花，时间稍久，便硬而无味了。

溜　凡名曰溜之菜，其主要佐料，非有醋即有糖，或有糟，否则难得曰溜，故又有醋溜、糖溜、糟溜、花溜等名词。溜自是速成之菜，但亦分两种，有的时间可以稍久，有的则非快不可。如醋溜松花、醋溜白菜片、糖溜荸荠、溜肥肠、醋溜鱼，等等，时间似可以稍久，但因各物多是过油炸微焦后再溜，所以吃着有一种香味，若溜过久，则焦处变软，香味便散去了。若花溜里脊、糟溜鱼片，等等，则时间稍久，便硬而不能吃了。溜之做法，亦须有汁，然不许多，稍多便成煨或烩了。

烹　三代之时，凡做熟方食之品，都名曰烹，与现在北方之做饭做菜，南方之烧饭烧菜之“做”字“烧”字义相同。近来北平之所谓烹者，多是速成之菜，且都是过油炸后，再加汁。如烹虾仁，倘不过油炸，便是炒虾仁、烩虾仁了。烤烹大虾、烹虾段、炸烹对虾，等等，都是先炸后加汁，所以也须快，稍慢便不香了。又有烹掐菜等等（豆芽菜去根去头曰掐菜），不过油炸，亦曰烹，因其亦系速成也。凡烩炒等菜，常加芡粉，名曰烧的菜，亦偶有加芡粉之时，但很少见，烹则永不许勾芡，汁亦不许多。

爆　乃爆炒之省文，故亦恒说暴炒，暴乃特快之义。凡特快之菜，有时离炒字太远，故平常只说爆——省去炒字。如油爆肚、盐爆肚、盐爆鳜鱼条，等等，都可说是暴炒。若汤爆肚，汤爆散带，等等，则万不能说暴炒了。凡名曰爆的菜都是极讲火候的菜，几几乎是多几秒钟都不可。最难做的是油爆肚（带草刺曰肚，去草刺曰肚仁）。肚切成骰子块，入沸水微焯，此亦曰炸，因为炸字最初是用水，后来用油也借用此炸字。炒熟后捞出，入沸油炸，炸好再加葱、姜、蒜及酱瓜丁，加酱油勾汁，方算成功。此为最难斟酌之菜，水焯是关于生熟，时期稍短则生，稍久则老而硬；油炸是为质香，时间稍短则没有焦香味，稍久则发黄不够漂亮。勾汁是为的口味，各种作料多少都有关系，而且时间稍久，则肚亦可变老。时间稍久，不但肚硬，连葱丁蒜丁两种，稍久便不对味，在行者自知。

以上的做法，分析尚多，只举数种，以例其余，都是速成极讲火候之菜，都为西洋所无。西洋讲究火候之菜，固然也不少，但也不像中国这样严格。我常在饭馆中与厨师谈天，见他们做菜时，用小勺舀各种作料，如酱油、醋、料酒、盐水等等，舀好便倒入大勺，连看都不看。我问他们，也不尝一尝咸淡吗？他们说，不但没有工夫尝，连看一看作料的时候都没有，倘乎取每样佐料都要看一看，耽搁时间太久，那火勺中之菜，就过火不适口了。不但此，有几种做法之菜，还要看吃的地方，离厨房有多远，倘离稍远，天气再较热，那就必须把火候做嫩一点，如此则送到桌上，便刚刚合适。十余年工夫，同他们谈的话很多，大家的说法，差不多是一致的，我这点关于烹饪的知识，由这路地方得来的也很多。一次我在家中请客，找了一位很好的厨师，我适在厨房，见他做了一碗汤爆肚，我看有些生，我问他，这个菜火候不欠一点吗，他说在东院里吃正合适，若在本院吃，则当然微生。因吾家平行四个院，厨房在最西院，客厅在最东院，有两三院之距离，该菜在此过程中，还有变化。大致是每一个好厨师随时随地，都注意及此。

此外又有所谓炮、烙、贴、烤、煎、塌、炸，等等，其做法与西洋也差不了多少，不必多赘了。

加汤的部分

加汤者都是汤多之菜，就名曰汤菜，这种做法，也分慢成速成两种，大致都是西洋没有的。

慢成的部分

这一部分，平常的名词，只有煮、炖、熬几种。虽然都是汤菜，可是各有性质。

煮　此字用时极多，大多数都是煮熟之后做原料，如煮肉、煮鸡等，与西洋也差不了多少。若煮好就带汤吃的，则只有煮馄饨，煮面条几种面食。

炖　凡曰炖者，都是汤多，且煮的时间较久，都是炖好后，汤物一同吃，炖猪肉、炖牛肉、炖鸡、炖鱼、炖豆腐等都是，都较简单；样数稍多，则多名曰熬。两三样以内者，还有名曰炖的，如火腿炖冬瓜、海参炖鸡等等，再多则多名曰熬。如熬白菜，其中可加肉、丸子、海带、粉丝、豆腐；熬茄子，其中可加倭瓜、豆腐、大葱、各种豆角等等。

熬　凡曰熬者，则一定是米面水菜及肉类合做。说已见前，不再赘。

速成的部分

这一部分之火候，比前边之炒、爆等，似乎有时还要严重。这也都是西洋没有的做法。

川　此似应写作爨因为古人做动词用时，应读平声，但字画太多，不合用，只好随俗写川字。乃是极需注意之速成菜，如川羊肉片、川黄瓜、川鸡肉片、川鸡卷、川散带，等等，时间稍久，便不能吃。例如川黄瓜片，端到桌上，黄瓜片须浮于汤面，倘若沉下，便不适口。讲究饭馆，便须端回另做。

涮　入水便捞出者为涮，平常涮吃者，最普通的是羊肉片，其次是鸡肉片、鱼肉片，最讲究的是野鸡片，凡此都是自涮自吃，无所谓手艺，总之是稍老便咬不动。又有涮菠菜，吃过的人不多。用猪骨、青蛤或鱼肉煮好汤，入大锅，用三四个叶的极嫩菠菜，入汤一涮即取出，蘸极好酱油，无须他物，便极香美。

爆 即是暴川，如油爆肚、盐爆肚，都是暴炒之义；汤爆肚，即是暴川，但都简言之曰爆。如前边所说散带，亦即暴川散带，因为简言曰爆，遂把暴字又改写爆字，否则此爆字无法解释。好在汤爆之菜，种类并不多。

蒸食的部分

蒸食者，用水蒸气蒸熟之谓也。这种菜西洋可以说是没有，有亦极少，中国则发明得很早，自三代已有之，如鬲、甑、甗等器，都是蒸食所用之具，以后逐渐发达。按蒸比煮炖等，口味可就好多了，比方一只鸭子用同样的作料，用同量的水，一蒸一煮，口味则截然两样，因为蒸熟，不致消耗水分，且不受沸滚，水亦不变质，所以气味永远还是清香，而无浑浊之味。虽同是蒸，也分几种，如蒸鸡蛋糕，乃极平常食品，糟蒸鸭肝、干蒸鲫鱼、清蒸鲫鱼、清蒸炉鸭、粉蒸肉、蒸山药、一品锅，等等，种类很多，蒸法各有不同。兹只谈谈大家不注意的两种。

蒸山药 山药北方亦曰麻山药，乃淮山药之又一种，长约尺余，粗约寸余，为北方颇普通的食品。蒸时先去皮，因含有铁质，去皮后，有时发黑，则不漂亮，必须先用沸水一烫，然后去皮。蒸时稍加新炼得之猪油；蒸的时间，须要注意，短则生，久则淀粉与纤维离异，亦不好吃。加猪油者，为其柔香也。倘若煮食，则口味与此就相差太远了，第一无法加脂油。

一品锅 原料为猪肉、猪蹄、鸡、鸭、火腿、口蘑、香菇、鸡蛋、海参、鱼肚、鱼骨、豆腐，冬天或有白菜，大致如此，当然多两样少两样，没什么关系。先把肉类及鸡鸭煮六分熟，捞出，把汤澄清去油，倾入盆内（此盆即名一品锅），汤底之渣滓，一概不要。再把肉类放在里边，火腿去浮面发黑之一层，入沸水微煮亦加入。鸡蛋煮熟去皮，亦加入，如系红汤的一品锅，则鸡蛋还须过油一炸，使蛋白发皱，如系白汤，则不必炸。豆腐亦应稍炸，海味都发开，蘑菇则发开洗净，通通加入锅内。蘑菇汤则更须加入。再加酱油、盐、料酒，入笼蒸熟，口味清香而不腻，比煮炖者不知强胜多少倍。此为北方待客恒用之品，有客来只此一样，或稍加一二冷盘，便吃得非常舒服。亲友间亦常以之送礼，因为只此一件便是一桌菜的性质，锅中原料多者十几种，少者只猪蹄、鸡、鸡蛋三种便是，因乡间海味不易得，而火腿口蘑，亦系极珍贵之品也。

有人说中国菜，失之太油腻，这话得两说，也可以说完全不对。中国菜是有油腻的，但那大致是中等以下饭馆，因为这类饭馆，是为中等以下之人所吃（所谓中等者，乃指财产而言，非指品德）。因为他们平常所吃，可以说是只是粮米蔬菜，至于肉类，乡间之人，一年不过吃几次；北平虽然可以不断吃，但一个月也不过几次，每次每人至多不过二两肉。他们胃中是素的，可以说一点脂肪也没有，偶尔吃一次饭馆，当然是爱吃较为油腻的东西，他们也实在需要油腻东西，所以吃了不但无伤，而且有益，于是这一阶级的饭馆，也就要特别预备这类菜。若稍阔主人，平常饮食，虽然不能油腻，但肉、鱼之类较多，所以偶尔到饭馆吃饭，则万无油腻之菜了。因为他们所吃的饭馆，大致是东兴楼、泰丰楼、丰泽园、明湖春，等等，这些馆子里头，就没有油腻菜。

西洋菜与中国菜两样的地方，在前边各部分中，大致都略微谈及。西洋的烹饪法，最有进步，发明最多的，首推烤的做法。西洋的菜，几几乎是无一物不可以烤，且所烤之物，无一种不好吃。按各种鱼类肉类，固然都宜于烤，而各种水菜，烤出来亦极美，这是中国望尘莫及的。中国固然烤的食品也不少，如点心铺中之出品，及街面上所卖之火烧、烧饼等等皆是，然厨房中则极少，大致不过烤鸭子、烤小猪两三种，且都是预先不加作料，烤热之后，吃时再加。这可以说，还是原始烤法，毫无进步，与西洋之加好佐料再烤者，大不相同了。西洋菜，除烤之一种外，其余烹饪法虽也很多，但因其不讲切法，所有鱼类肉类，都是成块的，块之大小，固然不同，但多数是块，则是毫无疑义的。既是成块，则中国之炒、爆等等烹饪法，都用不上。因为成块的肉类，这样速成的做法，是做不熟的，于是只好用煨、炖等办法。这是中西烹饪大两样的地方。总之中国吃食的情形，因为切得细，所以所有的工作，都归了厨房，吃者只用一双筷子便足；西洋则是厨房担任一部分，而吃者亦须担任一部分，所以非用刀叉不可。

六 因国宴谈到中国官席

按国宴二字，不是可以随便说说的，既云国宴，便须重视这个国字，不是本国的东西，则一点也不许掺杂其间。既曰国宴，则不但菜品，应完全用本国原料及本国烹饪法，连摆设吃法，也须用完全中国规矩，桌椅盘碗，以至勺箸等等，都须用中国旧式之器。兹把各该部分旧日的规矩，大略谈谈，以就正于高明。这里有必须要郑重声明的几句话：下边所谈的旧规矩，不是一定非照这样不可，但既云国宴，则这些规矩，便非知道不可，虽不能完全照办，但亦不许离开太远，以符国宴二字。倘离此太远，那就不能叫作国宴了。

桌 椅

先谈桌椅之摆设法。中国吃饭，凡用上这个宴字，便与随便吃饭不同，都是有礼节的性质。绝对没有用圆桌面的，都是方桌，且桌上不许铺任何桌布等等，平常往往铺牛皮油漆描金桌面者，但吃饭时，必须去掉。其摆设法，约分两种。甲种是桌面木纹横摆，乙种是桌面木纹竖着，图如下：

甲种		乙种	
二座	一座	六座	五座
四座	三座	二座	一座
六座	五座	四座	三座
	主人	主人	

甲种之摆设法，是私人宴会之规矩，全国私家宴会，都是如此，而北平无论公私宴会，也都用此式。

乙种之摆设法，是全国各省官场宴会用之，上自督抚，下至州县各衙门，都是如此。

以上两种，都是恒用的办法，宋元以前不必说，大约明清两朝都是如此。不过几十年来，各处都是用甲式，至于乙式摆法，就有许多人没有见过了。然除知心朋友随便聚餐外，像婚丧庆寿等行礼式的宴会，则绝对没有用圆桌面的。因这种办法，每桌只容七人，于现在之宴客之人数，多不合用。自然不能说非照此不可，但国中若干年来，传统的办法，则不可不知。然若人数较少，则未尝不可用圆桌面，或另想办法。要紧是躲避西洋的办法，近于中国的办法，方能算是国宴。

盘　碗

四鲜果　梨、苹果、橘子、葡萄，等等，简言之曰四鲜。

四干果　蜜饯、果脯、核桃蘸、花生蘸，简言之曰四干。

四冷荤　肝、肚、炒菜、冷拌之菜，等等，但须凉的，亦名曰凉盘。

以上这十二盘，必须用七寸盘，乃是不可少的。平常的筵席，可以没有四鲜四干，而冷荤可以用八盘，官席则非此十二样不可，名曰压桌菜，简言之曰压桌。照规矩须先把这十二盘摆放在桌上方许让客入座，所以曰压桌。四冷荤中，荤素都可。

四炒菜　烩鸡丝、烩虾仁、糟溜鱼片、花溜里脊、烩冬笋、烧茭白、糟煨茭白、炒腰花、烩鲜蘑，等等。

这种完全是下酒之菜，炒烩都可，唯必须热，且不许有汤，故不许用碗盛，必须用七寸盘。倘后边大菜多，则此用两盘亦可，然总是用四盘为宜。

四大海碗　简言之曰四大海，清汤燕窝、芙蓉燕窝、清汤银耳、清汤鱼翅、桂花鱼翅、白汁鱼翅、红焖鱼翅、清蒸鸭子、八宝鸭子、锅烧鸭子、烧鸭、清蒸炉鸭、清蒸海参、红焖海参、葱烧海参、红焖大乌、清蒸大乌、清蒸鸡、黄焖鸡、红烧鲫鱼、糖醋鱼、干蒸鲤鱼、高汤鱼肚、黄焖鱼肚、白汁鱼肚、奶汤鱼骨、清蒸鱼骨、红炖猪肘、清烩葛仙米、冰糖葛仙米、冰糖燕窝、冰糖银耳、清蒸莲子、糖烧莲子、清蒸百合、糖烧百合、八宝饭等等。

这种菜品，为官席之主菜，总是俗语恒说的山珍海味，若平常原料，只可以用鸭子，若鸡就不够讲究了。至于八珍中之熊掌、猴头，等等，虽极贵重，但是另一种席面用之，官席则不甚相宜。时令珍品，如鲥鱼、银鱼、白鱼，等等，适值其时，亦偶用之。总之常用者，大致不出以上数种，因为常用，故又特起了一种名称，如有燕窝，便名曰燕菜席；有鱼翅，便名曰翅子席；有翅子鸭子，便曰鸭翅席，等等。

这种虽曰四大海，但用三个、两个，甚至一个亦可，如用四个，则菜品多是三咸一甜，或两咸两甜，三个则两咸一甜，两个则一咸一甜，一个则必须用咸的。

所以名曰海碗者，以其尺寸较大也。又有头海、二海、三海之分，头海口径约尺余，三海口径亦七八寸，再小便不能名曰海碗了。这种大菜，亦不一定用碗，有时亦用盘，如红烧鱼、糖醋鱼、八宝饭等等，则多用盘。盘最小者，亦须口径九寸，大者则尺余，名曰冰盘。

八烩碗　烩虾仁、烩鸽雏、烩参丁、烩鸡丝、烩鱼肚、烩鱼骨、烩葛仙米、溜鱼片、烩里脊、烩鸭腰、烩鸭舌、烩鸭掌、烧冬笋、烧茭白、烩豌豆、烩蛏干、溜黄菜、烩鸽蛋、炒腰花、溜蟹黄、炸溜面筋、糖烧栗子、糖溜山药、糖溜荸荠、糖溜白果、糖溜锅炸、葡萄等等。

这种菜品原料，范围极宽，时菜，水菜，都可用；海碗中所用之原料，亦都可用，但不得与海碗犯重耳。

这种菜都用口径三四寸之小碗，即名曰烩碗，不得用盘。用八个、六个、四个都可，但不单上，都是随海碗端上，每一海碗，随上两个或四个。所上海碗如是咸者，则此烩碗亦用咸菜，如彼系甜菜，则此亦用甜者，此通例也。

前边四冷荤、四炒菜，都名曰酒菜，此等大海，名曰大菜，或正菜，虽不算酒菜，但吃此时，亦不吃饭及面食，只是饮酒而已。

两道点心　各馅烧麦、各馅包子、各馅烫面饺、芸豆糕、豌豆糕、栗粉糕、菱粉糕、荸荠糕、蒸山药、炸春卷、炸元宵、炸锅炸壳、炸鸡油卷、油酥合子、卷酥、酒酿葡萄羹、酒酿橙子羹等等。

这种点心，永远是两道，不过原料做法，范围都很宽，蒸、炸、煮、烙都可。

此处须用点心的意思，是前边所有的菜，都是一边喝酒一边谈天，绝对不吃米面食品，喝酒谈天，时间已久，怕客人要饿，所以特备这种食品。

四饭菜　东坡肉、粉蒸肉、四喜丸子、狮子头、川海参、川三片、川鱼肚、虾米白菜、卤煮炸豆腐。

这种亦名曰四大碗，或曰四押桌，大约都是较粗之菜，专就饭吃，多是汤菜，故曰饭菜。有时用六碗，此种菜一上，跟着就吃饭，为最末押尾之菜，故曰押桌菜。

中国的宴会，与西洋的宴会，除都是往嘴里吃之外，可以说是一切事情规矩，完全不同。西洋宴会，每人一份；最美的菜，自然与随便的菜，口味价值，也是相差很远，但形式则差不了多少。中国的筵席，北平及北方，普通都曰席面，种类分析，异常之多，各省固多不同，而一省之中，又分若干种，实难多墨。以上所举，只是从前所谓官席，且是最讲究的官席。其实八盘、四烩碗、一大海碗、八大碗，也是官席，倘菜品原料讲究，虽盘碗较少，但也可以做成很好的官席。

食　具

饮食的器具，西洋用刀叉池，中国现在多数只用勺箸，到乡间最简单吃法，可以说是只用箸一种，用勺者则系少数。其实从前多用四种，所谓刀、叉、池、箸。

刀　古人吃饭多用刀，因彼时肉类等物之切法，尚与现在西洋相同，多切大块，吃时当然要用刀。后来烹饪法进化，烹调之外，又讲刀口，诸物切得极细，可以说是一切工作，都归了厨房，吃饭桌上，只用一双筷子便足，就不用刀了。然在清光绪初叶，北平官席，用烧烤时，都是用烧小猪，没有烧鸭的。吃烧小猪，还都用刀，后改用烧鸭，就更用不着刀了。可是蒙古人吃饭时，还离不开刀，所以每人身边，都带一份刀箸，其刀细长，与两箸装于一筒中。北平从前卖此物者极多，大半售于蒙古人，而北平亦家家有之。

叉　官席无不用叉，叉之形式，与西洋不同，都是细而直，银制铜制都有，可以说是专为食水果之用。如苹果、梨等等，都是由侍役切成块，用叉取食之，不得用箸。如用菱粉糕、荸荠糕、豌豆糕等点心，亦必用叉食之，不得用箸。此不成文之习惯法也，然人人如此。

池　原名勺，后名为池，盖由匙字讹来，因《说文》匕字下段注有茶匙、汤匙等字也。国中凡有宴会，无不用勺者，不过形式与西洋稍不同耳。

箸　原名箸，因南方人船上忌此字，因箸音同助也，于是改名曰筷，因筷音同快也，遂风行。

若干年来，一直到现在，凡稍讲究之筵席，无不摆放叉池箸者，但都不用刀了，好在中国之菜品，须自己在桌上割切者，亦极少见，则不设刀子，亦毫无关系。

西洋人日常生活，当然是以吃西餐为宜，但到某一国，总要尝尝某一国的筵席，这是毫无疑义的，比方德、法的菜，与美国就不同，美国人初到德、法，若正式请客，则一定要用真正的德、法菜，到中国更是如此，乃另一民族，其烹饪法，与他们完全两事，安得不想尝尝呢？所以来到中国，住在饭店中，日常吃饭，自以西餐合宜而适口。倘中国人请他们吃饭，则非吃中国菜不可，不过中国饮食，分类很多，普通着说，可分四种，即便饭、便席、特别菜、官席。

便饭　即家庭菜。这种菜，在大陆以江、浙、湖南、广东等省为最讲究。尤其是江浙这两省，千百年来，没有出名的饭馆（从前之扬州，又是一种情形）。杭州虽做过都城，而出名的只有五柳鱼几种。可是家庭中老妈做的菜，好的极多。各省当然也都有这种菜，但不及这几省普遍。这种菜虽然不都特别，但都是细致菜（细致菜说见后）。凡吃这种菜，都不拘形式，不管有几冷几热，几蒸几炒，总之有三五样，或七八样，可吃得极舒服。袁子才《随园饮谱》，多是此种，不但菜蔬，连米面点心，甜食都包括在内。款待外宾，如系私人交谊，知心的朋友，最宜用此，花钱不多，吃得新颖而舒服，且显着交情亲热，有三五样，或七八样菜便足。自己能做最好，或请亲友之家眷帮忙，亦无不可，外宾难得吃到这种菜。

便席　即现在饮馆中之筵席。从前各省饮馆，都有各省的风味，如今在台湾，是搅和在一起了，然总还有相当的技术，相当的局面形式。平常或公式的请外宾，都无妨用这种席面，因为做者都熟练，容易平妥，不容易出毛病。但稍重要之局面，则无妨用前边所说简单的官席。因凡来到台湾的外宾，可以说是都吃过这种便席，显着不新鲜，不及这种官席，较为新颖且郑重。然无论何种席面，都万不可迁就外国人，夹杂他们的烹调法，因他们的烹调法，他们在本国，随时可以吃到，用不着到中国来吃。

特别菜　约可分三等。上等的，则有全猪席，只用猪肉。全羊席，只用羊肉。全鳝鱼席，只用鳝鱼，此外不必尽举。但这种规模较大，不易轻举，不过聊以举例，以明中国确有这种席面就是了。在前清光绪初年，北京尚往往见到；民国以后，西四牌楼南，路东砂锅居，尚能做全猪席，至于全鳝鱼席，只南方有之。

中等的　烧鸭，从前吃烧鸭，都是单吃，没有加入席面的，至今北平全聚德等炉铺，尚是如此。一品锅，北方城池中，从前很风行。春饼合子菜，北平、山东都盛行，今北平尚有之。汆羊肉、炮羊肉、烤牛羊肉、螃蟹，等等。凡请客用这种菜，都是只用一样，最多有四样冷菜就够了，不用别的菜品。比如吃一品锅，都是只用此一件，可是其中物质也很全。如吃一蟹，则亦只一种，《红楼梦》中吃螃蟹，便是如此，内地讲吃螃蟹者，也是如此。至汆羊肉等等，现在台湾，也是如此。

下等的　白肉、火锅、饺子，等等。各省各处，都有特别的吃法，不必多举。这种菜所谓下等者，并非恶劣之义，不过又较简单耳。例如吃白肉，把猪肉煮熟，肉汤熬白菜，猪肉切成片，爱吃冷的，则蘸酱加葱；爱吃热的，则把肉片再在白菜锅稍煮，即蘸酱油烂蒜，亦极可口，北平旗人祭祖聚餐多用此。再如火锅，有什锦、八宝、野鸡、白肉等分别。饺子更是北方普通食品，馅子种类也极多。总之请人吃这种食品，都不用其他的菜，最多四个冷菜而已。

倘非正式行礼的宴会外宾，则亦无妨用这种特别菜，好在此地之氽羊肉、烤牛肉，等等，已很风行，但不够讲究耳。烧鸭的制法吃法，尚不够格。一品锅、盒子菜，等等，尚无用者，不过薄饼盒子菜，在北平亦只春天食之，立春节日，更是家家要吃，所以薄饼名曰春饼，盒子有一种曰春盘。

官席　前边已详，正式礼节宴会，最宜用此，倘名曰国宴，似乎更非此不可，以其较为庄重也。

还有一层，必要注意，中国菜最不宜各人单吃；有的还可将就，有的倘各人单吃，便要失去美味。尤其是细致菜，旧规矩差不多是每人只吃一口，若各人单吃，则须多做，便不容易恰到好处了。倘每人碟中，只备一口之多，则不但不好看，而且极易冷，便失去美味。

补　充

（一）中国桌椅，向有很讲究的桌围椅帔，西洋可以说是没有椅帔，而中国桌围，则都是挂在桌之前面，桌面上无铺布者。或者有人说，餐桌上铺布，乃是极普通的规矩，不可不铺，且不铺亦不美观。其实这话很错，有三种理由：一是中国向不铺布，既云国宴，就万万不许铺；二是好的桌面，比布并不难看，或更较美；三是外国虽铺，我们也可以不铺。

（二）有人说，中国规矩用方桌，只能容六七人，圆桌也不过坐十几人。西洋长桌，有几十人都可以坐在一起，一个主人都可以陪食。这话自是有片面的道理，但是所谓陪食者，是为招呼及谈话耳，若人数太多，有的座位离主人好几丈远，不必说招呼，几几乎连看都看不见，似此情形，坐一桌与坐两桌，又有什么分别呢？况且中国有中国的规矩，主人能够各桌上敬酒一次，也就等于陪食了，或两位主人，及多位主人，换座相陪，也是常有的情形。

（三）前边说过，上点心以前，主与客都不许吃米面食品，如果客人觉得饿，要些点心吃还可，若想要饭吃，主人是不答应的。客人除极熟人之外，也必不肯要，这是中国一种特殊的情形。但也有原因。因为中国原来请客的性质，不是专为吃饭，而是为聚谈，或谈学问，或谈时事，或道积愫，所谓东晋清谈，即是此义。其次便是饮酒，盖一面饮酒，一面可谈，一吃饭就不易谈话了。所以从前请客帖子，都是写洁樽候教、洁樽候叙，或菲酌、便酌，教、叙，都是说话；樽、酌，都是饮酒，没有写请吃饭的。近些年来，西洋人宴客，也有讲话之时，但他是特别立起来讲，与中国边吃边谈者稍异。

（四）所谓细致菜者，如花溜里脊、酱爆鸡丁、油爆肚仁、川双脆、清炒虾仁、清炒豌豆、干炸肫、糟溜鱼片、糟蒸鸭肝、盐爆鳜鱼条、芙蓉鸡片、酱汁鱼中段，等等。以上各菜之做法，余另有文详释之。按说这种菜，各省多有，且各有长处，举不胜举；且多是火候菜，技术稍差，便不适口。

偶与友人谈天，谈及此事，他说请外宾吃西餐，确不合适，有两次贵宾在招待之后，特别自己叫了一桌中国席，并说中国菜比西餐好吃得多，这是必有的事情。

又有友人告诉我，说蒋公曾经命令过办事人，说请外宾宜用中国菜。如此则这篇文字，都可以算是废话了。

七　谈炒木须饭及明朝太监

偶与几位友人谈天，忽谈到炒木须饭这个名词。一位说从前乘火车，在饭厅车上，常要鸡蛋炒饭。在民国十几年以前，大家通通说是来一盘炒木须饭，后来就渐渐有人说要蛋炒饭了。一次在民国二十年乘车，对茶房说要一份炒木须饭，适该茶房是一很年青新上班者，不知此名，旁边一年稍长之茶房赶紧告诉他，就是蛋炒饭。后来此青年问年长者：蛋炒饭怎么叫作炒木须饭呢？年长者乐了，就对我说，蛋炒饭为什么叫作炒木须饭，他问过许多人都说不上来；问我知其来历否。我乐了，也说不上来。后来问过许多人，都不知其原因。此事在脑子中，已存留了三十多年，今天和您谈起来，我想一定知道。以上乃友人的一段话。我也乐了。

我说这件事情，无怪您不知道。此事实在是始自北平，但北平，虽然都是这样说法，可是知道它来源的人，就极少极少；北平以外的人，就可以说没有人知道。如今时过境迁，更难遇到知者了。此事我倒确能知道一个大概，不过说来话很长了，我为考查这件事情，也费过两三年的工夫，问过许多人，才得到了点结果，如今您问起此事来，我倒是可以很详细地同您谈一谈。我起意考查此事的原因，实因为刚一到北平入同文馆，吃饭时，同学们常常要一种汤菜，名曰逛儿汤。这种汤的做法，是用高汤勾芡，再加打碎之鸡蛋便成，吾乡即名之曰鸡蛋汤，或曰鸡蛋羹，同学们何以呼曰逛儿汤呢？后来才知道，北平人都如此呼法，但谁也说不出理由来，因此我便注了意，问过很多人，后问到大饭庄子中之老掌柜，才得到大概。最后遇到前门外樱桃斜街，宗显堂饭庄一位老掌柜，这个饭庄，历史最久，在明朝就很出名，这位老掌柜，已八十多岁，他对我说了一大套极有价值的话，不但是极有趣味的一件事情，且是明、清两朝，北平很有价值的一段掌故。

他说此事实始自北京，且始自明朝，乃是由太监而起的。因为明朝太监权势极大，又不通人性，所以人人惧怕，大家对于他们，都是躲得远远的，最怕得罪他们；不得已同他们说话时，也都极端小心。因为太监们忌讳极多（一直到清朝末年还是如此），最忌讳的是“鸡蛋”二字，所以大家当着他们，万不敢说。尤其是在饭馆子中，常有太监去宴会，更要小心避讳，倘鸡蛋两字之下，还有别的字，还可以将就着说，如烩鸡丝、爆鸡丁等是也。倘二字之下，没有别的字，则非避讳不可，卤鸡曰卤牲口，酱鸡曰酱牲口。他还说，听得老辈们说，在明朝还严厉得多，到清朝已较随便多了。

我听他这一套话，高兴极了，后又在各处考查对证，他这话一点不错，且确是始自北京。因把各种菜名之改换称呼者，搜集了许多，曾记得有三十几种，目下却记不全了，只忆到二十来种，兹把它写在后边。按这样极小极琐屑的事情，似乎值不得这样郑重其事地来做，但是这里边情形，不但可以算是北平小小的掌故，且于风俗考据也有相当的关系，所以不惮烦琐，把它大略谈上一谈。按他改称的这些名词，有的只行于北平，他处听不到的；有的在北方尚能通行的，有的传到各处，又有变动的，兹大致列下：

鸡蛋改名曰白果

鸭蛋改名曰青果

熏鸡改名曰熏牲口

卤鸡改名曰卤牲口

酱鸡改名曰酱牲口

以上几种，并没有什么道理，不过因为鸡蛋是白色的，鸭蛋是青色的而已。所谓牲口者，不过因为它是兽类，然管禽类叫作牲口终归勉强，有人说是太监改的。按白果青果，两个名词，在北平市面中，并不甚通行，而天津倒盛行。鸡名曰牲口，则只北平如此说法，北平以外，很难听到。

蛋花改名曰甩果

如做一种汤（面条等等，也包括在内），将熟时，再把搅烂之鸡蛋，洒于汤面，便名曰蛋花；北平乡间，通通名曰乱鸡蛋。北方这个乱字，用法很宽，比方说勾芡，都叫乱面糊；北平则曰甩果，他处则无此名词。

炸鸡改名曰炸八块

《礼记》中载，雏尾不盈握不食，北平最讲究吃刚盈握小鸡，切成八块炸食，故即名曰炸八块；然鸡稍大，或座客稍多，都不能只用八块，不过因避讳鸡字耳。可是这个名词，便传留了几百年，至今北平仍用之。乡间从前无此名词，民国后始有之。

炒鸡蛋改名曰摊黄菜

溜鸡蛋改名曰溜黄菜

这两种无他意义，只是颜色发黄故名。按说炒鸡蛋是极普通人家有的一种菜，故名词更严格，北平饭馆中，绝对没有一人呼为炒鸡蛋者，临官路大道的客店，也是如此。而乡间则无此称呼，盖因北平太监多，官路客店，也常有太监来往，所以特为避讳；乡间则难得有太监踪迹，故无所讳忌，即此亦可见明朝太监之跋扈骄横了。溜黄菜的做法，创自北平，又流传到乡间，故乡间亦名曰溜黄菜，没有人呼为溜鸡蛋的。

渥鸡蛋改名曰渥果儿

炒鸡蛋改名曰炸荷包

把鸡蛋打开，整个放入沸汤中，不使碎者，曰渥果儿。用油炸者，曰炸荷包，以其形似荷包也。因此乡间把渥鸡蛋，又呼为荷包蛋，是把名词又改成动词。

肉丝炒鸡蛋改名曰炒木须肉

鸡蛋炒饭改名曰炒木须饭

鸡蛋羹改名曰木须汤

大片鸡蛋羹改名曰果儿汤，讹为逛儿汤

这才说到木须这个名词，此二字乃译音，原字始自新疆一带，大致凡琐碎乱杂者，多名曰木须，来源已经很早，这就是前边所说关于考据的事情了。有一种植物，宜于喂牲畜者，名曰木须，即因其叶状细小琐碎之故。因用得日久了，又特造出了两个字曰苜蓿，所谓“苜蓿随天马，葡萄逐汉臣”者是也。但字虽写为苜蓿，而口头说话，则仍用木须二字之音；亦因宿字，北方总读为须或修也。又桂花因其花状琐碎，西方亦曰木须，而翻译佛经者，未用中国原名之桂字，而直译其音，又特造了一个“樨”字，曰木樨，所谓“闻木樨香否”者是也。这个“樨”字，虽然经诗人用了多少年，但韵书及字书中，均未收他；只《字汇》中有之，云亦作犀，这总算生拉，好在是译音，写哪一个字都可。再“樨”字虽然读作西，但用糖浸渍之桂花，则仍通呼为木须，所谓玫瑰木须，亦曰桂花卤子。

鸡蛋炒饭，所以名曰炒木须饭者，因从前最讲究的炒法，是把蛋打碎，再与饭搅和在一起，然后再炒，炒出来蛋是很琐碎的，所以名曰木须饭。后来图省事，尤其是在火车上，都是先把蛋炒熟，俟用时便把饭放入勺中，再加些炒熟之蛋，略一搅和，便算成功；这种炒法，鸡蛋多是成块，便不能叫作木须饭了。

变蛋改名曰松花，因此须用松枝之灰，包裹浸渍，蛋白中有松叶式之花纹故名。

蛋白蒸物曰芙蓉，如芙蓉鹤片、芙蓉燕菜等等，盖以形色娇嫩如芙蓉也。

蛋黄制菜曰桂花，如桂花干贝、桂花鱼翅等等，盖因其黄碎琐屑，如桂花也。此与木须同一性质，因系南方人起的名字，故不曰木须，而曰桂花，因木须二字，在南方行不通也。

请看以上情形，虽然是琐屑不足道的小事，但由此可以看到前明太监之骄横凶暴，所以社会中，但有办法，总不敢用鸡蛋二字，这种风气，在南方向不大理会，盖因其离北平较远，太监的恶势力，不易达到也。北方乡间，如河间一带，因出产太监，故亦稍讳，然不重要，北京家庭中亦较随便，唯饭馆子中，则特别认真，就是因为太监常到的关系，由此亦可证明，此种情形，乃确是由太监而起的了。民国以后，这些名词，都渐渐消灭，然如松花、溜黄菜、炸八块、木须肉、芙蓉、桂花等名词，到目下还仍然存在着。

王叔明兄嘱我写点有趣的掌故，按事实可算一种掌故，且极有趣，故写此应命，唯稍嫌不郑重耳。

八　前清御膳房

友人说关于清宫的事情，内务府、太医院、如意馆都曾经谈过了，为什么不谈谈御膳房呢？按说御膳房也的确值得谈谈，不过似乎得匀三个部分来谈：

一是御膳房的情形，当然相当奢侈；

二是皇帝也相当苦；

三是御膳房中之厨役，技术并不见得怎么高明。

说到皇帝吃饭之奢侈，自古已然，所谓百二十瓮酱供一餐，在《周官》及《礼记》两书中，记载得便相当详细。历朝的情形不必谈，单谈前清，据几种记载说，前清比明朝俭省的多。但清朝也就够受的了。皇帝每顿饭，是一百单八样菜，皇太后亦是此数，皇后则九十六样，皇贵妃六十四样，贵妃、妃、嫔、贵人以下各按等级递减。每顿饭都是各人吃各人的，不但分着做，而且分着买。民国以后，前清御膳房之档案账册，都流落到外边，我就购得了几十本，册中列的每日所买菜蔬数目极详，皇帝一份，当然最多，其余如后妃等等，每人猪肉多少，羊肉多少（宫中不许吃牛肉，但每日饮牛乳），鸡几只，鸭几只，鸡蛋多少，豆腐几块，白菜几斤，葱多少等等一切，大约总是几十样。此外，还有各省进贡的食品，也要每人分给若干。不但主人身份的人如此，如宫女等等，也都单有菜，所有的人，都是各自单吃单做，本来也不能合吃。故宫后来开放为博物院，人人可以进去观看，大家都可以知道，这一个宫，离那一个宫有多少远，当然也就没有法子合伙吃饭，只好各人吃各人的。在外边看，整个宫中是一家，其实有多少主人，就是多少家，宫里称呼妃嫔等等，都曰主儿，一个主儿一个宫，此宫离彼宫，最近者也有半里一里路，怎能吃到一起呢？光绪年间，还有几十处，除光绪的后妃不算外，有同治的妃嫔，咸丰的妃嫔，道光的妃嫔，据说还有嘉庆的老妃嫔，共有多少处，只有总管太监知的清，其余的太监知道的就不多了。请问这些处所，每天应该剩下多少；而且宫中的盘碗，都比外边的较大。宫里人说，太监可以吃剩东西，可是有地位有势力的太监，谁也不吃这剩东西；有许多打杂做零碎事情的太监，又得不到，所以所剩的东西，就等于扔掉。据说从前都是抛弃，暗有售与民间小商者，亦是各宫有各宫的办法，不能一致。清道光帝见到阴沟中，扔的东西太多，所以特下了一道上谕，自此以后，才成立了总出售之所，此事在民国出版的清朝宫史中，曾载过，但不详。卖与小商，小商人再加白菜、干粉、豆腐、猪血等等，合而熬之，担至街头出卖。我吃过两次，亦颇适口，实为穷人之绝好食品，而且极便宜，每碗不过大个钱两枚。以上所谈，不过只是一部分，其余仍是扔掉，因为小商买者，只是总膳房所剩之物，若往各宫去取，则一天也走不过来也。尤其到热天，大多数都腐臭，不能吃了。在光绪年间，我与一位太监很熟，他送过我两瓶粉面，灰而带木红色，倘熬白菜，即用水把白菜煮熟，稍加盐，再把此面加入少许，口味即香而美，熬其他的菜亦然。我初不知为何物，后问他，他说他在御膳房当差，他把所有剩下来的各种肉菜等等，再加猪骨，加火熬之，俟熬干，各种肉质已烂，骨头已酥，晒干磨成面，即是此粉，我说这就无怪好吃了。这比目下之各种味精还好的多，且宫中所有的剩物，果能都照如此办理，也可以算是不糟蹋东西了。

再谈到皇帝之苦。若说皇帝苦，许多人当然是不相信的，以为皇帝怎么还会苦呢？其实坏皇帝或不规矩的皇帝，是不会苦的，若是好皇帝、规矩皇帝，则都相当的苦。因为历朝宫中的制度，都相当的严正，所谓冠冕堂皇。坏皇帝不管制度，他爱怎么办，他就怎么办，所以不拘不苦；好皇帝的行动，处处都要合规矩，自然就相当拘谨，相当苦了。其他的事情不必谈，只谈谈吃饭。皇帝吃饭，每顿是一百零八样菜，都是大盘大碗，就是用几个厨役分做，端上去，也得冷喽。他的办法，是有十几种现炒之菜，这当然是非现炒不可，其余所有的菜，都是预先做好，盛于黄砂碗之内盖好，然后都摆于一大铁板之上，板下有炭火，上边再盖一铁板，板上仍生炭火，如此则上下都是火，碗中永是沸度，永远扑哧扑哧冒泡。几时敬事房太监喊一声传膳，则立刻把铁板撤下，把各碗之菜，由黄砂碗倾入细瓷碗中，倾的倾，擦的擦，不到几分钟便可端到桌上。其余也有许多菜，蒸于笼屉里边。再就是炒菜，则临时现炒。请问这样的菜，能够很好吃喽吗？这还不算，菜虽不一定好吃，倘若能有几个知心人同吃，一边吃一边谈天，也还有点趣味，而皇帝则总是一人独吃，要想找皇后或得意的妃嫔来陪他吃饭，那可就费大事了。先得传知总管太监，再传知敬事房，使该妃嫔预备，一切都预备好，且都登录册档后，该妃嫔方能前来。进门先得给皇帝叩三个头，系谢赐膳的性质；皇帝赏一杯酒，又得先叩一个头，方能饮；吃完饭又得叩头。请问这样麻烦，还有什么趣味？不但妃嫔陪着皇帝吃饭如此，就是皇帝陪着太后吃饭，也是如此。进门先叩头，才能入座。头一杯酒，也得叩头，所谓侍膳问安者是也。皇帝偶尔到各宫中，各宫妃嫔都要在门外跪接。进宫后皇帝坐下，妃嫔又得先叩头参驾后，才能侍立谈话。到皇后宫中，皇后虽然不用在宫门外跪接，但亦须在屋外迎接。因为这种种的规矩，闹的皇帝当然没有什么乐趣。但这是在宫中的规矩，出了宫到了骊宫里头，就随便多了。因为骊宫即是行宫，一切礼节没那样严，皇帝吃饭时，可以随意找嫔妃等来陪着吃喝玩乐，都找来也可，所以各皇帝都愿住骊宫。

比方清初，康熙永远驻南苑，所以南苑有四处行宫。雍正为雍王时，康熙曾把圆明园赏他，他做了皇帝，大加修理，他就永驻圆明园。乾隆又增建了许多，以后一直到咸丰，各皇帝都驻圆明园。一年之中，可以在彼驻十个月以上，说是避暑，十一月间，已经大冷，何至还避暑呢？其实就是为的他们生活动作上方便。咸丰年间，圆明园及各园都被英法联军焚毁，只好将就着在西苑所谓三海者住住，然也是骊宫性质，与宫中大不相同，也很随便，所以一住就是一年。光绪朝用海军衙门之款，重修了颐和园，于是西后就永驻颐和园了。皇帝驻什么地方，御膳房就得跟着前去，不过许多章程，就与宫中不同了。

西后乃破坏国法最厉害之一人，然御膳房的章程，她也没敢动，只是特另立了一个小厨房，专效法外边饭馆中的菜样，比御膳房的菜，吃着就顺口多了。她说她是俭省，其实御膳房之款，每日照旧支销，又特多了小厨房花费耳。

谈到御膳房中的厨子并不够高明这一层，大家听了，一定更要怀疑。其实这也有他的原因。中国之菜，大致可分两种：一是厨役所做饭馆之菜；二是太太或老妈所做家庭之菜。

这两种菜都好的省份，大致可说是广东，饭馆的菜与家庭菜，都有很好的。山东、河南等省，则厨役所做之菜都不错，但家庭菜则差。江苏、浙江等省，家庭菜有真好的，而饭馆之菜，则多平平，所以上海繁荣了一百多年，没有出名的饭馆子，偶有亦是外省之厨役。此外，有特殊原因之大城池，则只有好饭馆子，如扬州因为盐商，开封因为河工等等，但这种地方不多。以上所说，都是大概的情形，自然也有例外。

河北省，则甚不讲究，不但没有好饭馆子，而家庭菜也没有出色的烹饪。北平所有饭馆，都是山东人；清宫所用之厨役，多是河北省人。闻乾隆下江南，带回过几位南方厨役，但亦未陆续再添，亦因宫中所食之原料，各省所进贡者都有，南方厨役乍来都不能烹饪。尤其是蒙古、新疆、西藏、东三省等处所贡者，南方厨役，不但未做过，且未听说过，一概不能做，他们所做的，只有原学的些菜，与御膳房旧人都格格不入，所以未能继续下去。河北省烹饪法，固然不能说不好，但各菜之口味除原料滋味外，大致好不了多少。例如汤之做法，大致总是鸡鸭汤加口蘑、料酒，按说口蘑固然味极美，但每一种都用口蘑，那还有什么意思呢？北平北海，仿膳斋之全席，每桌共一百零八样菜，约合价四百元（抗战以前），就完全是皇帝所食之原样，当然不能说不好吃，但各菜之味道，总差不了多少，诸君一尝，便知我这话不是糟蹋御膳房了。

御膳房之厨役，另有一种本领，就是能在菜上做字，如“万寿无疆”“天下太平”等等字样。这与西洋风气相同，不过彼书于点心上，中国则书于菜上耳。

北方汤菜之中，有一种酸辣汤。按说酸辣汤，虽然是一种汤的专名，但汤中专尚酸辣者，则种类颇多，如川羊肉、川散带、川黄瓜、川鱼卷等，大致都是重用胡椒、芫荽、醋等。这些样汤，南方很少见。但据御膳房人云，因这样的菜，刺激性太大，不许预备。但皇上有时专要，亦可制办。